72年間のTOKYO、鈴木慶一の記憶

宗像明将

Real Sound Collection

JN064402

blueprint

72年間のTOKYO、鈴木慶一の記憶

カバー写真＝伊藤裕之
装丁＝川名 潤

72年間のTOKYO、鈴木慶一の記憶　目次

戦後まもなく、ある劇団が北海道公演をしていたところ、劇団を招いた張本人が、金を持ち逃げしてしまう。劇団は仕方なく北海道で芝居を続け、そうこうしているうちに、ある男女の間に子供ができる。

その子供の名は鈴木慶一。後に50年以上にわたって、「日本現存最古」のロックバンド・ムーンライダーズをはじめ、映画音楽、ゲーム音楽、CM音楽、そして楽曲提供やプロデュース活動により、日本のポピュラー音楽史に多大な影響を及ぼしてきた人物だ。

しかし、1950年の北海道では、鈴木慶一の両親はまだそんなことを知る由もない。

1章：1951年—1974年

東京都大田区東糀谷、大家族暮らし

鈴木慶一が生まれたのは、1951年8月28日。父である俳優、声優の鈴木昭生は、芸名は「しょうせい」だが本名は「てるお」。母である鈴木萬里子は劇団の研究生で、鈴木慶一いわく「俳優とは呼べないね」とのこと。そもそも鈴木慶一の出生自体が、当時としては肩身が狭かっただろうと語る。

「研究生でいるうちに、北海道でできちゃって、結婚した(笑)。うちの親父とおふくろの結婚式は、妊娠3か月のときだった。当時は妊娠3か月と言えば、非常に風当たりが強かった」

両親が出会ったのは、1942年に結成された劇団文化座。戦時中は満州に渡り、戦後に大変な苦労をして日本に戻り、そこに鈴木昭生が参加する。

「井の頭公園と聞いているけど、芝居をやっていて、日大の映画学科だった親父が『入れてください』と頼んだんだよね。左翼系演劇だから、共産党員の人が北海道に呼んでくれたらしい。そこで稼いで、戻ってくる予定が、その呼んでくれた人がお金を持ち逃げした。帰れなくて、しょうがないから野外のテントで芝居をするわけだ。お金を稼いで、やっと東京に戻ってくる。

その間にいろいろあって、翌年に私が生まれる」

共産党員が金を持ち逃げしなければ、鈴木慶一は生まれていなかったかもしれない。

「そうかもしれない（笑）。おふくろは劇団にはいないけど研究生で、要するに飯炊きをしていた」

そんな経緯で生まれた鈴木慶一の家庭は、新しい家電が出れば、祖父がすぐに買う家庭だった。

「じいさんが大理石工場の社長をやっていて、山形の人なんだけど、一旗あげたわけだ。戦前から、ひいおじいさんが石材関係の仕事をやっていたようで、今でいうJR、昔でいう国鉄、もっと昔でいうと省線の便所の壁を独占的に作っていたらしい。そういう資金があって、じいさんが大理石を作る東洋テラゾという会社を設立したんだよね。社長だったので、電気製品が好きだったのよ。だから、電動あんま器が出れば買う、テレビが出れば買う、ラジオが出れば買う、テープレコーダーが出れば買うというような家だった。中流の中ぐらいだね（笑）」

鈴木家に住んでいた人数について、鈴木昭生はかつて最大で11人と述べていたが、鈴木慶一によると、「たぶんじいさんの腹違いの弟、そして親父のすぐ下の長女がまだ結婚してない頃で最大11人、私が生まれた頃は9人」だという。どちらにせよ大家族だ。

「親父、おふくろ、私、弟の博文、じいさん、ばあさん、叔父さん2人、叔母さん1人が、みんな一緒に住んでいた。私の記憶では、叔父さん、叔母さんたちは大学生だったね。じいさんは中学しか出ていないので、子供を全員大学に入れるというのが目標だった」

鈴木家が所在するのは、東京都大田区東糀谷。今でこそ、その一帯には新しいマンションや戸建て住宅が多いが、古い住宅も点在し、工事資材が積み重ねられた会社も目につく。

そして、鈴木慶一の実家から羽田空港にかけての地域には、いくつもの大きな工場が現存する。なにしろ、鈴木家のすぐ近くの道には「この地域は工業専用地です」と書かれた東糀谷事業所協議会による鉄製プレートが出ているほどだ。少し歩くと、「事業用地」という大田区による看板もある。重機会社、自動車整備工場、産業廃棄物中間処理場、そして周囲に轟音を響かせている鉄鋼原料問屋など、工場だらけの一帯でもある。

東糀谷と羽田空港の間には、海老取川が流れており、そこに架かる穴守橋を渡れば、羽田空港の広大な敷地だ。ふと空を見上げれば、飛行機が飛び去っていく。

「羽田は漁師の街だけど、東糀谷エリアは工業地帯。羽田のエリアは昔から住んでいた方々がいたけど、東糀谷はたぶん埋め立て地で土地が空いていたんだろうね。でかい工場をいっぱい作っていた。ほとんど海のそばだから、運河が何本もあった。私の実家の裏に1本あって、かなり離れているけど、もう1本も大森寄りにあった。東糀谷は、2本流れていた運河の間なんだよね。運河には水上生活者もいたし、工場はやけにモダンな建物。いっぱい花が咲いていた。うちの一角は、5、6件しか住宅がなかった。あとは工場と、海苔屋さんが海苔を干す敷地と、貝殻を潰す工場とかだらけ。でも、1964年の東京オリンピック以降、海が汚れて、海苔が採れなくなって、海苔屋さんが廃業するわけだよ。海苔屋さんは広大な土地を持っているので、そこがアパートだらけになる。そして、10年もすると、もうちょっと大きく土地を使ってマンションだらけになる。だから、なんら計画性のない、ただただ変化するのみの街だった。新しいことに向かって行くことがすべてだったんだろう」

野原でも遊んだというが、その野原も工場の敷地内。幼稚園に行くためにも、工場地帯ならではの道程を経た。

「私が行った光輪幼稚園は、隣駅の糀谷にあるので、バスの送迎がつくんだよね。家から100メートルぐらいの産業道路という非常にトラックの交通量が激しい所で拾ってもらって幼稚園に行く。帰りは、羽田エリアをぐるっと回って戻ってくる」

そんな幼少期、9人が暮らす鈴木家では、みんなが居間にいる間に泥棒に入られることもあれば、近所の人がダンスパーティーに訪れることもあった。

「叔父さん、叔母さんの大学の友人や、近所の『中流の中』の人たちのお子さんが、ダンスパーティーをうちの2階でして、そのときは蓄音機をかけたりしていたね。じいさんたちは麻雀。力道山の試合のときは、近所の人が十何人、テレビを見に来るの。みんな家にテレビがないから。居間にみんな座って、電気を消して。そこの孫だから、一番前で見れるの（笑）」

鈴木家の人の出入りの多さは、鈴木慶一の人格形成にも影響を与えていく。

「ませてくるよね、大人ばっかり見てると。初孫なので、じいさんに連れて歩かれるんだ。なんと、お付きの運転手がいて、観音開きのフォードがあったんだよ。じいさんがすごく怖いから、親父の一番下の妹は、私をだしにしてデートに行くわけだ。子連れね。映画も連れていかれて、大人の見る映画を見たり、どんどんませてはいくよね。親父の劇団の人たちは、夜11時過ぎぐらいに来るの。そうすると宴会が始まるから、そこにぽつんといるんだよね。だいたい芝居をやってる人が酒を飲むと喧嘩になるの。庭で殴り合いになったりとかして、そんなのを見てるわけだよね」

ただし、ませてはきても、社交的にはならなかったという。

「逆に社交的じゃなくなる。文学全集とかも一応家にあって、本を読んだり、親の読んでいる週刊誌もチラ見したりするわけで。周りの同学年の人よりもませちゃっているので、あまり話が合わない。中学でもそうだから、逆に非社交的になる」

母親が見抜いた音楽の才能

小学校は、光輪幼稚園の卒園生の多くが進む東糀谷小学校に越境入学。その頃から周囲にあったのは映画音楽だという。

「叔父さん、叔母さんが買っているレコードがあったり、SP盤も聴いていたり、映画音楽のソノシートがいっぱいあったり。一番印象に残っているのは『西部開拓史』だね。映画の中で歌っていたのはデビー・レイノルズだと思うんだけど、胸の開いたドレスで歌うのね。ソノシートだから映画のシーンの写真が載っているんだけど、わりと不純な動機で見るんだよ、小学生は（笑）。ザ・ベンチャーズのジャケットだって水着のやつとかあるから、アルバムを買うときに、まずそれを買ったもんね（笑）」

音楽を積極的に聴くようになったものの、同じ趣味の同級生にはなかなか出会えなかった。

「でも、羽田中学に入ってちょっと変わったね。64年に中1で、ザ・ビートルズ・ブームで、そのちょっと前にザ・ベンチャーズ・ブームが来る。65年1月にザ・ベンチャーズ、アストロノウツが来日して、それをテレビでやるんだよ。それでみんな夢中になる。中学に行くとバンドだらけになる。バンドはお金がかかるじゃない？　材木屋は金を持っているし、大きな音を出せるので、まずそこの子供がだいたいドラマーになる（笑）」

鈴木慶一が母親にエレキギターを買ってもらったのは中学2年生のときだ。

「親父のすぐ下の弟が、ハワイアンのバンドをやっていて、セミ・アコースティック・ギターを持っていて、それを私も弾いてたの。最初はウクレレを弾いていてね。ザ・ベンチャーズは63年から流行りだすんだよね。それをウクレレでコピーしたりして。蓄音機ではなくて家具調のステレオがあって、中学1年で初めて買ったレコードは、ザ・ベンチャーズの『パイプライン』のシングルだよね。それをかけてエレキギターの練習をするのに夢中になったね」

周囲がバンドだらけになっても、鈴木慶一がバンドを結成することも、バンドに加入することもなかった。

「自分でやってればいいやと思って。非社交的というか、入れてもらえなかったというか、よくわからない（笑）。中学にはバンドがたくさんあったけど、上級生と一緒にやるのも微妙で、参加することに興味がわかなかった。中学2年になると、今度はフォーク・ブームとフォーク・ロック・ブームになるわけだよね。今度は12弦の生ギターを買ってもらうの。中学3年になってからかな。66年だと思う。なんで12弦を買ったのかというと、ローリング・ストーンズの『アズ・ティアーズ・ゴー・バイ』で12弦が鳴り響くんだよ。叔父さん、叔母さんがカンカンになって怒っていたね。『エレキを買ってもらって、1年足らずで次にアコースティック・ギターを買ってもらって、何をやってるんだおまえ』って。全部おふくろが買ってくれた。最初のエレキギターは1万9000円だったね。当時の大学卒の初任給だよ」

母親は、鈴木慶一の音楽的な才能を見抜いていたかのようだ。

「『あんた、耳がいいよね』と言ってたね。小学校の半ばぐらいに、おふくろがピアノを買って、先生を呼んで、うちでYAMAHAのピアノ教室を始めるの。うちのおふくろは社交性は抜群だったね。その社交性で、近所のお母さんたちを誘って、娘さんが習いに来る。月謝はほとんどYAMAHAに行っちゃうんだけど、場所代をちょっと取るということをやっていたね」

小学生から中学生にかけて、鈴木慶一の聴く音楽の量は、ラジオを通じて急激に増えていく。

「（ハナ肇とクレージーキャッツの）『スーダラ節』には『なんだこれ』と思ったし、ラジオから流れてくる『紅孔雀』の音楽も聴いていたな。三木鶏郎さんがやっていた番組もたぶん聞いていたでしょうし、三橋美智也やエルヴィス・プレスリーもかかっていたでしょう。中学に入ると、ラジオ番組ばっかり聞いているわけだよね。湯川れい子さんが担当のラジオ番組ばかり聞いていた。中1の冬ぐらいのとき、アニマルズとかキンクスとかが流れていて、いいなと思っていて、じいさんのソニーのオープンリールのテープレコーダーでどんどん録音していって。マイクを向けてね（笑）。エレキギターを買ったときに、アンプがないんだけど、テープレコーダーをいじっていたら、録音している途中でマイクをつけているとハウリングするのね。『入力音が増幅されるということは、ギターをつなげば鳴るかな？』と思って、つないだら鳴ったんだよね。（はっぴいえんどのギタリスト）鈴木茂ちゃんも同じことをやっていたらしい。みんな、なんとかエレキギターの音を出したかったんだろうな（笑）」

こうして鈴木慶一は、中学生時代にギター、ピアノ、ドラムを独学で習得していく。

「ドラムを持っている友人の友人とかの家に行って叩かせてもらう。ピーター・ポール＆マリーが流行すると、ガットギターを友達と弾いたね。サイモン＆ガーファンクルの『サウンド・オブ・サイレンス』をコピーしたり。唯一、ユニット的に作ったのは、その友達と中学で2人でやったことだけかな。卒業の謝恩会で数曲演奏したよ。堀内秀一郎くんとね。高校になるとバンドを作るけど、人前ではやらず、家でやっていた。家の2階を練習場にして、もしくはピアノのある応接間で。すぐに演劇部のたまり場になった。ずっと山本浩美（はちみつぱいのメンバー）

はいたな。ピアノに関しては『エリーゼのために』ぐらいは弾けたほうがいいよって、おふくろが言ったんだよね。楽譜を見ながらやって、途中で嫌になっちゃって、ギターばかり弾いていたけど」

なお、中学生時代に鈴木慶一が恋心を抱いていた女の子は、1990年代以降、鈴木慶一の複数の楽曲に登場している。

「中学2年、3年の時に好きだった人は、THE SUZUKIの歌詞に出てくる。その人とは25年ぐらい前に、みんなで久しぶりに会おうとなって、江ノ島に旅行に行って、それがムーンライダーズの『Cool Dynamo, Right on』の歌詞になる。本当に虹が見えたんだ。THE SUZUKIに『Romeo, Juliet & Frankenstein』のI、IIがあって、『Cool Dynamo, Right on』になる。私の勝手な妄想だけど、ロミオがいて、ジュリエットがいて、私がフランケンシュタインで。その3人も含めて旅行に行ったんだよね。堀内くん主催で。そこでいろいろな決着があったわけだ。ロミオは奥さんを連れてきたし。ジュリエットに申し訳なかったなということがあったりもする。中学3年の時おふくろが、その女の子の家に行って、『うちの息子があなたのことを好きみたいよ』と言ったんだ。おふくろには本当に世話になって（笑）。その人に『私のこと好きなの？』と聞かれたけど、『うん、そうなんだ』とは言えなくて、申し訳なかったなとちょっと悔やんだね。中学卒業後、我が家の2階にみんな集まってお茶会して。ジュリエットもいて、でも、私の新しいガール・フレンドもいて、『アズ・ティアーズ・ゴー・バイ』を弾いてくれってジュリエットに言われて、深い意味を持った日だった。私にとっては」

鈴木慶一は、当初はビートルズを能動的に聴くことを避けていたという。その理由も女の子だ。

「ビートルズは女性が聴いていた。ティーンエイジャーになる頃の独特の男女の対抗意識みたいなのがあるじゃない？　女性のほうが先に行くんだよ。それに対して、ザ・ベンチャーズを聴いて『男はインストだよ』って(笑)。ところがビートルズの『アイ・フィール・ファイン』でぶっ飛ぶの。あの頭のハウリングの音はなんなんだ、と。それと似たような衝撃が、キンクスの『ユー・リアリー・ガット・ミー』にもあった。ザ・ローリング・ストーンズの『サティスファクション』のギターはなんだとか、ディストーションのかかったものに弱いわけだよね。ビートルズは大ブームだと言われているけど、一生懸命アルバムを買ったり、夢中になって聴いたりしていた人はクラスに2、3人かな。ただ、社会現象になったので、ビートルズという名前を知らない人がいなくなった」

1966年のビートルズの来日時、羽田空港近くの学生は、ものものしい雰囲気を体験する。

「非常に空港が近くて、厳重な管理がなされていた。要するに、ビートルズの来日する日に空港に行ったやつは厳罰を処するとか、ライヴがあった日に休んだやつは家に行って調べるとか。海外から来る髪の長いバンドだし、武道館でやるとか、いろいろ絡み合って、音楽のブームではなくて、現象のブームになった。ビートルズの来日公演はテレビで見たよ。テレビのチャンネル権は、怖いじいさんが握っているので、数か月前から交渉に入らないといけない（笑）。『一生のお願いだからこの日だけはちょっと1時間ほど黙って』と。オープンリールで録って、それを毎日聴いていていたな」

とはいえ、ザ・ビートルズのレコードを買うことはあまりなかった。

「クラスで2、3人とはいえ、誰かが持っているんだよね。だから借りる。そのぶん誰も持っていないようなレコードを買う。その選択は、ラジオで聴いたバンドの名前を覚えるとか、本で見たバンドの名前を覚えるとか。ジャケ買いじゃなくて、文字買い。ザ・マザーズ・オブ・インヴェンションの『フリーク・アウト！』なんて本当に文字買いだよね。高校生になって、67年に『サージェント・ペパーズ・ロンリー・ハーツ・クラブ・バンド』が出る。友人から借りて、擦り切れるほど聴いてお返しして。ビートルズの最初に買ったシングルは『ロックンロール・ミュージック』と『エヴリー・リトル・シング』のカップリングで、米英でなくヨーロッパと日本でヒットした。そしてビートルズから発展して、ラジオでかかる革新的な音楽を聴きだす。あとは、テレビで来日したミュージシャンの放送があるわけだよ。アニマルズのライヴは衝撃だった。ホリーズも来たし、ビーチ・ボーイズも来たし、ジュディ・コリンズが来たんだよね。アーロ・ガスリーも。そして、『エド・サリヴァン・ショー』にビートルズが出れば見るし、ストーンズが出れば見るし、テレビが大きかった」

「日本語のロック」への目覚め

鈴木慶一が羽田高校に通っていた時代は、折しも学生運動たけなわ。近所である羽田空港を巡る攻防戦を見ていたという。

「学生運動を身近に感じたのは、第一次羽田闘争、第二次羽田闘争のとき。第一次羽田闘争は、新左翼が海老取川までは行けたんだよね。海老取川を越えると羽田空港なの。だからギリギリまで行って、みんな逃げて戻ってくるの。庭とかに逃げ込むわけだよ。周りの商店をやっている人はかくまってあげたりしていたよ。第二次羽田闘争は、蒲田駅で止められちゃうの。第二次は、大鳥居駅周辺の学校に行く道に、機動隊がダーッと並んでるんだよね。当時は長髪だったから、『なんだおまえ』って言われて、嫌なやつだなと思ったり」

そんな鈴木慶一の両親がいた劇団文化座は左翼系。しかし、両親の政治思想とは距離を置いていた。

「私はノンポリだね。真ん中よりは左だけど。いわゆる旧左翼的なものに対しては、新左翼よりはちょっとなじめないなと。じいさんはかなり右だったから、勲章もらったりしていた。だから、家に右と左が同居しているわけだよ。うちの壁には、左側に共産党のポスター、右側は自民党のポスター。他人が見たら『この家なんだろう？』と思うでしょ？（笑）」

そもそも子供の頃から、単一のイデオロギーを信じることに対してはアレルギーがあった。

「小学生の頃、弟とおふくろと3人で、なぜか奥多摩の多摩湖で行われる『赤旗まつり』に連れて行かれたんだよ。出店とかがあって、焼き鳥とか焼きそばとかでみんな楽しそうにやってるの。かかる民謡がロシア音楽だったりするわけ。みんなアコーディオンで歌ったりしていて。非常に何か居心地の悪さを感じた記憶がある。吐き気に襲われ具合が悪くなったの（笑）。一つの組織とか、もしくは団体とか政党とか、そういったことに何か嫌悪感を抱いたんだね」

それでいて、高校で伸ばしっぱなしの長髪を怒られると、政治を持ちだすこともあった。

「体育の先生に呼ばれて、『その髪の毛を切らないと、来週の授業から受けさせないぞ。理由があるんだったら、俺がいる職員室に来い』って。とりあえず一晩考えて、適当な理由を捏造して。『私はベトナム戦争に反対しております。徴兵を拒否したアメリカ人は牢獄に入れられます。そうすると、髪の毛がどんどん伸びます。それを支持しているのです』と言ったら、『わかった』って（笑）」

高校時代も軽音楽部などには入部しなかった。

「そういうのは絶対に入らなかった。軽音楽部にいるやつは、楽器を持ってきて、昼休みにビートルズとかいろいろ演奏するわけだよね。なんかチャラチャラしてるなと思って。私がギターを弾けるなんて誰も知らない。小学校3年まで運動神経ゼロで急に野球に目覚めて、中学は陸上とバスケットで、高校でサッカー、ワンダーフォーゲル、高校2年生で演劇部にすごく仲のいい友達ができたので、私も入った。演劇部の連中は、うちの2階に来て、芝居の練習の後にバンドみたいな感じで即興で演奏したり、曲を作ってみんなで歌ってたりした。そこには山本浩美もいたんだ。部長だった田中学は今でもよく会う」

ところが高校3年生になって、鈴木慶一は突然、周囲に楽器を弾けることや、曲を作れることを明かす。

「中学3年になって、人生20年だなと思っていた。いろいろあって、20年でいいやと。人生20年だと思っていたから、いっぱい曲を作っていたんだよ。一回吐き出したいなという気持ちもあったんだろうけど。高校3年になると、卒業前の文化祭があって、各クラスで出し物をする。私が『ミュージカルをやろうか』とボソッと言ったんだよね。みんな『え?』となったけど、『俺、ギター弾けるよ』って言って。それで初めてミュージカルを作るわけだ。『不思議の国のアリス』を基本にして、政治風刺がいっぱい入っていて。裁判のシーンだけを抜き出して、歌詞は同級生の澁木哲人が中心になって書いて、(ザ・フォーク・クルセダーズの)北山修さんって感じかな。それに曲をつけて。クラスの人が全員出演して、ミュージカルをやったの。誰もが15週間ならアーティストになれる、(アンディ・)ウォーホル的だな。そんな事態が周りに溢れてた」

そもそも鈴木慶一が曲作りを始めたのは、中学生の頃だった。

「中2の時に、音楽の先生が女の人だったんだけど、とにかく唱歌に対して批判をするんだね。『日本語のイントネーションと違うメロディだ、間違っている』とか。すごく怖い先生で、厳しいけど、いい先生で好きだった。夏休みの宿題で1曲作れと言われて作ったけど、1位を取れなくて、6位か7位ぐらいかな。1位を取った曲と2位を取った曲はいまだに覚えている。『これはかなわないぞ』というところからスタートして、踏ん張るんだよ。2位はジュリエットだった。歌詞も、ドノヴァンの訳詞を見ていて、自分でも書けそうだなと思った。ちょっと夜中に散歩して戻ってきて、じいさん、ばあさんが寝ている部屋のこたつで、小さい明かりで歌詞を書いたのが最初かな。あの2人はなかなか起きないんでありがたかった。1969年にテレビで頭脳警察と遠藤賢司さんを見て焦ったのも大きい。日本語でロックだ、フォーク・ロックだ、デタラメ英語で歌ってる場合じゃない（笑）」

高校卒業後は大学に進学しなかった。しかし、ミュージシャンを目指していたわけでもない。

「高校3年のときに大学は受けないと決めた。おふくろの意見で、受験料を払うぐらいだったら受けないほうがいいって言うので。3年生で大学を受けなかったのは、高校で2人だけ。おふくろから『あんたは夜中にずっと起きていて、音楽ばかり聴いているんだから、ボイラーマンのライセンスを取りなさい』と言われたけれど、それは取らなかった」

その理由は、人と会いたくなかったからだ。

「小学校のときは、本当にすぐ赤面するので『赤くなってる！』とよく言われていた。そう言われるともっと赤くなるの。あるときに顔が熱くなって『赤くなっているな』と思ったら、誰も何も言わないんだよ。自覚症状のないときに赤くなっているんだなと思って、それであまり気にしなくなった。でも、細野（晴臣）さんに『東京シャイネスボーイ』と言われていたぐらいだから、対人恐怖まではいかないけど、そのまま赤くなっていたんだろうね。赤くなると言われるのが嫌でさ、人とあんまり会いたくないなとなるわけだ」

あがた森魚、はっぴいえんどとの出会いが変える運命

そんな鈴木慶一が、1970年初頭、まさに運命を変える出会いをする。それが音楽家・鈴木慶一を生む。あがた森魚との出会いである。きっかけは、母・鈴木萬里子の勤め先であがた森魚がアルバイトをしていたことだった。1970年2月28日、鈴木慶一はあがた森魚が出演したイベント「ルネッサンス」を御茶ノ水全電通ホールに見に行く。怒涛の1970年の幕開けである。

「あがたくんは野村證券の蒲田営業所で黒板書きのバイトをしていた。株価の変動を書くんだよね。毎日非常階段でギターを弾いてたらしいけど、そこで69年のクリスマスにパーティーがあったときに、あがたくんが歌を歌ったら、おふくろが『うちの息子もギターを弾いているから遊びに来ない？』と言って、まずはあがたくんのライヴのチラシをもらったの。私は家から出ない人間だったんだけど、チラシを見て、これは街へ出ようと見に行った。電車に乗るなんて、1人で行くのはかなり勇気が必要だったの。見終わっていいなと思ったのが、あがたくんと斉藤哲夫さん。すごく印象に残っている。会わずにそのまま帰ってきたの。その後に、あが

たくんが遊びに来る。マザーズ・オブ・インヴェンションの『フリーク・アウト！』を大きい音で鳴らしている家が我が家です、と伝えてね。隣近所が工場だったから、どんなでかい音で聞いても平気だったの。ここでまた登場する『(フー・アー・ザ・)ブレイン・ポリス？』、曲名ね」

１９７０年4月18日には、あがた森魚とともに御苑スタジオを訪れ、はっぴいえんどをバックにして歌う早川義夫の姿を目の当たりにする。はっぴいえんどと早川義夫を目の当たりにしただけでも強烈なインパクトのはずだが、この御苑スタジオ訪問は、鈴木慶一のプライベートにも大きな変化をもたらした。

「スタジオに行くには、女の人を連れて行ったほうがいいなと、かっこつけるわけだよね(笑)。羽田中学にいた一番ファッショナブルな2人を連れていって、早川さんと喫茶店でしゃべって。私はずっと黙っていたけど。女の子の１人は、私の家の近所だったの。その子は家が厳しくて、夜遅く帰ってきたら入れてくれないから、ある日、私の家に泊めてくれって友達と来たの。その友達が初めて付き合うことになる子なんだよね。しかし、１年経って、ロンドンに行くと言いだしちゃったんだよ。それで生まれたのが、はちみつぱいの『塀の上で』。でも、行くって言ったんだけど、結局行かなかったんだよ(笑)。どうやら軽井沢にいて、(高橋)幸宏とか小原(礼)とか、林(立夫)とかがいるところに遊びに行って、その周辺の人かわからないけど、ロンドン行きが盛り上がったんじゃないかな」

高校卒業後の鈴木慶一は、大理石磨きやレコード店のアルバイトも経験している。

「ガール・フレンドが出来て、音楽もいいけど少しは働いたらと言われてね。大理石磨きは、うちのじいさんの工場。元の大理石は、基本は穴だらけ。大理石磨きというのは、大理石にとの粉というのを塗って、穴を埋めていくわけだ。その後、ちゃんとした職人さんが磨くの。私もやったし、あがたくんもやったし、いろいろな人がやったな。だんだん『これ以上いらないよ』ってなってくる（笑）。その他の仕事は、セメントと炭酸カルシウムを混ぜるとか、混ぜる機械に入れたり、運んだり。その後にレコード店でバイトしてたけど、これまたおふくろの紹介だ。それに比べて大理石磨きは帰ってくるとぐったりしちゃうんだよね」

そうしたバイト以外では、鈴木慶一はガール・フレンドと会って「東京」を知る。モラトリアムを通過し、音楽と街に走りだした。音楽シーンの変化も彼を焦らせ、音楽活動へと駆り立てていく。

「世の中がすごく動き出しているし、ロックを日本語で早く作らなきゃという焦りもあるし。だから、今やれることはボイラーマンになるより音楽だなと思って。一歩踏み出そうと思って、音楽をやっている人と会ってみようという気になった」

鈴木慶一の一歩の踏み出し方は大きかった。御苑スタジオ訪問から約2週間後の1970年5月3日には、ジャックスのファンクラブ主催コンサート「ホスピタル21」にアンク・サアカスとして出演し、ステージ・デビューを果たしている。アンク・サアカスは、あがた森魚、山本浩美、山本明夫とともに結成したバンドで、「ホスピタル21」では元ジャックスの木田高介も参加するという豪華なデビューライヴだった。

「めちゃくちゃです。それまで溜まっていたのもあるし。あがたくんが1週間に2回ぐらい家に来るようになって、アレンジしたり、ピアノを弾いたりして。江戸川乱歩、（ジャン・）コクトーとか、読んでいる本の趣味も似ていたし。作る音楽はだいぶ違うと思うんだよ。でも聴いてる音楽は一緒だったり、歌い方が（ボブ・）ディランっぽかったから、相性が良かったんだろうね。それで『よし、機会があるから出よう』ということで、メンバーを集めなきゃいけないと。高校3年のときに教室で一緒にアンプを鳴らしてセッションしてた山本明夫くんという人をベースで呼んで、高校で唯一、一緒にバンドをやっていた山本浩美も呼んで、『ホスピタル21』に出るのよ。最初に買ってもらったエレキギターはソリッド型なので、『あまり向かねえな』と思って、ギターも借りて。非常にルックス重視だった。ドラムがいないから、木田さんが『一曲叩こうか』ということで、それがボブ・ディランの『ハッティ・キャロルの寂しい死』のあがた森魚バージョンの日本語詞だね。あの日のことは覚えてないね。覚えていることといえば、私はあがたくんのバッキング、編曲という意識だったのでそれに徹していた。それと、木田さんが入って3拍子でドラムを叩きまくって、どこがどこだかわからなくなった記憶がある。ザ・バーズの『霧の5次元』のようなアレンジだったのは覚えてる」

それまでラジオやレコードで知っていたミュージシャンに次々と会う日々が訪れたが、当時の鈴木慶一はその感動を表に出さなかった。

「楽屋の外で、エンケンさん（遠藤賢司）がハーモニカとギターを練習しているのを、『あの遠藤賢司だ』と思いながら後ろからずっと見ていた。どんどん会うんだけど、別に話はしない。『どうもファンなんです！』とか、そういうタイプじゃなかったんだよ。生意気だったから。むっつりして見てるだけ。感動しているんだけど、それを表に出さないタイプだったからね。そのぶん自分で音楽を作る糧にしよう、それが先」

1970年5月29日には、明治大学和泉祭コンサート前夜祭に出演。そこで鈴木慶一は斉藤哲夫と初めて会話をする。

「あがたくんが明治だったので、主催している人に交渉して、前夜祭に出してもらった。そのときはドラムが小野太郎さんで、ある劇団のメインの俳優さんになるよね。そのメンバーはあがたくんの『蓄音盤』の録音のメンバーと近い。その次は斉藤哲夫さん、渡辺勝と知り合っているけど、勝に対してはちょっと悔しかったのね。なぜかというと、田原総一朗さんが作っていた『青春』という岡林（信康）さんのドキュメンタリーがあって、その後ろで、勝がピアノを弾いていた。哲夫さんの1枚目『悩み多き者よ』のピアノも勝が弾いている。すでに先にデビューしているわけだ。だから悔しいなと思いつつも、家に遊びに行ったりして。あいつが最初に言った言葉で覚えているのが、私が『何の楽器できるの？』と聞いたら、『1週間あれば何でもできるよ』って。みんなツッパってるんだよ（笑）。哲夫さんとは溝の口の駅前で待ち合わせするの。溝の口には、勝が住んでいて、あいつの家もドラムセットが置けるぐらいでかいんだよ。そこで練習する。『悔しい』と『焦る』がキーワードの1970年」

斉藤哲夫と出会った後に、鈴木慶一は細野晴臣の家を訪れ、あがた森魚の自主制作盤『蓄音盤』に参加してほしいと依頼する。

「当時、細野さんとは全然話したことがない（笑）。でも、『はっぴいえんど』のテスト盤はもう上がっていて、あがたくんがURC（レコード）にけっこう行っていたので聴いていた。やばいなと思った。69年にテレビに出ていた頭脳警察の『パラシュート革命』と『前衛劇団〝モーター・プール〟』という曲に、これはかなわないなと思ったけど、はっぴいえんどを聴いて、『またすごいバンドが出てきた、急がなきゃ』と思った。最初に細野さんの顔を見て覚えているのは、エイプリル・フールのジャケットだね。1970年5月5日にサンケイ・ホールで『モントレー・ポップ・フェスティバル』を上映するというのがあって、その出入り口に細野さんがいたのね。私と山本浩美が2人で指差して、『あ！ 細野だ！』って（笑）。だから、顔は知ってるわけ。そのフェスはライヴも行われたよ。フラワー・トラベリン・バンドとかゴールデン・カップスが出て、アメリカからスピリットが来日するはずが来なかった」

そして1970年夏、『蓄音盤』のレコーディングが始まった。

「細野さんの家に頼みに行ったのは、あがたくんといろいろセッションを重ねるうちに、アルバムを作れると思ったからじゃないかな。哲夫さんのバッキングをしている渡辺勝がいたし、詰めればアルバムができるぞと思ったあがたくんの熱意だろうね。レコード100枚を哲夫さんの車で東洋化成に取りに行った。8月1日だ。『蓄音盤』の連絡先はうちの実家だから、電話が来ると、私が出て『何枚ですね、ここに取りに来てください』と言って、注文されたらジャケットを貼るんだよ。手作りだから、1枚1枚ずれていたり。あがたくんの知り合いの女性が2人ぐらいいて手伝ってくれた。そして、録音したものを売りきっちゃうわけだよね」

1970年9月16日には、鈴木慶一ははっぴいえんどとともにステージに立つ。日比谷公園大音楽堂で開催された「日本語のろっくとふぉーくのコンサート」あるいは「ろっく&ふぉーく・コンサート」(当時の雑誌でも表記が異なる)で、はっぴいえんどのサポートメンバーとして出演したのだ。

「あれは嬉しかったけど、やっぱりツッパってるからあまり顔には出さない。『ありがとうございます』とかも言わないし。細野さんの家であがたくんが歌うとき、私がギターを弾いたの。コードGからEマイナーに落ちるときに、F#のパッシングというのを入れていた。後から知ったんだけど、そういうのをやっていたから『弾いてもらおう』となったという話だったの。それで呼ばれて、もう一回細野さん家に行くんだよね。そうすると、はっぴいえんどは徹夜明けでみんな寝てるの。話をして、リハーサルから参加することになった。何回かリハーサルをしたら、いきなり本番だよ?(笑)恐ろしいよ、いきなり野音だもん。その頃は、あがたくんのお金が貯まると小さいホールを借りて、知り合いのミュージシャンが5、6組出るようなライヴを『サアカス』という名前で企画していたんだよね。哲夫さん、吉田美奈子さんと野地義行くんの2人組のユニットのぱふ、かしぶち（哲郎）の高校の同級生の野澤亨司さん、哲夫さんの紹介でなぎら健壱さんも出た。要するに、みんなやる場がないんだよね。その場所をあがたくんが提供しようとしたんだろうね。それが70年半ばから71年にかけて。そんなことをしていたけど、いきなり野音だもんな。私も相当びびっていたんだろうけど、でも、あまりびびるということを感じなかった年齢なんだろうね」

鈴木慶一の目に映るはっぴいえんどは刺激的な集団だった。

「ジョークも面白いし、知的なロックバンドだと思ったたな。同い年は茂ちゃんしかいなくて、あとは2歳以上、年上なので、子供のときに親父の劇団の人が遊びに来て、面白い話を聞いて、どんどんませていくときと同じような感覚だったね。魅力的な人たちだなと思った」

その日比谷公園大音楽堂でのライヴは、淡い挫折を鈴木慶一に残した。期待とは裏腹に、正式メンバーになることはなかったからだ。

「19歳になったばっかりだからね。このままはっぴいえんどに入れるのかなと思ったらしいよ、私は（笑）。やっぱり期待するよね。レコードも出してるし、いいサウンドだし、悔しいほど良い歌詞もあるし。期待するんだけど、連絡が来なかった。何か月待てばいいのかなって。連絡が来ないし、自分の周りでバンドを作ろうという決心をさせてくれた」

こうして、はっぴいえんどとの出会いは、鈴木慶一が独自の日本語のロックバンドを作るモチベーションになった。はちみつぱい時代を通して、鈴木慶一は「獲らぬ狸」というノートを持ち歩き、アイデアや歌詞など、さまざまなメモを書き記していく。

「先を越されちゃったから、自分では違うものを作らなきゃな、とは思った。でも、ファーストアルバム（『はっぴいえんど』）は全部コピーしてたんだよね。正確にやろうとするとギターのコード進行が難しいんだよ。『敵タナトスを想起せよ！』はめちゃくちゃ難しくて、カッティングを茂ちゃんから直伝で教わって。あとはコーラスだよね。『敵タナトスを想起せよ！』は、アルバムでは細野さんが歌っているけど、ライヴでは大滝（詠一）さんが歌っていた。本当は私がベースを弾けたらベースで入って、細野さんがギターに回りたかったのね。でも、細野さんを差し置いてベースを弾けないでしょ？（笑）」

それにしても、１９７０年2月28日にあがた森魚と斉藤哲夫をライヴで見てから、9月16日にははっぴいえんどとステージに立つなど、半年強で怒涛のような展開だ。ミュージシャン・鈴木慶一は、ほんの短期間で人前に立つことになり、日本語ロックの創成期を体験した。

「毎日楽しくてしょうがなかった。ガール・フレンドもできて、その子を連れてライヴを見に行ったりできるようになって、ヒッピー感が増したし。音楽を知っている友人ができたのがすごく嬉しくて、『このアルバムどう？』と持ってきたら一緒に聴いたりするし、哲夫さんの家に行けば、ジミヘン（ジミ・ヘンドリックス）がフルボリュームでかかっていたりする。音楽をやっていたり、ギターでセッションしたりする友人だらけになっていた」

バックバンドから独立したバンド、はちみつぱいへ

あがた森魚とのコラボレーションは、新たな友人をもたらした。しかも、長年活動をともにする仲間だ。

「あがたくんはバックバンドに対して、蜂蜜麺麭という名前にしようと決めたんだ。70年の暮れになると、『うた絵本「赤色エレジー」』の録音じゃないかな。変名を考えたりしてね。そのとき武川雅寛とも知り合う。あがたくんの嗅覚で、OPUS周辺にバイオリンを弾けるやつがいるということで知り合った。立教大学の作詞作曲研究会のOPUSに勝がいて、武川もいて、岡田徹くんも、白井良明もいたんだな。岡田くん、白井良明と知り合うのはもっと後になるけどね。タンゴ楽団やチンドン屋のおばさんと一緒だった。ギャラはアーセンでとか、バンドマン用語に初めて接する。アーはA、ドレミがCDEだからAは6、センは千円、したがって一人6千円だ」

鈴木慶一が結成することになるはちみつぱいは、アンク・サアカスから始まり、あがた精神病院、あがた癲狂院、蜂蜜麺麭、あがた森魚と蜂蜜ぱい、蜂蜜ばいと、さまざまな名前の変化の末に「はちみつぱい」に落ちつく。『うた絵本「赤色エレジー」』での変名は、南部菜食バンドと池田屋六重奏団。名義が非常に多い。

メンバー変遷には諸説あるが、1970年代の雑誌も参照したメンバー変遷図のどれもにつ

いて、鈴木慶一は「あっただろうね」と認める。それほどまでに当初のメンバーは流動的だった。そして、あがた森魚のバックバンドから、独立したバンドへと変化していく。

はちみつぱいの初期、1970年末のことを鈴木慶一が振り返る。

「最初は弟の鈴木博文と、弟の高校の友人でピアノが弾ける藤井盛夫くんという人の3人でライヴをやっていたんだけど、ほうむめいどというバンドに誘われるんだよ。松本隆さんの弟さんの松本裕さんがドラムで、ギターが本多信介、ベースが中村文一、キーボードが伊藤克巳くん。まず哲夫さんが入って、自分のバッキングのグループとしてやってもらおうと思ったんだけど、『合わないから、おまえが代わりに入れ』と言われて。無茶苦茶だな（笑）。サウンドは、オルガンが入ってプロコル・ハルムみたいな感じ。何回かステージでやるんだけど、やっぱり抜けようと思うんだよね。そして、若者は残酷だから、ギタリストを引き抜くんだよね（笑）。一緒に抜けようって。ベースの中村文一くんは、あがたくんのライヴのイベンター的な立場になるから解散しちゃうの。私たちがめちゃくちゃにしてしまった」

かくして、ほうむめいどから本多信介を引き抜き、はちみつぱいはメンバーが固定しはじめる。

「正式にはちみつぱいと名乗り出すのは、71年のB.Y.Gでのライヴなんだよね。同年5月5日、渋谷東急文化会館りとる・ぷれい・はうすのライヴでは全部漢字表記、蜂蜜麺麭、出演者に大滝さん、金延幸子さん、ぱふ、山本厚太郎さんの名前がある。あがた森魚、斉藤哲夫連名での

サアカスだ。その前にかしぶち哲郎くんをドラムのオーディションに呼んで、彼がいきなりギターを弾き出しちゃうんだけど」

1971年8月、「第3回全日本フォークジャンボリー」（当時の雑誌でも表記が異なる）あるいは「中津川フォークジャンボリー」に鈴木慶一、渡辺勝、本多信介の3人による蜂蜜ぱいが出演。それを見た和田博巳が加入を申し込む。和田博巳は、岡林信康の『俺らいちぬけた』のレコーディングで、すでに鈴木慶一と面識があった。

「いろいろなメンバーが入れ替わり立ち代わりで、ドラムがいたりいなかったりと変わっていたけど、私と信介と勝、鈴木博文で行くと、あがたくんのバックができるし、哲夫さんのバックもできる。はちみつぱいという名前で演奏もできる。中津川ではちみつぱいのライヴが終わって、袖にハケてきたら、和田さんに『ベースを買うから入れて』と言われて入ってもらった。弾けるのか弾けないのかわからなかったけど（笑）」

1971年9月には、鈴木慶一、本多信介、渡辺勝、橿渕哲郎（かしぶち哲郎）、和田博巳、武川雅寛がB.Y.Gで特訓。1971年10月にマネージャーに石塚幸一を迎え、1971年11月に本格デビューとなる。

「B.Y.Gがライヴを始めて、そのブッキングをする連中が、はっぴいえんどやはちみつぱいが所属する風都市になるわけだよね。そのときに風都市の基本的なメンバーと知り合うの。B.Y.Gでも『サアカス』として、たくさんの人が30分ぐらいずつやるイベントを月に1回ぐらいしていた。はちみつぱいのマネージャーをやるよと手を挙げたのが石塚幸一くんで、風都市の主要メンバーになる。正式には71年10月かもしれないけど、手を挙げたのは5月とか6月頃。それでB.Y.Gが拠点になるんだよね。中津川から帰ってきて、武川も入って、ドラムのオーディションをする。かしぶちくんがGジャンを着て来てたのを覚えているの。それまではジャズっぽいミュージシャンとか、手数の多いドラマーだらけだったけど、かしぶちくんはすごく手数が少なかったので、『これはクレイジー・ホースみたいでいいじゃん』ということで入ってもらった。リンゴ・スターが叩いている『ジョンの魂』や『イマジン』の感じだったので『これはいいね』って。はちみつぱいを名乗っていたことは、それ以前からあるけど、正式にメンバーが固まったのは9月というのが正しいと思うよ。11月は、ドラムとベース、バイオリンもいる状態で、はちみつぱいの原石となるメンバーでやり始めたということだろうね」

1972年4月25日、あがた森魚の『赤色エレジー』がベルウッド・レコードから発売。はちみつぱいが参加し、いきなり大ヒットとなる。

「『赤色エレジー』が、バンドとなったはちみつぱいとしての初の録音だと思うよ。『中津川フォークジャンボリー』で、（ベルウッド・レコードの）三浦光紀さんが『赤色エレジー』を気に入ってくれて、『ベルウッドというレーベルを立ちあげるんだけど、シングルにしたい』と。それで一回録音するんだ。その後、風都市側にもう一回録音したいという意向があって、二度録音した。2回目の録音が72年の初頭だと思うんだよね。その録音がヒットする」

はちみつぱいは、１９７２年７月５日に『煙草路地』を発売予定だったものの発売延期に。１９７２年８月25日発売予定だった『煙草路地／貧乏ダンス（ビンボー・ダンス）』は発売中止になるが、メンバーは知らなかったとも発言している。

「『貧乏ダンス』を録音したか覚えていない（笑）。曲はあるんだよ。今考えると、うまく完成しなかったというのもあるかもしれないね。『煙草路地』が録音されているのは覚えている。かしぶちくんが歌っている。なんで流れたのか記憶にないんだけど。ベルウッドから出る予定で、たしかホーンまで入っているんだよね。マネージャーの石塚くんの方針かもしれない。そして、結局『センチメンタル通り』には入らないんだからね。いわばライヴの最後にやるアップテンポの曲だったな」

そうしている間に、１９７２年夏には渡辺勝が脱退。その後１９７３年に駒沢裕城が加入する。

「はちみつぱいのライヴがあったときに勝が京都にいたんだね。来なかった。それで脱退。『じゃあいいか、もう来ないんだろうな』って。勝は同じ曲をずっとやっているのがつまらないと思っていたのかな。駒沢くんは、フォージョーハーフが解散する直前に抜けた。いや抜けたから解散したのか。駒沢くんと初めて会ったのは、やっぱり御苑スタジオの前だ。和田くんと２人でいて、『一緒にやろうよ』って和田くんが誘ったんだよね」

こうしてはちみつぱいは、バイオリン奏者とペダル・スティール・ギター奏者がいる強力な編成になり、1973年5月に『センチメンタル通り』のレコーディングを開始。レコーディング後の1973年9月に岡田徹が加入し、1973年10月25日に『センチメンタル通り』がリリースされた。アンク・サアカス時代から数えれば実に3年以上を経ての初めてのアルバムだ。そして、これが唯一のオリジナルアルバムとなる。

「時間がかかったね。要するに、曲が少なかったんだよね。最初は4曲しかないんだもん。『僕の倖せ』『こうもりが飛ぶ頃』『塀の上で』『煙草路地』。『センチメンタル通り』のレコーディングは不思議なもので、ファーストアルバムにして、ラストアルバムみたいな感じなんだよね。抜けた勝が入っているんだから。それは石塚くんの発想なんだね。『煙草路地』を外したのも石塚くんの発想。だから全部ラブソングなんだよ。一枚のアルバムで、女性と出会って、別れてみたいなものが全部表現されている。ファンの野村和哉さん（はちみつぱいのファンマガジン『ひだまり通信』発行者）に21世紀になって言われて、後で気づくんだよ。そういうふうに石塚くんが作りたかったんだろうね。そこからは『貧乏ダンス』も『煙草路地』も外れるわけだ。アップテンポで軽快な曲を外していって、しっとりとしたやつを入れた」

はちみつぱいの『センチメンタル通り』が、マネージャーである石塚幸一の意向が強く働いたアルバムだというのは意外でもある。フロントマンであり、リーダーとみなされる鈴木慶一に不満はなかったのだろうか。

「それはない。理想のバンドはザ・バンド的なものや、クロスビー・スティルス・ナッシュ&

ヤング的なものだから。要するに、曲を作る人がいっぱいいて、その曲を録音してひとつのサウンドを作れればいいやと。あがたくんと会って音楽を始めたときは、サイドギターが夢だったの。それは後に結成するControversial Sparkで実現するけど。はちみつぱいという名前を名乗るまでは、リードボーカルをやるなんていうのは思ってもみなかった。いろいろなアイデアは出すけど、あまりフロントマンの意識は強くないね。勝も歌うしね。私は、はちみつぱいでも、ムーンライダーズでも、リーダー意識はない。曲を作る量は多かったけど、全曲私の曲ではないし、しかも抜けた勝をデビューアルバムに呼んで『僕の倖せ』や『夜は静か通り静か』をやる発想は石塚くん。『僕の倖せ』が素晴らしい曲だと気づくのは、録音するまでわからなかったな」

鈴木慶一には、はちみつぱいが「自分のバンド」という意識もない。

「みんなのバンドだな。ずっとそうだよ、『自分のバンド』というのはあまりない。だから、『センチメンタル通り』を作っているときも、新宿のYAMAHAのリハーサルスタジオで、リハーサルを98時間も重ねて。アレンジをするのに、録音時間ぐらいかかっているかな。それですごい金を使ったと言われたな。自分たちのアルバムができたというのは非常に嬉しいことで。しかも、次の作品をどうしようかなと考えられないような入念な作品を作っちゃったなという感じだよね」

『センチメンタル通り』は、1990年代の渋谷系において、サニーデイ・サービスの曽我部恵一などから高く評価され、名盤の誉れ高い。しかし、発売当時は特に何の評価も受けなかったという。

「自分らがどう評価されるのかというのは、1枚目はあまり気にしないんだよね。後に気にしだすけど、『素晴らしいアルバムができたね』と言われた記憶もないし。ただ、三浦光紀さんはすごく高く買ってくれていた。『この曲が入っていていいんだろうか』という曲もあったんだけど、それがどの曲かは言わない。作り終わって、生涯で珍しく達成感もあったと思う。だから、一枚しか出さなかった。2枚目も作る動きはあったよ。岡田くんが発売前に入って、キーボードが強化されて、ライヴもすごく流れが良くなった。曲をずっとつないで、ひとつのエンターテインメント的なる流れを作っていったりして、それがよく出ている最たるライヴが74年の『ワンステップフェスティバル』だったりする。ただ、新しい曲はなかなか生まれないんだよね。『酔いどれダンス・ミュージック』ぐらいしか生まれなかった。それは最後に録音するけど、それで終わってしまう。『スカンピン』のエンディングだけできてたり」

そして鈴木慶一は、1973年9月21日のはっぴいえんど解散ライヴ「CITY-Last Time Around」に出演している。

「はっぴいえんどはもう解散状態だったけど、最後にアメリカ録音で一枚作って（『HAPPY END』）、ちゃんと解散コンサートをやろうと風都市が提案したんだ。それで、みんなの今後を見せていこうと。松本隆さんはドラマーとして急遽バンドを結成しなきゃいけなくなって、ムーンライダースを作る。松本隆さんがプロデュースしていたあがたくんの『噫無情〔レ・ミゼラブル〕』には、鈴木博文もベースで参加している。そういうこともあり、ドラムとプロデューサーは松本隆さん、ベースは博文、ボーカルは山本浩美、ギターは鈴木順さんというほうむめいど系の人だね。キーボードが矢野誠さん。9月21日に一回演奏して、その年の秋にかけて、渋谷ジァン・ジァンとかで何回かライヴをやっていて、私は見ていた」

「CITY-Last Time Around」は、鈴木慶一が再びはっぴいえんどとともにステージに立ったコンサートでもあった。

「これは、はっぴいえんどのマネージャーの石浦信三さんの思いやりだよ。70年の野音は、はっぴいえんどのレコ発デビューライヴみたいなところにギターで参加したんだから、最後はピアノで参加してよって言われて。『私よりうまい人はもうたくさん出てきてるのに?』って質問した。『ちょうどいい』って言ってたね」

はっぴいえんどに入れなかったからこそ、はちみつぱいでは独自の世界を描いていた。

「歌詞を作るときに、はっぴいえんどと差をつけなきゃいけないので、自分の生まれた身の回りの景色ばっかりを表現していったんだけど、それが功を奏したのかな。隆さんは山手線の内側的な歌詞だよね。こちらは哲夫さんもあがたくんも、みんな京急だから、ディープサウスとしようと。それに、『何とかなんです』という言い回しはやめようというところはあったね。あがたくんの『噫無情〔レ・ミゼラブル〕』に入っている『キネマ館に雨が降る』を、隆さんと一緒に共作した。『ちょっとあがたの歌詞を作るのは難しいから一緒に作ってよ』ということで、西麻布の霞町の家に行って、２人で１日かかって歌詞を書いた。あれは面白かったな。いろいろ解説も入るからね。読んでる本も『これを読んでいるんだ!』って。意外だったのはハート・クレインだな。弟もすでに持っていたね。でも、出てくるものは違う。それは景色かもしれないね」

１９７３年12月17日には、シュガーベイブのデビューライヴにはちみつぱいが出演している。やや毛色が異なるバンド同士に感じられるが、当時は自然な交流だったという。

「レコーディングをみんな見に行くんだよね。シュガーベイブも見に行った。たまたま行ったときに、『DOWN TOWN』のイントロを村松（邦男）くんがずっと弾いているのを見て。私も、好きな音楽がはちみつぱいを始めた頃とはだいぶ変わっていた。それこそザ・フィフス・アヴェニュー・バンドのような、ソフィスティケイテッドをみんな目指していた。都会性みたいなものだよね。はちみつぱいは『センチメンタル通り』ですごく複雑な都会性を持っているよね。カントリーっぽい曲もあるけど、『夜は静か通り静か』って中央線沿線っぽいじゃない？　だから勝は抜けて、アーリータイムスストリングスバンドを作るわけだ。都会性を目指していたから、ものすごい都会的なバンドが生まれてきた。その前から、山下達郎くんの作った自主制作のアルバム（『ADD SOME MUSIC TO YOUR DAY』）は聴いていたけどね」

混乱したライヴ現場での頭脳警察との遭遇

１９７３年の鈴木慶一は、岡林信康の２枚のアルバムに参加している。『金色のライオン』と、ライヴ盤『1973 PM9:00→1974 AM3:00』だ。

「『金色のライオン』が大きかったんじゃないかな。プロデューサーが隆さんで、ギターで私が呼ばれて、リッケンバッカーを借りて弾いて、もう１人ギターで後藤次利さんがいて録音して。それで、12月31日のライヴにピアノで呼ばれるんだよね。オルガンが矢野誠さんで、ドラムが隆さんで、ベースが細野さん、ギターが銀ちゃん（伊藤銀次）。本番で先にエンケンが出たときに、ふんどし一丁のやつがステージに上がってきて、エンケンがギターでバーって蹴散らした。『これは荒れてくるぞ』と思った。そして、岡林さんがカウントダウン的なところで登場するわけだ。物が飛んできちゃって、客と緊張感が溢れる間で行われたライヴなんだよね。しかも、客がだんだん帰っていくの。『荒れてきたな』と思ったからじゃない？　しかも、岡林さんに客が帰っていっていると決して言っちゃいけないのに、悪いことに私が言っちゃったんだ（笑）。岡林さんが沈んだ顔になったのをよく覚えてる」

これに限らず、１９７０年代初頭はステージに物が飛んでくることもあれば、会場にＰＡや照明がないこともあった。

「野音は出演者の私が客席にいたら、千枚通しで刺されたやつがいて、救急車が来たり。あとは一升瓶が飛んでくるとかね。PAもないから、野音にヒビノという音響メーカーの細長いスピーカーが2個立っているだけ。あとは生音。ドラムもでかく叩く。少しずつマイクで拾っているけど、ボーカルが主体だよね。加藤和彦さんがイギリスからPAシステムを買って戻ってきて、PAシステムが構築されたという感じ。それをレンタルする時代だったね。ひどいときには、公会堂とかでライヴをやるとスピーカーがないので生音で、歌は天井に埋まっている小さいスピーカーから出る。こう言っちゃ失礼だけど、地方に行くと何が起きるかわからないので、はちみつぱいのライヴを甲府でやるときに、『ステージにアンプはありますよね？』とまず確認したんだよ。『あります』と言われて行ったら、家具調ステレオが1台置いてあっただけ。『これは6つ入りますから』と言われて、『お願いだから、今すぐに町中の楽器屋からアンプを4台借りてください』と言った。はっぴいえんどとはちみつぱいとあがたくんが一緒のツアーはたくさんあったけど、場所によってはアンプがないので、みんな生ギターになっちゃったりする。そうすると、はっぴいえんどの助っ人で生ギターを弾いたり、ピアノを弾いたり。我々は2ぱい、3ぱいとかあって武川と二人だったり、岡田くんが入って3人だったり、全員だったり。あがたくんのバックはね」

1970年代初頭の混乱したライヴ現場の最たるものとして鈴木慶一が挙げるのは、1971年11月6日の慶應三田祭事件だ。はっぴいえんどとはちみつぱいも出演するはずが、頭脳警察が1時間にわたりステージをジャックした。

「たぶん風都市は、頭脳警察を過激すぎると思ってたのかな。私小説的な作品を作る事務所だったね。それに、学生の組織も何個かあったんじゃない？　風都市と彼らの間に何かがあったと思う。頭脳警察が遅刻してきたので、風都市が『やる時間ないよ』と言ったんだな。それでTOSHIが『PANTA、これでいいの？』と言って、頭脳警察が戻ってきたの。実は『中津川フォークジャンボリー』も後で考えると、ヤクザの人たちがたくさん来ていて怖かったな。新たな興行システムを作ろうとしているわけじゃん？　覚えているのは、哲夫さんが夜中に怖そうな人とずっと話しているの。『おー！』と哲夫さんに挨拶したら、ずっと黙ってた。後で聞いたらヤクザなんだよ。コンドームを売りに来たんだって。買わなきゃいけない。あとは、天王寺で行われた『春一番』の3回目（1973年）で、最後にザ・ディランⅡが演奏しようとしたら、客が楽器全部を蹴飛ばした。アル中のおっさんとかがステージの一番前にいたりするの」

はちみつぱいは、解散までにアルバム『センチメンタル通り』と、1974年5月25日に発売されたシングル『君と旅行鞄（トランク）／酔いどれダンス・ミュージック』しか残していない。「君と旅行鞄（トランク）」は、『センチメンタル通り』に収録された「僕の倖せ」に別の歌詞を乗せたものだ。

「『君と旅行鞄（トランク）』ではワーナーになるわけだよね。なぜベルウッドからワーナーに行ったのかというのは、私は記憶が定かではないんだけど。ビクターでPANTA & HAL（頭脳警察のPANTAを中心とした新バンド）のディレクターをすることになる平田国二郎さんも会いに来たけど、風都市の動きとしてはワーナーに行くことになり、そのときにディレクターさんに、『僕の倖せ』はいい曲なんだけど歌詞を変えたほうがいいんじゃないかと言われて、石塚くんが隆さんに頼んだ。歌詞ができてきて、みんなで相談したんだ、『これは合わないいんじゃない？』と。それでボツにしたの。『噫無情（レ・ミゼラブル）』が出る前に、あがたくんに『隆さんに一回謝らないとダメだよ』と言われたんだよね。エンジニアは大滝詠一さんで、それは石塚さんのアイデア。大滝さんはエンジニアリングに興味があってやってみたいと言ったので、やってもらおうと。でも、メンバーは『大滝さんが何でいるの？　プロデュースするわけじゃないだろうな』とか言って、みんな知らなかった。そういうところで亀裂が生まれてくるんだよ」

風都市の終焉と、はちみつぱい解散

1974年6月10日には、はちみつぱいがバックバンドを務めることになるアグネス・チャン『ポケットいっぱいの秘密』が発売されたが、はちみつぱいの亀裂は徐々に表面化していく。

「隆さんが詞を書いて、キャラメル・ママがレコーディングして、ライヴではちみつぱいが演奏をしようということで、うまく話がまとまった。来年もアグネス・チャンのツアーがあるからこれでいきましょうとなったんだけど、その後に、駒沢くんが失踪してしまい、『ポケットいっぱいの秘密』のペダル・スティールがいなくなっちゃったの」

はちみつぱいは、１９７４年８月にはアグネス・チャンのバックバンドを務め、１９７４年９月には松尾和子のショーのオープニングに出たあがた森魚のバックバンドも担当する。この頃、はちみつぱいの所属事務所である風都市は、経済的に立ちゆかなくなってきていた。

「74年ともなると風都市が崩壊寸前なので、あがたくんがナベプロ（渡辺プロダクション）に入って、我々もナベプロの人と親しくなって、アグネス・チャンのバッキングをやるわけだよね。松尾和子さんのときは、歌が終わると、演劇みたいなものがあって、1日3回。すごく暇な時間がいっぱいあるわけ。朝一番だと、ベースの和田くんが演奏が終わる頃に飛んできて、ベーンって弾いて。舞台袖に布団があったので、そこに寝転がったら寝ちゃったんだって。その後もまた寝ちゃっていないときがあったんだよ」

アグネス・チャンのバッキング仕事は、芸能界への接近とみなされ、周囲の仲間たちから反感も買った。

「香港の人なので、ヒット曲が半分、洋楽のカバーが半分。これはすごく気が楽だよね。ただ、ザ・芸能界というところもあるんだよ。でも、ナベプロも新しい音楽、ロックミュージックを取り入れていく懐の深さもあった。ただ、歌謡曲的なものとロック的なものが、はっきりわかれていて、そこでバッキングをするわけだから、友達はなくすよね」

鈴木慶一が前述したように、１９７４年の秋に駒沢裕城が失踪。続いて、本多信介と和田博巳も脱退を決意。そしてはちみつぱいは解散する。

「ギクシャク感はやっぱりあったんだよね。『俺は聞いていないよ』とか、そういう話が多々起きるようになる。昔は一緒にロック喫茶で音楽を聴いて、狭山に泊まったり、私の家に泊まったりとかしていたんだけど、そういうことがなくなり、だんだん距離ができてきた。1作は作ったけど、1年経ってるよなと。新曲もないし、ワーナーでシングルを出したけど歌詞も変わったし、とか各々の中に不満があったんだと思う。石塚くんと私で話したんだけど、風都市も崩壊寸前だし、石塚くんも奥さんがいなくなっちゃって、失意のどん底でマネージャーをやれないって。『じゃあ解散するしかないんじゃないかな』と石塚くんが言ったの。自分のせいにしていないわけじゃないけど、そこで私は同意したので、私のせいと言われてもしょうがない。風都市も借金を抱えてひどい状態だから、ギャラも払えない。じゃあ解散かなと。そういう曖昧な理由で解散になった」

はちみつぱいは、1974年11月20日に山野ホールで解散。ワンマンライヴではなく、さまざまなアーティストが出演するイベントでの解散だった。しかも、仕事が残っている状態だった。

「はちみつぱいが解散して、石塚くんがマネージャーを辞めて、はちみつぱいの名前も名乗らず、しかし翌年のスケジュールが入っていたんだよ。アグネス・チャンのバッキングが入っているので、バンドを作らなきゃいけない。はちみつぱいから私、かしぶちくん、くじら（武川雅寛）、岡田くん。そこに鈴木博文、椎名和夫が加わった。鈴木博文は、歯を磨いているときに私が肩を叩いたんだよ（笑）。『新しいバンドでアグネス・チャンのバッキングをやるから入れ』って。あのとき肩を叩いていなければ、画家になっていたんじゃないかな？　その前にあがたくんの『噫無情』でベースを弾いているし、オリジナル・ムーンライダーズでしょ？　ミュージシャンとして、なんとなくベースになっているわけだよね。椎名は、よく行く百軒店のバーで楽器を運搬してくれたりしていたんだよね。だから、はちみつぱいの解散ですごく落ち込みはしなかった。次があるから。全員、曲も歌詞も作れる。そういう人とやっていきたいなという気持ちがあった。このメンバーを放っておくと、みんなお金がないから、違うバンドに入っちゃうかもしれないし、つなぎとめるためもあって、アグネス・チャンのバックをする。そういった経済的な面を確保して、次の作品を作っていこうということだね」

そして、ここでムーンライダーズという名前が登場する。

「火の玉ボーイズという名前を考えたら、ナベプロに『それじゃお笑いの人たちみたいだから変えてくれ』と言われたんだね。そういえば、ムーンライダー『ス』の名前は、はっぴいえんど解散のコンサートで私がつけたなと思い出した。稲垣足穂の『一千一秒物語』からね。その後2、3回やっただけで、矢野さんも隆さんも忙しくなり、バンドとして機能していなかった。そこに鈴木博文がいたわけだから、ムーンライダースという名前をもらおうと、全員に承諾してもらって、ムーンライダー『ズ』にした」

はちみつぱいは、1975年になってもまだあがた森魚のバッキングの仕事が入っていた。

その日が本当にはちみつぱい最後の日となる。怒号とともに。

「75年1月31日、吉祥寺の曼荼羅のライヴは、私とくじらとかしぶちくんと、ベースが和田くんでブッキングされていたの。それで演奏していたら、店長みたいな人がすごい野次るの。へたくそ、やめろって。よくわからないんだよ、その理由が。ナベプロにあがたくんが所属していることが槍玉に上がったのかもしれないね。それで、ステージ上で店長とマネージャー2人が殴り合いの喧嘩になった。私はさすがに堪忍袋の緒が切れて、『みなさんこんなものを見たくないでしょ？　外でやってくれ、俺たちは演奏しにきているんだから』と、生まれて初めて怒ってしゃべったよ。そしたら外で殴り合ってた。怒りの演奏をし終わって、あがたくんがステージの上で泣いちゃったんだよ。『バキュームカーでうんこまみれにしてやる』みたいな捨て台詞で私たちは帰ったんだけど、あがたくんは知らない、置いて行っちゃったから。私、かしぶち、武川はすぐに上野駅から夜行列車に乗らなきゃいけなかった。だから、『和田くん、またどこかで会おうね』と言って、なんとなく悲しい別れとして覚えている。通常、我々は演奏が終わったら飲みに行くけど、『今日はちょっと都合が悪いから』と言って。上野駅で鈴木博文、椎名和夫、岡田くんと合流して、夜行列車でアグネス・チャンのツアーに出る。マネージャーが変わって、風都市のスタッフの上村律夫になって、それでずっと続く」

上野駅から夜行列車に乗り、たどり着いたのは青森県の五所川原だった。

「最初に上村が、『みんなおはようございますと言ってくれないか。その一言で、今日一日がうまくいくんだから。お願いだから』と。要するに、『あいつらは挨拶がない』と言われていたみたいね。当然、我々はバッキングするのは一部分で、次にホーンセクションも入ったフルバンドでも演奏する。だから、すごい大人数が移動しているわけ。そういうスタートだったの。後々、大阪の梅田コマ劇場では芝居もあったりするんだよね、それに出なきゃいけない。暴走族の役というので、背のでかい人お二人ということで、くじらと椎名が選ばれちゃって。あの2人は大変だよ、ライヴが終わった後に、今度は芝居に出なきゃいけないから。ヌンチャクを振り回して暴れるだけ（笑）」

鈴木慶一は、かつてはちみつぱいのことを「冬の陽だまり」と表現していた。

「はちみつぱいのメンバーだけじゃなくて、風都市を含めてなんだよね。メンバーだけになるとギクシャクしちゃう。石塚くんがうまくつないでいたんだけど、それもまたギクシャクしだして、人間関係がうまくいかなくなってきた。音楽性も変わっていったね。本多信介はどんどんボサノバ系、南米系に行っちゃうし、和田くんはどちらかというとウェザー・リポートっぽくなっていくし。岡田くんの持っていたセンスは、非常にアメリカのグッドタイムミュージック的なもので、それは後のアルバム『火の玉ボーイ』につながっていくんだよね。でも、イギリス的な要素も入る。なぜかというと、アグネス・チャンのツアーで香港に行って、イギリス領の影響。ツアー中に10ccやクイーンがホテルのロビーでかかったり。これはいいなということで、『火の玉ボーイ』はイギリスの要素も入ってくる。ツアーの合間に作っていたからね。

平日で録音して、週末はアグネス・チャンのツアーなんだよ」

日本語のロックの創成期をめぐっては、はっぴいえんどや細野晴臣を中心に語られることについて、「はっぴいえんど史観」「細野晴臣史観」という批判や揶揄もある。当時の生き証人である鈴木慶一は、こう証言する。

「細野さんの背中を見ていた時期はあるよね。レコーディングでも一緒だし、はちみつぱいでもムーンライダーズでも細野さんのバッキングをしているし。細野さんの持っている音楽性は認めるに決まってるさ。近いところにいるミュージシャンにとっては、細野さんが次に何をやるんだろうなというのは、やはり気になるところだったよね。そして、確実に気になったのは、トロピカルなもの、無国籍なサウンド。三味線を使うとか、一番恥ずかしいことだったんだけど、『こんなことをやっていいんだ』って思った。細野さんだけじゃなくて、矢野誠さんもミュージシャンの中では人気が高かった。『細野・矢野史観』ということだね。特にレコーディングにおいて細野さんの存在は大きいね。大滝詠一さんも細野さんと同列に並ぶ。2人がいたのがはっぴいえんどということだね。一般のリスナーの人たちとはまた別の考え方で、音楽界のすごく狭いところの考え方だよ。それこそキャロルやファー・イースト・ファミリー・バンド、フラワー・トラベリン・バンドとは別のすごく狭いところで、ひとつの背中を見ていたということだ。だけど、頭脳警察とは数奇な運命をたどることになる」

2 章：1975 年—1983 年

ムーンライダーズの「最初の日」

ムーンライダーズはいつ始まったのか？　店の外で殴り合いが行われるなか、あがた森魚のバッキングをした1975年1月31日をはちみつぱい最後の日とすれば、それが終わってから、そのまま旅立ったアグネス・チャンのツアー初日である1975年2月1日がムーンライダーズの最初の日とも言えるかもしれない。しかしやがて、かしぶち哲郎と岡田徹の姿はツアーから消えてしまう。細野晴臣のツアーに参加してしまったのだ。

「ちょっと芸能界に嫌気がさしていたということもあるだろうし、『アグネス・チャンと細野さん、どっちをやりたい？』と言ったら、たぶん細野さんを選ぶだろうな。それでやめちゃった。あとは、かしぶちくんと岡田くんは少年探偵団という山本（コウタロー）さんのグループに参加していた。ベースは和田くん。だから、生活を安定させるためのアグネス・チャンのバッキンググループがちょっと崩壊する。そこで助っ人として頼んだのが、矢野顕子さんや矢野誠さん。ドラムの土井正二郎くんは、長門（芳郎）さん経由で紹介してもらって長崎から来た」

アグネス・チャンのツアーでは、既存のアレンジを最初は譜面どおり練習していたが、少しずつライヴ用にアレンジし直していった。特にライヴアルバムを出す時点では、そこまでは手をつけていなかった管楽器、弦楽器のアレンジを、途中加わった矢野誠に依頼した。香港で購入した銅鑼や二胡は、当時の日本で簡単に買えるものではなく、後に無国籍サウンドへと突入する際に役立つことになる。アグネス・チャンつながりで、同じく渡辺プロダクション所属のキャンディーズのレコーディングにも参加するなど、音楽だけで食えるバンドになっていく。

1975年当時の雑誌を調べると、3月15日には荻窪ロフトに「鈴木慶一&ムーンライダース」名義で出演しているのが確認できる。

「たぶん、ロフトに出だした頃には、ムーンライダースという名前を使っていたんじゃないかな。その3月15日は、初めてムーンライダースという名を使った時なんだろうね。荻窪ロフトでは、店長の（平野）悠さんが、『アグネス・チャン・バンドが来たぞ！』って（笑）。我々のことをすごく気にいってくれていたんだけど、アグネス・チャン・バンドとずっと言っていた。お前ら金儲けて、っていう空気があったのかなあ。なにせロックバンドが歌謡曲の歌手のバッキングをするのは70年代では初のことだから。あとは、よく行っていたギャルソンという酒場は、はちみつぱいのメンバーがいるので行きづらくなったね。強引な解散だったから」

当時の雑誌のライヴスケジュールには、「ムーンライダーズ」「ムーンライダース」の表記揺れのほか、「鈴木慶一&ムーンライダース」「鈴木慶一&ムーンライダーズ」、さらには「鈴木慶一&オリジナルバンド」と書かれることもあり、こうしたバンド名の混乱は1977年ごろまで続く。「鈴木慶一&ムーンライダワス」という、冗談のような表記まであるのだ。

「なんか『鈴木慶一』って付いちゃうんだよな。『火の玉ボーイ』は『鈴木慶一とムーンライダース』で、1977年からは『鈴木慶一』を取っちゃうんだけど、地方に行くと付いていて、それを取ってもらったり。その前は『鈴木慶一とはちみつぱい』と書いてあったところもあった気がする。それで取ってもらう。なんか付いちゃうんだよね。宿泊する旅館に『蜂蜜会御一行様』っていうのもあった」

1975年6月には、あがた森魚の『日本少年（ヂパング・ボーイ）』のレコーディングで、細野晴臣のプロデュース術をスタジオで学ぶことになる。鈴木慶一が初めて見た「サウンド・プロデューサー」だ。

「『ヂパンク・ボーイ』の録音中は、我々はミュージシャンとして呼ばれる。細野さんはミキシングコンソールのところに座って、トークバックで指示を出していて、我々は違うセッションを見る。細野さんのプロデュースの仕方を背中越しに学習していくわけだよ。そうすると、細野さんが寝ちゃっているときとかに、私がちょっと座って、プロデュースのようなことをして。細野さんがいないときにアレンジを任されて、ギャルソンにいるミュージシャンを集めて、コーラスをやってもらったり」

1975年には、鈴木慶一と他のメンバーの間に収入格差があった。鈴木慶一のほうが高いのかと思いきや、その逆。1976年に、風都市にいた上村律夫とともに、メンバーがひとり

20万円を出資してムーンライダーズ・オフィスを作り、当時としては破格の給与18万円となるまで、その状況は続く。

「他のメンバーはギャラをもらっているわけね。でも、私だけ給料制なんだよ。風都市の末期にいた、トリオレコードにいた松下典聖さんが作ったIBSという会社があって、そこにはちみつぱいのマネージャーだった石塚幸一さんがバンドごと移籍していた。そう1974年に。知らなかった。いや、忘れていた。そこに解散後も所属しろと、上村マネージャーも言う。なぜそうだったかわからないんだけど。人質みたいなもんだ。バンドは面倒見切れないけど一人ならいい、だったのかな。経理上のことかな。1年間、私は給料で、他のメンバーはギャラだから、私よりメンバーのほうが金持ちだった。ムーンライダーズ・オフィスは、最初は桜ヶ丘だったけど、アグネス・チャンのバッキングやさまざまな方々のツアーを終えて帰ってみたら、金がなく場所もなくて、ロフトのオフィスの机を一個貸してもらった。平野さんには世話になりっぱなしだよ」

『火の玉ボーイ』鈴木慶一の曖昧なソロの船出

1976年1月25日には、鈴木慶一のソロアルバム『火の玉ボーイ』が遂にリリース……のはずだったが、ジャケットに印刷されたアーティスト名は「鈴木慶一とムーンライダース」。

そんな曖昧な船出が、鈴木慶一のキャリアに影響を及ぼしてきた。鈴木慶一のソロアルバムなのか、ムーンライダーズのファーストアルバムなのかについて、鈴木慶一の発言も時代とともに変化している。

「数年前に決めたのは、『火の玉ボーイ』は、『ムーンライダーズのゲストが多いアルバム』という定義の仕方だね。特に岡田くんの曲が2曲入っていて、ムーンライダーズがいなきゃできなかったアルバムだから。『鈴木慶一とムーンライダース』になっていて、そこで『ジャケットを変更しろ』と言わなかったのが、一生ついて回る曖昧さなんだな(笑)。ムーンライダーズは、そういう曖昧さが常に内在するバンドなの。曖昧だからこそ、長く続いたのかもしれないし、ヒットを出して、知名度を上げて、バンドだけの収入によって回転していくということから外れていったんだよね。それが功を奏したのかもしれないし、代表曲がないことに慣れることにもなったのかもしれない」

『火の玉ボーイ』の曖昧さは、大滝詠一からも質問された。

「『おまえのソロアルバムか？　バンド名が書いてあるじゃないか』『本来はそのつもりで作ったんだけど』『だったら納得がいくけど……』って。ミュージシャンの間での捉えられ方も曖昧だったね。オリジナルのムーンライダースがかつてあって、その名前をそのまま使ったということも、曖昧なスタートになってしまったわけ」

『火の玉ボーイ』が発売された当時の雑誌を見ても、ムーンライダーズと一緒に取材に応じており、史料を見れば見るほど『火の玉ボーイ』の立ち位置は混乱を呼ぶ。

「取材があっても、私1人での対応ではなかった。ただ、その後ムーンライダーズがアルバムを出し続けるなかで、なぜか取材や地方のキャンペーンは私が行くことになった。これも曖昧なんだけど、向いていているんじゃないのかということでそうなったね」

しかし、鈴木慶一はムーンライダーズにおいても自分がリーダーではないと明言する。

「自分ではそう思っていない。取材の対応をする立場になっているから、どうしてもリーダーに見られやすいよね。でも、自分の考え方としては、バンド内にはリーダーという存在はいない。『そういうバンドではないぞ』と主張したいんだけど、それは伝わりにくいと思う。リーダーシップをとることもときにはあったけど、自分の中ではリーダーという感覚は希薄だね。亡くなってから感じたけど、岡田くんがリーダーだった気もする」

『火の玉ボーイ』のレコーディングは、1975年5月から開始され、アグネス・チャンのツアーの合間を縫って、長期間にわたって行われた。

「なぜ時間がかかったかというと、集中して録音していない。矢野誠さんにアレンジを頼んだり、矢野誠さんの家に行ったり、(矢野)顕子さんと2人で実家の2階のこたつで『地中海地方の天気予報』の歌詞を作ったり。その間、弟や矢野誠さんは下で麻雀をやってるし」

長期間のレコーディングでは、スタジオを4か所も使うことになった。また、初めてシンセサイザーを導入したアルバムでもある。

「はちみつぱいと同じで16チャンネルがあるところで録るわけだけど、ディレイマシーンが赤坂のスタジオに入ったという噂を聞いて、使いたいがために行っていた。1度でボーカルがダブルになるんだ、2度歌わなきゃダブルにならないんだけど。それを使ったのが『魅惑の港』。あとはシンセサイザー、KORGの800DVを買うんだね。『地中海地方の天気予報』と『午後のレディ』に間に合った。シンセサイザーが来た日はよく覚えてるよ。面白いので2日間ぐらい寝ないでいじっていたもんね。テレビが来た日、テープレコーダーが来た日、シンセサイザーが来た日、ファミコンが来た日、マッキントッシュのコンピュータが来た日と、5つ重要な日があった。全然寝ない。テレビのときは寝たけどね」

長期間にわたり、多くのスタジオでレコーディングをしたものの、どこの会社が原盤権を持つのかもよく把握してなかったという。それでも多数のミュージシャンを迎えて録音は進んだ。

「発売直前にPMP（パシフィック音楽出版）に決まったんだ。スタジオに行くじゃない？ティン・パン・アレーも、ムーンライダーズも、ラストショウも演奏する。そのギャランティはインペグ屋さんというのがいて、その場で払うわけ。要するに仮払いは全部済んでる。風都市にいた石谷貴美子さんが作った会社に頼んでね。ディレクターの知久（悟司）さんは、ワーナーのディレクターで、『僕の倖せ』の歌詞を変えたほうがいいと言った人だけど、現場に一度も来ない。だから、常にいるのが私と上村と2人だけ。ムーンライダーズのときはみんないるけどね。アレンジも実家の2階でやっていて、人数が多くて入れなくて、岡田くんが屋根の上にいたり（笑）。

週末はアグネス・チャンのツアーだから、そこで相談もできる。その他は、ティン・パン・アレーに譜面を配ってセッションしたり、徳武（弘文）くんがラストショウのアレンジをしてくれたり。ラストショウと岡田くんは非常に近い関係で、岡田くんのおかげで、ラストショウも加わった」

『センチメンタル通り』から約3年を経た『火の玉ボーイ』では、サウンドのブラック・ミュージック色が強まっている。時代の変化とともに、鈴木慶一の音楽の趣味も変わっていた。

「鈴木博文がオリジナル・ムーンライダーズをやるにあたって、松本隆さんから大量のソウルミュージックのレコードを借りたのも大きいと思う。リトル・フィートだったり、スモーキー・ロビンソンだったり、ソフィスティケイトされた音楽を聴くようになるわけだ。まさに、76年のボズ・スキャッグスの『シルク・ディグリーズ』前夜に作ったものだ。ボーカルも、日本語でやるぶん、何か違和感を常に抱くわけ。それを脱するための歌い方となると、大滝さん的な歌い方で、『これは脱出できる感じがある』と。それは遠藤賢司さんが最初に始めた。舌を丸めて歌うというのが、洋楽のメロディに日本語を乗せるときに恥ずかしくないなという感じだった。『火の玉ボーイ』は、それこそいろいろな歌い方をしているから、評価で『七色の声』とか言われた。いわゆるリトル・フィート的な歌い方もあるし、『午後のレディ』は甘くせつなくて、誰が歌ってるのかわからなかったみたいよ。『これはかしぶちさんが歌っているんですか？』と言ってきた人もいるし。いろいろな歌い方がある（ハリー・）ニルソンの影響も大きいと思うな」

ジャケットのデザインを手掛けたのは奥村靫正。岡田徹の狭山のコミュニティつながりだった。

「奥村さんを紹介してくれたのが岡田くんだよ。岡田くんも奥村さんも狭山に住んでいたから。やっと発売が決まり、ジャケットも私のイメージがあった。貸本屋時代の『少年探偵団』シリーズの中表紙を、奥村さんに見せてデザインしてもらった」

『火の玉ボーイ』のレコーディングについて、自身のデビュー作『JAPANESE GIRL』も制作中だった矢野顕子は、当時は誰のレコーディングとも区別もしていない感じだったと雑誌で回想している。

「それはあるね。だから奇しくも、『JAPANESE GIRL』と『ギパング・ボーイ』と『火の玉ボーイ』というのは、どこかリンクしているような気がするよね。『JAPANESE GIRL』のジャケットは、駒沢（裕城）くんが描いているし。矢野誠さんの天才性が大きいんだと思うんだよな。矢野誠さんを知るのは、南佳孝さんの1枚目の『摩天楼のヒロイン』。それのアレンジを聴いていいなと思って。聴いている音楽が、ダニー・ハサウェイとかになってきているわけじゃない？　ニューソウルが出てきて、みんな夢中になるんだよね。ダニー・ハサウェイは、特にすごく知的な感じがしたよね」

矢野顕子は、ムーンライダーズの初期から鈴木慶一と密に関わっているミュージシャンのひとりだ。その交遊は現在も続く。

「まずアグネス・チャンのバッキングで参加してもらっているので、『すっげぇピアノ弾くな』と思った。それで曲を聴かせてもらって、これはすごいなって。あとは和風が入っているじゃない？　その混ざり方が、聴いたことがない音楽だなと思った」

1976年には、鈴木慶一による他のアーティストへの楽曲提供が初めて行われている。アグネス・チャンの『Mei Mei いつでも夢を』に収録された「Jip-Jip の U.F.O.」だ。採用したのは、その後プロデューサーとして BUMP OF CHICKEN まで手がけることになる木崎賢治だ。

「木崎さんがツアーにもついてくるし、アルバムを作るときに採用してくれた。キャンディーズの岡田くんの曲（『MOON DROPS』『雨の日に偶然』）もそうだと思う。私が作った「Jip-Jip の U.F.O.」は、子供のときに読んだアメリカの少年少女冒険小説のタイトルそのまま。宇宙人の名前がジップジップという名前なんだ」

椎名和夫の脱退、白井良明の加入

1977年2月25日、遂にムーンライダーズのアルバム『MOONRIDERS』が日本クラウンより発売される。収録曲は先着順。デモテープができた楽曲から録音された。矢野誠が編曲に参加した「スパークリングジェントルメン」では祭囃子が鳴り、「砂丘」には少年少女のコーラスが入る。いわゆる「ロックバンドのデビューアルバム」としては、あまりにも異形だ。

「変だよね（笑）。なんでクラウンに行ったかというと、細野さんがクラウンに行ったので、細野さんがいるレーベルだったら、信頼が置けるだろうなと。先着順と曲順を間違えてはいけないんだけど、先着順。何のコンセプトもなかったからね。そのままどんどん録音していくというのは、ディレクターの中根康旨さんが何時間かかっても見守ってくれたから、その急がせないというところがありがたいなという感じだった」

現在の鈴木慶一が、『MOONRIDERS』をムーンライダーズの2作目と考える理由も、収録曲の制作過程にある。

「はちみつぱいの末期にやっていた曲は、『火の玉ボーイ』で録音されるわけだよね。それで吐き出してしまうんだ。そういった意味では、結局はちみつぱいからムーンライダーズに代わって、『火の玉ボーイ』がファーストアルバムだろうなと思う。ファーストアルバムの特徴として、それまで書きためた曲を録音するわけだよ。何もなくなる2枚目の宿命というのがある。そういう考え方からすると、〝赤いアルバム〟（『MOONRIDERS』）はムーンライダーズの2枚目。たぶん、岡田くんが一番最初に曲を作ってきて、『いい曲だ！　こっちも急いで作らなきゃ』と、それこそ69年に頭脳警察や遠藤賢司さんを聴いたときと同じような気分になるわけだね」

アメリカ志向の『火の玉ボーイ』から一転して、『MOONRIDERS』にはイギリス志向の香りがする。

「75年のアグネス・チャンのツアー中に、ホテルのロビーでかかっていた10ccの『アイム・ノット・イン・ラヴ』とクイーンの『キラー・クイーン』に打ちのめされる。『俺たち、アメリカっぽいのをずっとやろうと思っていたけど、イギリスも重要だよな』と岡田くんが気づくんだ。亡くなったから言うわけじゃないけど、岡田くんが牽引していたね。それでイギリスの影響がガーッと入ってくる」

『MOONRIDERS』のリリース後、1977年4月に椎名和夫が脱退。1977年8月24日発売の『ジェラシー』が最後の録音作品となり、後任のギタリストとして加入したのが白井良明だった。彼もまた立教大学のOPUSのメンバーだ。

「白井良明は『火の玉ボーイ』でシタールを弾いてもらっているし、斉藤哲夫さんのバッキングをやってたり、岡田くんも含めて2人でやったり。はちみつぱいの頃の74年、立教大学の人がやっているお店、ストロベリー・アラーム・クロックでライヴを見たら、白井のシタールソロが30分続いたんだよね。そこで知り合いになった」

椎名和夫の脱退、そして白井良明の加入の経緯は、バンドとしての思惑が絡んだ複雑なものだった。

「椎名くんは、音楽性がすごくアメリカの方向だったんだよ。努力してイギリスなものを作ってくれていたけど、アレンジャー志向も強かったし、椎名くんはすごくプロモーションする能力に長けていて、個人の仕事もしていたけど、我々はバンドでやりたいなということもあった。

〝赤いアルバム〟の『紅いの翼』のギターソロで、椎名くんの多重録音があったんだけど、エンジニアの松本裕さんが、『ギターソロはもうちょっとアグレッシブなほうがいいんじゃないの？』と言って、岡田くんが『弾いてよ』って言うので、椎名くんのいない間に、私がソロを弾いた。それで差し替えちゃったの。スティーリー・ダン的な練り込まれたソロだったんだけどね。そういうことが蓄積していくわけだよね」

こうした経緯から、脱退後の椎名和夫は、ムーンライダーズのメンバーに対して否定的なコメントをしてきた。そこには当時の軋轢が見てとれる。

「バンドって残酷なものだから。『この人を替えれば良くなる』みたいに、1人のせいにする場合があるんだよね。椎名くんが『やめるよ』と言うのと同時進行で、白井を獲得しようとした。白井がどこかに行っちゃわないように、B.Y.Gの店員だった連中が作ったバンドで、伊藤ヨタロウがリーダーだったホットランディングというバンドに白井を1回入れるの。ポニーテールという2人組の女性ユニットのバッキングとかをやっていて、時期が来たら引き抜いた。ひどいよね。ヨタロウもずっとそれを怒っていて。90年代に入ってから謝ったよ。半端な大人ってひどいな（笑）」

白井良明の加入はバンドを勢いづけ、1977年にもう一枚のアルバムを生みだすことになった。1977年10月25日発売の『イスタンブール・マンボ』は、B面が無国籍へと大胆に振りきれたアルバムだ。インド～アラブの要素まで盛りこまれている。

「キングレコードであがたくんの宣伝だった方から、江利チエミさんのアルバムを出したいのでアレンジをしてくれと頼まれたのがきっかけだった。私も椎名くんも岡田くんもアレンジしたけど、みんなボツになった。でも、岡田くんのアレンジした『ウスクダラ』があまりにも良いので、『ボツになったんだから、この曲は我々で録音しようよ』というところから始まったと思う」

『イスタンブール・マンボ』のA面は、A.O.R.的でもあり、B面と強烈なコントラストを成す。『ジェラシー』はボズ・スキャッグス、『週末の恋人』はハース・マルティネス。『ビューティコンテスト』は、『ハリウッド・バビロン』的な感じだね。当時のソフィスティケーテッド・ポップミュージックだよね。B面の『Beep Beep Be オーライ』はシンセサイザーを多用している。かしぶちくんの東京じゃない原風景が見えるんだよな。『ブラッディマリー』は、ジェネシスとか聴きだしているので、ちょっとプログレが入っている。『ハバロフスクを訪ねて』に至っては、もとはスペンサー・デイヴィス&ピーター・ジェイムソンっていう2人組。やけに哀愁漂うアコースティック・ギターのユニットなんだよ。かしぶちくんが71年に出た『イッツ・ビーン・ソー・ロング』というアルバムを好きでね、かしぶちくんの家でよく聴いた」

レコード会社のリクエストには応えつつ、好きなことをやるというスタイルも、『イスタンブール・マンボ』で生まれた。

「本当は『ウスクダラ』をメインにしたいんだけど、レコード会社も『ジェラシー』みたいな曲をシングルにしたいみたいだから、求めているものをある程度作った。『ウスクダラ』『イスタンブール・マンボ』に続くB面は、本当にやりたい放題(笑)」

1978年6月25日には、鈴木慶一プロデュースによる『Science Fiction』が発売される。鈴木慶一はあくまでプロデューサーという立ち位置で、ソロアルバムとは異なる感覚で制作された。橿渕哲郎(かしぶち哲郎)がコ・プロデュースで参加し、白井良明も楽曲を提供、武川雅寛も演奏に参加しているなど、ムーンライダーズのメンバーが多く参加している。

「これもやりたい放題だよ。ブライアン・イーノも参加していた『ピーターと狼』を参考にした。ミュージシャンがたくさん入っていて、いろいろなミュージシャンが歌っているアルバムを『SF』というテーマで作りたいね、という話をディレクターの中根(康旨)さんとしていて、『やりましょう』と。『SF』の次は『ムービー』とか、いろいろシリーズ化しましょうという話があった。その頃、雑誌『ビックリハウス』との付き合いが始まり、萩原(朔美)さんに全部歌詞を頼もうと。『ジェラシー』でもコーラスをお願いした大野方栄さんと、土井正二郎くんとやらなくなってからパーカッションで入ってもらったキムチこと木村誠をボーカルにした。当時ライヴハウスでよくやっていた、ちょっとフュージョンっぽいインストルメンタルも入っているね。要するに、ライヴでやっているけど、アルバムにはこぼれるようなもの、もしくはこのために書き下ろした曲のアルバムだね。ブライアン・イーノのオブスキュア・レコードの影響もあるよね。それでペンギン・カフェ・オーケストラも知るわけだ。そして、イーノ系をたどっていくとニュー・ウェイヴにつながっていく。イーノを追いかけたというのは当たっていたね。なんとペンギン・カフェ・オーケストラは斉藤哲夫さんが教えてくれたんだよ」

ムーンライダーズとYMO

1978年12月25日に発売されたムーンライダーズの『NOUVELLES VAGUES』は、制作の前に打ち合わせを3、4か月も行った。

「そうだっけ？（笑）わかった、それはエグゼクティブプロデューサーを朝妻一郎さんに頼んだの。デモテープを聴いてもらったから、そりゃ時間がかかるよ。言われるのは『もっとポップな曲を書いたほうがいい』とか。『歌詞がいまいちだな』と言われて、『そうかなぁ？』と思っていたけど、作詞家で新井満さんが入ったりするわけだよね。でも、その『アニメーション・ヒーロー』は〈天井裏に　一匹の　ねずみ〉というところしかいかしてない。あとは全部削除で、鈴木博文が書き換えた。後の『青空のマリー』的だ。ご本人は怒らなかったけど。当時は、コピーライターに作詞してもらうというのが流行して、糸井（重里）さんが作詞した沢田研二の『TOKIO』もそうだよね。その頃、飲む拠点がカル・デ・サックというお店になっていく。そこで当時有名だったコピーライターの方と知り合いになって、作詞を頼んだけど、ボツにしたら、さすがに怒ったね。謝りに行った」

ムーンライダーズがやりたいように制作するため、中根康旨がディレクターをやめたいと言いだし、『NOUVELLES VAGUES』からは国吉静治に交替する事態にまでなった。

「でも、朝妻さんをエグゼクティブプロデューサーにしたことによって、マンフレッド・マンの『マイ・ネーム・イズ・ジャック』の訳詞のカバーがすんなり行けた。『イスタンブール・マンボ』もカバーだけど、あのときはどうしたんだろうな？　あの頃は勝手に訳詞を書いて、すぐ録音できちゃったけど、今はうるさいよね。『マイ・ネーム・イズ・ジャック』もジョン・サイモンの許諾をもらわないと本当はいけなかったんだろうけど」

ムーンライダーズがニュー・ウェイヴへと突入していく直前、『NOUVELLES VAGUES』に影響を与えているのはプログレとモダンポップだった。

「要するに、ジェネシスからつながっていく。フィル・コリンズがプロデュースしたり参加しているブランドXとか、モダンポップと言われるカフェ・ジャックスやセイラーに夢中なんだよね。そういうのは、原宿の輸入盤屋のメロディハウスの店員に教えてもらったり、『ミュージック・マガジン』で原稿を書くようになって、ふだん聴かない音楽を聴かされたりして知る。『ヤングギター』の担当の前田さんはジェネシスマニアで、私の聴くレコードにジェネシスを滑り込ませてくるのね。なるほどいいなと。『スイマー』はカフェ・ジャックスだね、コードの使い方がそっくりの曲がある。だから、ニュー・ウェイヴ前夜には一気にモダンポップ化するわけ」

「いとこ同士」では、松武秀樹がMC-8で打ち込みを行っている。そこには1978年、細野晴臣、高橋幸宏、坂本龍一によって結成されたYMOの影響もあるという。

「松武さんとは、矢野誠さんとのつながりで知り合ったんだと思う。『イスタンブール・マンボ』のほとんどに松武さんは参加してる。『ハバロフスクを訪ねて』のベースはシンセだもんね。なぜMC-8を使って『いとこ同士』を録ったのかは、YMOができたというのもあるよね。よく飲みに行っていた六本木のバーで、私と（作詞家の）松山猛さんが飲んでいたら、坂本龍一がいて、そこに幸宏が入ってきて、『ねぇねぇ、最近ムーンライダーズ、コンピュータを使ってるらしいよ』とか言って。そしたら、教授が『いるよいるよ』って言って、幸宏が『あ、いけね！』って。それが幸宏との出会いだ。最初に声を聞いたのはね」

YMOとムーンライダーズは人脈的に重なっており、YMOは記号、ムーンライダーズは暗号と対比されることもあった。

「ムーンライダーズをやっていたエンジニアの田中信一さんが、YMOも手伝っていた。ある日、ミックスが終わったばかりの『デイ・トリッパー』を持ってきたんだよ。それを聴いて、『この歌い方はかっこいいな、歌っているのは誰だ？』と思ったら幸宏だった。ちょっとディーヴォ的なリズムだし、すごくいいなと思った。ムーンライダーズの『ヴィデオ・ボーイ』は、メロディがちょっと和風なんだよね。それもちょっとYMOのオマージュみたいなところはあるよ。プラス、ブロンディとチューブス。長年音楽をやっていて、ニュー・ウェイヴ、パンクに興味を持ち、そっちに変化していくところは似てるよね。はっぴいえんどとはちみつぱいが同じ事務所にいたし、それを含めて東京表裏別体みたいな感じではあるね」

１９７９年3月21日に発売されたPANTA & HALの『マラッカ』は、鈴木慶一にとってはプロデュースを外部で行う初めての作業だった。

「緊張したよ(笑)。ミュージシャンも全員知らないわけで、まず胃が痛くなったね。最初にライヴを見に行ったけど、もう完成されているんだよ。すごく複雑なコードで、それをギターで表現する。どこかフュージョンっぽいところも強かった。私は完全にニュー・ウェイヴにどっぷりはまっているので、そのフュージョンっぽさというのが、当時の私としては、もはや過去のものだった。もうテクニカルなサウンドより初期衝動的なサウンドのほうが面白いし、新鮮だった。フュージョンっぽさをどれだけ減らすかというのがまず頭に浮かんで、でもかなり完成されているので、変更していくところは多々あった。PANTAも同じことを考えていたようだ。まずはドラムのパターーンから考えるという感じだね。それは細野さんの影響。細野さんのバッキングをすると、アレンジをまずドラムパターーン、ベース、そして、ギターのカッティング、そしてキーボードと考えていくんだよ」

鈴木慶一を夢中にさせたニュー・ウェイヴは、ムーンライダーズのアルバムでも表出することになる。１９７９年10月25日に発売された『MODERN MUSIC』だ。ここでムーンライダーズはコンピュータを捨て、バンドの生演奏のみで臨む。サウンドにはディーヴォからの影響も濃い。

「ディーヴォの『サティスファクション』をカーラジオで聴いたときの衝撃たるや、なかったね。ディーヴォはブライアン・イーノのプロデュースでアルバムも出たし、たまげた。そして、『ドラムス&ワイヤーズ』でXTCを知る。彼らを知ったときにはもう来日しちゃっていたので、最初に見たニュー・ウェイヴのバンドはストラングラーズになっちゃうね」

レコーディングを行ったスタジオの下に、最新の音楽が流れるカル・デ・サックがあったのもアルバムに刺激を与えた。店長の時津嘉郎は、ムーンライダーズの活動に関わっていくことになる。

「カル・デ・サックの上にディスコメイトレコードのスタジオがあって、そこで『ヴィデオ・ボーイ』やシンセを録音したりしていた。録音が終わった人は、下に酒を飲みに行っちゃう感じ。そこに流れているのは、ニュー・ウェイヴに限らず、ものすごく新しい音楽だよ。そこの店長だった時津くんは、ムーンライダーズの80年代の衣裳、並びに舞台装置担当になる」

ムーンライダーズの80年代は、1980年4月21日発売の『綿の国星/大島弓子I』で幕を開ける。大島弓子の漫画『綿の国星』のイメージアルバムで、松尾清憲とともに制作した。

「松尾くんのシネマを屋根裏に見に行って、すごくいいので『プロデュースしたい』と手を挙げていたんだけど、まだレコード会社に持ち込むことはできていなかったので、まず全部松尾くんのボーカルで『綿の国星』を作ってみようじゃないかと。ビクターの桜井(裕子)さんからオファーがあって、ビクターのスタジオで録音しつつ、鈴木博文とくじらがちょっと美容院に行って戻ってきたら、『ノー・ニューヨーク』の人たちみたいな髪型になっていた」

鈴木慶一とCM音楽

1980年6月21日には、鈴木慶一が金木慶一名義で作編曲を担当し、糸井重里が作詞を担当した斉藤哲夫の『いまのキミはピカピカに光って』が発売。宮崎美子が出演したミノルタのCMから火がついて発売されたシングルだ。

「PMPから依頼された最初のCM音楽は思い出せないんだけど、2作目ぐらいからは、ON・アソシエイツの大森昭男さんから依頼が来た。『マスカット・ココナッツ・バナナ・メロン』（『MOONRIDERS』収録）を聴いて、『こんな感じの曲でやってくれ』と。『マスカット・ココナッツ・バナナ・メロン』は、岡田くんの曲なんだけど、なぜか私に来た。それは面白い誤解だね。それで作ったのがナビスコ『ピコラ』。それからCMの仕事がいっぱい来るようになった」

『いまのキミはピカピカに光って』はオリコンで9位を記録した。鈴木慶一にとっては、初めてのベストテンヒットだ。しかし、ヒットに関して鈴木慶一の反応は鈍い。

「偶然だなと。その頃、もう何年かCM音楽をやっているわけだよね。監督が岩下俊夫さんで、その人ともずっと付き合いがあったわけだよ。監督が音楽制作会社に頼んで、私に指名が来るというのが多かった。音楽制作会社が選んで『この人にしよう』というのもあっただろうけど、CMの監督はムーンライダーズが好きな人がけっこういたのではないかな。『いまのキミはピカピカに光って』に関しては、音楽に詳しい岩下監督が『斉藤哲夫くんは最近何してるの？』って。歌ってもらうのは岩下さんのアイデアだと思う。岩下さんは、女性がジーンズを脱ぐので、健康的なカンツォーネで行きたいと。それで『いまのキミはピカピカに光って』みたいになるわけ。いろんな要素があるけど、志村けんさんが真似したりして、急に注目されちゃったんだよね。シングル化しようということになって、フルサイズを作らなきゃいけないとなった。歌詞はCMの部分しかないけど、糸井さんが後半を書いて、それで私も後半を作ってできあがった」

CM仕事をやることで、経済的に潤った部分も大きかった。

「それは、それは（笑）。私は77年ぐらいからCMを始めるけど、ムーンライダーズはまたまたバッキングの仕事をするんだよね。堀内孝雄さんや水谷豊さんとかのサポートのツアーを始める。東京にいないことが多いんだよ。私はボーカルだし、東京でCMの仕事をしていた。東京にムーンライダーズのメンバーがいないと、PANTA & HALのHALに来てもらって『いまのキミはピカピカに光って』を録音したり」

とはいえ、CMはクライアントワーク。オーダーに対して音楽を制作するのは、やりたい放題のムーンライダーズとは対照的のように思える。

「言うこと聞くよ（笑）。でも、自分の持ち味みたいなものがあるからこそ依頼されるんだろうなという思いがあるので、自分の特徴を出す。それが通ればOKだけど、通そうとするのはコマーシャル音楽制作会社の方々だよね。15秒、30秒で、キャッチーもしくは尖鋭的なる最先端の音楽を求められるの。それは面白いと。もともと映画音楽好きでもあって、映像がありつつ、そこで何か耳に引っかからなきゃいけない。だから、最初からすごくフルテンで飛ばす感じ。逆にまったく静かにするとか、普通のことをやらないようにするのがいいんじゃないかなと思ったね」

鈴木慶一がCM音楽を語るときに、これまでよく登場してきたのが、数多くのCM音楽を手掛けてきた作詞家・作曲家の三木鶏郎の名だ。その影響は強い。

「子供のときにかかっていて、テレビで良い音楽だなと思ったのは、ほとんど鶏郎さんだもんな。でも、三木鶏郎という人を知るのは、大森さんと知り合ってからだよね。大森さんが、鶏郎さんの冗談工房にいたということを知って、『これも偶然ですね、三木鶏郎さんの音楽が本当に好きでしょうがない』と話してね。鶏郎さんは、パン・パシフィックミュージックだと思うんだよね。クレージーキャッツのショックもあったけど、三木鶏郎さんの作る曲のショックも大きい。『キリンキリン』とか、否応なしに耳に入ってくる。コマーシャル音楽を作るときに注意したのは、無料で勝手にきこえる音楽。テレビから流れるでしょ？　ゲーム音楽とコマーシャル音楽をすごく良質なものにしていくと、きっといいミュージシャンが出てくるんじゃないかなと、大それたことを考えたよ。それが達成できたかはわからない（笑）。でも、00年代に入って、80年代生まれのミュージシャンと対バンをやったりすると、『MOTHER』の音楽が本当に好きでしたという話から入っていくんだよね。それは良かったなと思う」

鈴木慶一は、CM音楽のお気に入りとして、タニタ「脂肪計付ヘルスメーター'98」を挙げる。日産スタンザ「家物語」は『アマチュア・アカデミー』の「BLDG」、チオビタドリンク「疲れているのは誰でしょう」は『最後の晩餐』の「Christ, Who's gonna die and cry?」になる。

CMとムーンライダーズは地続きであった。

「PANTA & HALの『1980X』の『オートバイ』になった曲もある。CM音楽というのは、まず尖鋭的なるもの、どこかキャッチーなもので作るわけじゃない？　すごくうまくいって気に入ったものは、ロングバージョンを作りたくなる。それでアルバムに入れちゃったり、他人に提供したり。使うときには、CM音楽制作会社を通して企業に確認する」

『いまのキミはピカピカに光って』をはじめとして、作詞、作曲、編曲、演奏、プロデュースでムーンライダーズが関わったヒット曲は大量にある。しかし、ムーンライダーズは、レコード会社との折り合いはつけつつ、やりたいことを曲げなかった。

「見事に振り子なんじゃない？（笑）ムーンライダーズでやるときは、とことん好き勝手やろうということが、CM音楽やプロデュースをすることによって、さらに増幅される」

『カメラ=万年筆』で幕を閉じる日本クラウン期

1980年8月25日には、ムーンライダーズの『カメラ=万年筆』が発売。全曲の曲名が、映画のタイトルだ。

「『Science Fiction』の続編で、『ムービー』という映画音楽のアルバムを作ろうというアイデアもあって、それがやっと実現した。映画の音楽を全部カバーするか、もしくはタイトルだけいただいて、違う曲にするかというアイデアはそのときからあった」

「第三の男」は、日本クラウンに権利のあった音源にエディットを施し、「沈黙」にもダブの手法が取り入れられている。先行シングルである『彼女について私が知っている二、三の事柄』のB面に収録された「地下水道（KANAL DUB）」も、「彼女について私が知っている二、三の事柄」にダブ・ミックスを施したものだ。『カメラ=万年筆』は、ムーンライダーズのニュー・ウェイヴやダブへの興奮が感じとれるアルバムだ。

「環境がそうだったんだよ。ニュー・ウェイヴが面白いなと言って、ムーンライダーズで（渋谷のカフェ）ナイロン100%に行きだす。バンド全員で行った最後の店だね。ナイロン100%でかかっている音楽はわからないので、誰がマスターの中村直也さんに聞きに行くか、じゃんけんで決める。聞きに行くのは恥ずかしいじゃない？　じゃんけんで決めて、マスターに聞くと答えが返ってくるわけだ。覚えているのは、スージー・アンド・ザ・バンシーズとかね。『名前だけは聞いたことある』って嘘をつくんだよ」

『カメラ＝万年筆』も、前作『MODERN MUSIC』同様に人力で演奏されている。

「『マニア・マニエラ』に至るまでは、コンピュータでやってない。それはMC-8は値段が張ったというのがあるんだよね。MC-4になって買えるようになった。あとは、YMOという巨大な存在があるので、人力で行こうじゃないかという意識もあっただろう。みんな演奏できるんだから。YMOももちろん演奏できるけど、我々の場合は6人もいるんだから、人力で行こうじゃないかって」

YMOを意識しつつ、細野晴臣の背中を見てきたムーンライダーズは、この時期から徐々に細野晴臣を意識しなくなりだす。

「確実に背中を見なくなったのは『マニア・マニエラ』だけど、予兆は『MODERN MUSIC』や『カメラ＝万年筆』にもあるよ。『いとこ同士』が本当に象徴的で、テクノなんだけどスティール・パンは細野さんに弾いてもらう。YMOの細野さんに来てもらって、手で弾いてもらうわけだ。その辺ぐらいになると、背中を見ていないかもしれないね。少なくとも、無国籍音楽的なる時代は細野さんの背中を見ていたと思うよ。でも、その後もずっと背中は眺めている」

日本クラウンからのオリジナルアルバムのリリースは、『カメラ＝万年筆』で最後になる。日本クラウンのPANAM、ORPLID時代の音源は、マルチテープが現存しており、それによって2011年に『カメラ＝万年筆　スペシャル・エディション』、2013年に『モダーン・

ミュージック スペシャル・エディション』、2020年に『カメラ=万年筆 デラックス・エディション』のリリースが実現する。

「なぜマルチが残っているか判明したの。クラウン時代は、ほとんどクラウン原盤ではなくて、PMP原盤だったり、ムーンライダーズ・オフィスとの折半だったりするので、マルチが残っているんだね。クラウン100%の原盤だと、マルチを消して再使用しちゃうんだよ。私たちのマルチが全部残っていたのは、外部の原盤だから」

1981年1月1日には、ザ・ぼんちの『恋のぼんちシート』が発売。作詞作曲は近田春夫、編曲は鈴木慶一、演奏はムーンライダーズという体制で、最高位2位を記録する。

「近田くんが『2位だよ、2位! 生まれて初めてだ』と言っていたな。出版社の人とかによく言われたね。『なんでヒットを出したのに、自分たちでそういう曲を作らないの?』って。『「火の玉ボーイ」みたいなアルバムを毎回作ってよ』とか朝妻さんに言われたり、『この曲をカバーすれば絶対にヒットするから』とレコード会社に言われて、その中には『ジンギスカン』があったり。今だったら面白くてやるけど、当時は拒否した。嫌なことを拒否してきたというのはあるね。あとはレコード会社で好き勝手やらせてもらえていたというのはある。そのぶん、今70歳超えて、やりたくないことをやらなくて良かったなと思うけど(笑)。やりたくないことをやると、たぶん何か後悔が残るんじゃないかな」

鈴木慶一が30歳を迎えたのは、1981年8月28日のことだ。

「30歳を迎えた日は、幸宏と細野さんとピーター・バラカンさんといた。細野さんが初めて酒をおごってくれた(笑)」

そんな楽しい酒席が終わった後、タクシーに乗った鈴木慶一は、高速道路を走るなか、今、運転手の首を絞めれば死ねるのではないか――と夢想する。運転手にも家族がいることを思い、実行には移さなかったが。

「20歳のときにも『もういいや』と思ったし、30歳のときも『もういいや』と思った。40歳では思わなかったけど。音楽を始めていなかったら、20歳の後も生きていたかはわからなかったよ。高校3年のときに、書きためた曲はミュージカルで吐き出しちゃうわけだよ。今まで作ってきた曲を全部吐き出して、もう20歳でいいやと思った。そういう願望がある人はいるよ。それでも結局死なないんだよ。30歳のときも、30歳になる前に仕事が増えて、多少お金も入り、念願だった8ミリ映写機も買って、8ミリのフィルムを買って、最初に買ったのはコクトーの『オルフェの遺言』。それは映画の本の写真でしか見たことがなかった。それを買って見て、『けっこう念願が叶ってきたな、もういいか』って。酔っ払っていたのもあるかもしれないけど、タクシーの運転手の首を絞める勇気もないもんな。他者をまきこんではいけない。それでやっちゃう人もいるんだろうね」

高橋幸宏とのTHE BEATNIKS、ロンドンで受けた刺激

１９８１年12月5日には、高橋幸宏とのTHE BEATNIKSのデビューアルバム『EXITENTIALISM 出口主義』が発売される。人力の『カメラ＝万年筆』とは対照的にテクノ、そして退廃的。テープループの使用は高橋幸宏のアイデアだ。

「幸宏がロンドンに行って帰ってきて、フライング・リザーズのデヴィッド・カニンガムのスタジオに行ったら、テープループがいっぱいぶら下がってたの。それをやりたいなって。『テープループは現代音楽の手法なんじゃないの？』とか言いつつも、やってみたら面白かった」

THE BEATNIKSに先立つ１９８０年、鈴木慶一も初めてロンドンへ旅立っていた。

「非常にアジア人に対する差別の強い時期で、入国もなかなかできなくて。時津くんと上村と3人で遊びに行ったの。私はニュー・ウェイヴっぽい格好で、時津くんは革ジャンを着ていた。上村だけネクタイをしてたら、1人だけすぐ通されて、1時間ぐらい私と時津が取り残された。『アイ・ラブ・シャーロック・ホームズ！』とかいっぱい言って（笑）。それで金を見せたら通してくれた」

初めてのイギリスは、鈴木慶一にさまざまな刺激をもたらした。

「まずラフトレードのレコード店に行ったね。なぜかスティッフ・レコードの会社にも行った。すごい衝撃ではあったね、とにかくロンドンは音がいい。ライヴの音がいいのもあるし、たと

えば街の美容院から流れてくる音がいいんだよね。しかもダブが始まっている頃だから、低音の出方が素晴らしい。さらに地図を持っていろいろなところに行くわけ。リバプールまでは行かないけど、『ドノヴァンの曲に出てきたところはここだな』とか、いろいろなところに行って、ヘトヘトになるわけ。マーキー・クラブにも行ったんだよ。そこでニュー・ウェイヴのバンドを見て、音楽を聴いて救われたね。アスレティコ・スピッツ・80が超満員で、その後にオーケストラル・マヌーヴァーズ・イン・ザ・ダークを見る。これがテクノなんだけど、ベースは手弾きだし、うまく混ざっていた。そういう最新のイギリスのバンドを見ることによって、本当に救われた。そして戻ってきているわけ」

イギリスへの入国も大変なら、帰国も一筋縄では行かなかった。

「入国で、成田からパリのチケットで、パリからまた別のチケットを買って行ったの。『なんでお前らは直接来ないんだ?』と怒られた。因縁だよ（笑）。『二度とヒースローに行きたくない』ということで、帰りはなんと、パリまで列車で行くんだよ（笑）。ドーバーまで行って海峡を渡って。そして1泊して帰ってきた。朝起きたら、（ジャン・ポール・）サルトルが死んだ。街中シーンとしていた。その後、鈴木博文、白井良明、かしぶち哲郎が、マネージャーの青野稔と4人でロンドンへ行くんだよね。すごく刺激を受けて帰ってきて、3人のユニット、アートポートを作っちゃう」

ロンドンに刺激を受けた鈴木慶一と高橋幸宏によるユニットがTHE BEATNIKSであるとも

言える。

「幸宏と一緒にやろうということになったけど、最初は初めて一緒に音楽を作るわけだから、ちょっと緊張感があったね。幸宏がプロデュースしていたスーザンのレコーディングに呼ばれたりとか、いろいろあるけど、どんなものを作るのかなって。ただ、幸宏の『サラヴァ!』が出た78年に、雑誌の取材を岡田くんと受けて、日本のアルバムでいいものを10枚挙げて。『サラヴァ!』と近田春夫さんの『電撃的東京』がいいなと言ったのを覚えている。はちみつぱいの頃に、通り過ぎていくサディスティック・ミカ・バンドは見ているけど、それくらいの付き合い。それが、幸宏の『POP THE HERO '80s』というラジオ番組にゲストで出て意気投合したんだよ。かける音楽に『それいいよ、知ってるよ』って言いながら」

『マニア・マニエラ』屈指の傑作にして発売中止

1982年には、実家である鈴木家に湾岸スタジオが設立された。そのきっかけは、機材の購入だった。

「4チャンネルのカセットのマルチトラックレコーダー、TEAC Sound cookee 144を買った。あれはミュージシャンはみんな買った。十数万円だけど、自分でマルチトラックでダビングできる。デモテープの質がガンとあがる。それで、『マニア・マニエラ』に突入する」

1982年12月25日にCDのみで発売された『マニア・マニエラ』は、ムーンライダーズというバンドが抱えた業を物語る作品だ。ムーンライダーズ屈指の傑作にして、内容に対してレコード会社が難色を示し、発売が一旦中止され、結局まだ普及していなかったCDのフォーマットのみでリリースされることになる。

「最近、三浦さんと話して、『出すのをやめると言うわけがない』と言っていたね。私が覚えている限りでは、『マニア・マニエラ』ができて、三浦さんが聴いたんだろうね。『シングルカットする曲がない』ということは言っていたと思う。当時は、一風堂の『すみれSeptember Love』とか、あっこちゃん（矢野顕子）の『春咲小紅』とか、化粧品とのタイアップでヒットシングルが生まれてくるわけだよね。そういうヒットシングルを三浦さんは求めていたんだろう。後に『花咲く乙女よ穴を掘れ』をシングルで出したけど、コマーシャルとのタイアップというのが非常に重要であって、それがないよって。ないんだったらどうしようとなり、『これは一回保留にしましょう、次を作りますよ』『作ってよ』という話し合いを中華料理屋でして、それで次の『青空百景』の制作に入ったんだと思う」

『マニア・マニエラ』では、MC-4の多用、バンドメンバーの担当楽器の変更などが試みられた。その世界は憂鬱にして繊細であり、かつ社会主義的なイメージをまとい、全編に美しい統一感がある。

「それはコンピュータを使っているサウンドのせいもあるだろうし、さらには何かの模倣をしようという意識が切れていたんだよね。コンピュータが出てきたことに対して音楽を作っていこう、という反応なんだよね。ということは模倣がない。だから極めて世界に例のない音楽ができたなという自信があった。シングルカットをする曲がないと言われても、『すぐに作れるよ』という自信があったということだろうね」

それにしても、丹精込めたアルバムが発売中止になっても、メンバーがやさぐれなかったことには驚かされる。

「『マニア・マニエラ』があるから、次に行ってもたぶん大丈夫だろうなと思えた。隠し球じゃないけど、自信のあるものを置いておいて、次に行けたということだね。そういう勢いがあった。どこにもない音楽ができたという自覚が大きいと思う。通底するものは『薔薇がなくちゃ生きていけない』という言葉。それは、佐藤奈々子さんがギャラリーワタリで発見したヨーゼフ・ボイスのポスターがあって、そこに『薔薇がなくちゃ生きていけない』と書いてあった。そのポスターを私が買って、録音中スタジオに必ず置いていた。拝むわけじゃないけど、見られながら演奏するというオカルト的な部分もあったね。鈴木博文は、『般若心経を入れちゃったから出なかったんじゃないの?』と言ってたな。どこに入っているでしょうね?(笑)『工場と微笑』にずっと入っている」

『マニア・マニエラ』の一件は、1982年5月5日に開催された『ビックリハウス』のイベント「ヘンタイよいこ白昼堂々秘密の大集会」の際も、周囲のミュージシャンたちに波紋を呼んだ。

「『マニア・マニエラ』の曲を何曲かやったけど、それを見ていた立花ハジメと幸宏が、『なんで発売中止にしたの？　あんなにいいアルバムなのに』って。『いいアルバムだから中止にしたんだよ』とか言ってね。友人のミュージシャンはけっこう怒っていたね」

『青空百景』のポップ路線と、広がる若手との接点

『マニア・マニエラ』の発売中止を受けて、すぐに制作されたのが、1982年9月25日に発売された『青空百景』だった。ムーンライダーズは、『マニア・マニエラ』の制作が終わってから、わずか1週間後には『青空百景』を作りだしている。

「1週間後にデモテープを集めだしてる。録音自体は1か月後だね。その勢いはコンピュータのおかげ。コンピュータと演奏する面白さ、それがすべてだね。ドラッグみたいだった」

テクノはドラッグ。テクノは麻薬。当時の雑誌で、鈴木慶一はよくそう語っている。『マニア・マニエラ』でダークさを一回吐きだしたからこそ、『青空百景』のポップな明るさが生まれたように感じられる。

「そうだと思う。白井が入った77年に2枚出しているのは、白井のおかげで2枚できたとも言えるし、『マニア・マニエラ』と『青空百景』はコンピュータのおかげで2枚できた。だって、

どんどんできちゃうんだもん。あとは宅録の機材が家にあった。TR-808というドラムマシンが出たので、それを鳴らしながら録音できちゃうから」

しかし、『青空百景』の明るくポップな路線を続けることはなかった。

「それは、このバンドが持っている宿命みたいなものだね。『やった、飽きた、次何やろう？』って」

多くのメンバーがロンドンを訪れていたムーンライダーズだが、1983年2月には全員でパリを訪れる。フランスのミュージシャン・俳優のピエール・バルーのバックキングをピエール・カルダン劇場でするためだ。

「大量の楽器を持って行ったんだよね。入国のときに、ピエール・カルダンの書類を見せたら、みんなノーチェックで入れる。すごいなと思った。私は仕事で1日か2日遅れて入って合流したので、初日は参加してない。初の海外のライヴだし、お客さんはどう感じるのかなというのがあったけど、ピエール・バルーがステージ上で自由なんだよね。次に何の曲が始まるのかわからなかったりする」

パリでのライヴは、スタッフも含めて、日本でのライヴとは大きく異なる世界だった。

「PAの人が、その人だけしか機材を触っちゃいけないとか、いろいろなルールがあった。開演が19時だとするじゃない？　18時半ぐらいまではみんなスタッフが外のレストランで食事をしていたりする。『大丈夫なの？』って。開演時間が1時間押しぐらいになる。ステージ上にピエール・バルーが飼っていた犬がウロウロしてうんちをしたりするし。ピエール・バルーがその頃に入れ込んでいたシンガーにアントワーヌ・トメという人がいて、その人がいきなり歌いだしたり。あとは突然フランシス・レイがステージに上がってきてアコーディオンを弾きだした。曲の途中でアコーディオンのソロがあって、ものすごい転調していくんだよ。さぁ歌に戻ったというときに、ピエール・バルーが転調されすぎて歌に入れなかった(笑)。我々はそこで『くれない埠頭』と、CMで作った『CUBAN PARCO』という曲の2曲を演奏するんだよね」

パリではさまざまなミュージシャンにも遭遇する。

「お客さんでは、バーデン・パウエルとかがいて、ステージにも立ったけど、みんな楽屋に来るわけ。ブラボーとか言ってくれるの。それは嬉しいね。ライヴが終わって、パリの地下のバーみたいなところに行くと、ジャック・イジュランがいたり、なんとレナード・コーエンがいたり、1週間前にはランディ・ニューマンがいたよと言われたり。レナード・コーエンに、岡田くんが『お前は裕仁に顔が似ている』って(笑)。楽しかったな。観光をしても寒いので、一旦外に出ると、体の芯まで冷えきるので、帰ってきたらバスタブに入らないと死ぬ。ヨーロッパの冬というのを生まれて初めて体験した。その前のロンドンは春だったからね。最終的に、ピエール・カルダンは『あと1週間ライヴを続けろ、もっと話題になるから』って。ところが、帰らなきゃいけない仕事が入っていたの。『それはちょっと無理です』と帰ってきた」

1983年7月21日には、鈴木慶一がプロデュースした鈴木さえ子の『I wish it could be

Christmas everyday 毎日がクリスマスだったら』が発売される。当初はサイコ・パーチズ（PSYCHO PERCHES）というユニット名義でリリースしようとしたものの、契約の問題から鈴木さえ子のソロアルバムとなった。

「1枚目は、亡くなった宮田茂樹さんがディア・ハートを作る直前だね。誰かが借りていて、海外からミュージシャンが来たときに泊まるマンションが赤坂にあって、そこでずっとデモテープを作っていた。ちょうどDX7というキーボードが出て、それぱっかり使ってレコーディングに臨んだね」

鈴木さえ子のプロデュースは、1984年の『科学と神秘』、1985年の『緑の法則』と続いていく。

「チェリーレッドやクレプスキュールのサウンド、あとはXTCが頭の中にあったと思う。それと、かわいらしいものに視線が行っていたね。ひょっとしたら子供っぽいかもしれないけど、というようなものだね」

1983年11月25日には、鈴木慶一が徳間ジャパンに新設した水族館レーベルから『陽気な若き水族館員たち』が発売される。ミオ・フー、ポータブル・ロック、リアル・フィッシュ、ヴォイスを世に送りだした。

「ひとつのモデルとなったのは、トット・テイラーがやっていた『ア・ヤング・パーソンズ・ガイド・トゥ・コンパクト』。ああいうカタログ的なものを作りたいなと。あとは、みんな自力でやってくれということで。ライヴをよく見に行っていたので、リアル・フィッシュもライヴを見ていいバンドだと思って、ムーンライダーズの渋谷公会堂のオープニングに出してしまうわけだ。ポータブル・ロックは、（野宮）真貴ちゃんがソロを出したけど、その後どうしたらいいかとバンドを組んで、湾岸スタジオでずっとデモテープを作っていた。ハルメンズ周辺とかヴォイスの人たちとかで、実家で宴会になるわけだ。たまに実家に帰ると大騒ぎになっているんだよ」

１９８３年12月21日には、わらべの『もしも明日が…。』が発売され、１位を獲得。B面には鈴木慶一が編曲した「昔、むかしは…」がカップリングされていた。

「全然記憶にない（笑）。チャートというのは、なんか結局、あまり興味ないのかなって気がしている。ザ・ぼんちも編曲だけだし、それだと編曲料で終わっちゃうしね」

3 章：1984 年―1990 年

『アマチュア・アカデミー』以降の数百時間に及ぶREC

1984年6月21日には、鈴木さえ子の『科学と神秘』がRVC内のレーベル、ディア・ハートから発売される。それに続いて、同じくディア・ハートから1984年8月21日にムーンライダーズの『アマチュア・アカデミー』も発売された。大貫妙子、竹内まりやなどを手掛けていたディア・ハートの宮田茂樹が初の外部プロデューサーとなり、アレンジはプロデューサー仕事で勢いのあった白井良明に任されたが、宮田茂樹も白井良明も次第に消耗していく運命をたどる。

「ムーンライダーズの全歴史を見ても、会社からのプロデューサーが1人だけいるのは、『アマチュア・アカデミー』だけだから。宮田さんが手を挙げてくれて、『よし、じゃあやろう』ということになって。宮田さんは、バンドをプロデュースした経験がなかったと思う。全員と話すのは大変だから、誰か1人代表を立ててくれないかということで、プロデューサーとして活躍していた白井がいいんじゃないかとなんとなく決まった。その2人がスタジオでいろいろ検討しながら、我々は呼ばれたら行くわけだ。私がそのときに感じたのは、居場所がないなということ。いつもなら、スタジオにずっと入っていて、あーじゃないこうじゃないと意見を言っていたわけだよね。それを言うことがなくなった。ロビーでただ待っているだけ。これはかなりのストレス。今までとはまったく違う」

「BLDG」ではビーチ・ボーイズのようなコーラス・ワークを聴かせ、「B.B.L.B.」では歌唱の途中で声の年齢や性別が変わってしまう。ブラック・ミュージック色が濃いアルバムだが、アフロ・アメリカンの真似はしていないという発言もある。

「宮田さんの発想として、男性性ということをちょっと考えてみようと。あと、大きいのはスクリッティ・ポリッティの流行とかだね。ファンクな感じなんだけど、テクノであるということだ。ロバート・パーマーにしろ、その辺がリンクしていると思うんだ。『アマチュア・アカデミー』の一番カチンときたレコ評は、『性欲あるんですか』っていうやつ（笑）。その後、和解したけど。『ミュージック・マガジン』の中村とうようさんは、頭で作った音楽もいいんじゃないかと言っていたような気がする。だから、フィジカルな感じの音楽を作ろうとして、ブラック・ミュージック的なグルーヴを取り入れているけど、非常に頭で作っているんだよ。クラフトワークのビートは、実はすごくブラック・ミュージック的だったりするけど、表面的にはそういうものを感じないでしょ？　そういったものと似ているかもしれない」

『アマチュア・アカデミー』のレコーディングは、６００時間にも及んだ。

「なぜそんなに時間がかかったかというと、コンピュータ制御をしているわけだよ。MC-4なので、4つしか音が鳴らないから、ドラムから作っていく。だんだんベースを重ねていったりすると、ドラムの音がはっきりしなくなってきたぞとなって、またやり直しになる。そういう采配を宮田さんがやっていたので、また一に戻るわけだ。録っちゃ消し、録っちゃ消しというのをやっていて、それで時間がかかった」

１９８４年も含め、１９８０年代前半には、高橋幸宏のツアーに鈴木慶一も参加している。

「幸宏は、80年代にＹＭＯが活動していないときは、全国ツアーをたくさんやっていたんだよね。それをこまめにやっていたことが素晴らしいと思う。しかも、腕の達者なミュージシャンを集めて、外国のミュージシャンも呼ぶわけだから、そこに一緒に混じっているというのは、実に楽しい体験だったよ。だけど、私はスタジオミュージシャン的なキーボードプレイヤーではないので、そのぶん練習が大変だった」

ライヴでは、現在ではポピュラーな手法の「同期」が用いられた。録音した音源を流して、それに合わせて演奏を行うことだ。

「『青空百景』を出した後のムーンライダーズも、渋谷公会堂のライヴでテープと一緒に演奏している。客席にいた駒沢くんは、『何で弾いていない音が鳴っているの?』と言っていた。演奏では鳴ってない音も鳴るし、分厚くなっていく。今でこそハードディスクを使ってみんなやっているし、それのアナログ版という感じだね。ただ、アナログのテープを回すわけだから、いつ止まるかわからない。だから、テープレコーダーは2台必ず持っていく。でも、アナログテープだけどね。ノー・コンピュータ。同時に回しておいて、1台が止まったら、もう一つの音を出す。止まったときが1回だけあったね」

1984年には、寺山修司原作の「寺山修司一周忌公演『時代はサーカスの象にのって'84』」の音楽監督を鈴木慶一が担当し、サウンドトラックは『時代はサーカスの象にのって'84』として2018年に発売された。ミュージカルの音楽を担当するのは初めてのことだった。

「まさに暗中模索だな。ミュージカルはいろいろな方法があると思う。テープのような録音物を使って歌う場合もあるし、生演奏もある。2003年のKERA（ケラリーノ・サンドロヴィッチ／有頂天のボーカル）の『ドント・トラスト・オーバー30』というミュージカルは生バンドだったけど、『時代はサーカスの象にのって』のときはテープだった。まず難しいのは、歌う役者さんによってキーが変わるわけだよね。曲を作って、レコーディングしていくのは、ムーンライダーズが演奏しているし、通常のやり方と変わらないんだけど、長い歌詞になってくる。それと、『時代はサーカスの象にのって』というのはすごく古い作品なので、歌詞にベトナム戦争時代の匂いがプンプンするんだけど、そこら辺は変えないでやるか、変えるかというのも、演出の萩原朔美さんの手腕だよね。でも、初めての体験だけどプレッシャーをあまり感じずに、わりと軽い気持ちでやれた。それは、インテレクチュアルなものを下に引きずり下ろすというような、80年代独特のパルコ的な発想が功を奏していたかな」

ムーンライダーズは『アマチュア・アカデミー』の発売後、宮田茂樹らが1984年に設立したミディに移籍。レーベル発足記者会見にも出席し、シングルのレコーディングまで行ったものの、作品はリリースされなかった。そのとき録音した1曲は、後に「DON'T TRUST ANYONE OVER 30」になる。

ムーンライダーズはさらにポニーキャニオンに移籍し、高橋幸宏とT.E.N.Tレーベルを設立。そこでは「究極のバンドオーディション」を開催して、各パートを集めようとしたものの、バンド結成までには至らなかった。このオーディションからは高野寛、岩田麻里、上田浩恵を輩出している。水族館レーベルに続き、T.E.N.Tレーベルでも、メジャーでのレーベル運営の難しさに再び直面していく。

１９８５年10月21日には、ムーンライダーズの『アニマル・インデックス』が発売される。T.E.N.Tレーベルからの第1弾であり、レコーディング時間は『アマチュア・アカデミー』よりは減ったとはいえ、それでも３００時間以上に及ぶ。メンバーは個別にレコーディングをする方式で、その場に立ち会い続けた鈴木慶一は、神経症になってしまう。

「『アニマル・インデックス』は1人2曲ずつで、必ず私はそこにいる。でも、打ち込み全盛時代だから、私がいても、ずっと打ち込みをしているだけなんだよね。『マニア・マニエラ』でテストしたようなことがさらに進化して、深くなって、ものすごい細かいところまで打ち込めるようになってくる。コンピュータ自体の発達で、MC-4のように4つだけじゃなくて、マルチティンバーによって同時発音量が増えていくわけ。キーボードや音源モジュールを何台も使う。そんななかで、1人でやっていても、プログラマーがいれば、だいたい完成形が見えてくるわけだよね。そのプログラマーと作曲したメンバーのやりとりをずっと隣で見ているだけで、何も言うことがない。意見を求められたら言うけど、『こうしたほうがいいんじゃないか』と言うことがない。なぜなら、それでいいから。それぐらい各々のメンバーがいい曲を作り、いいアレンジをするようになったんだよね。『アマチュア・アカデミー』の反動かもしれないね」

『アニマル・インデックス』のリリース後、鈴木慶一は雑誌で「僕らっていうのはね、はっぴいえんど以来の日本語のロックの正統なんだよ。前から、はっぴいえんどとは違う形での日本語のロックをやろうとしてきたし、その決定版を作りたいのね。でも、簡単な言葉で深いことを言うっていうのは、むづかしいね（ママ）」と発言している。同時期には、ムーンライダーズは解散する時期を逃したという発言もある。

「生意気なこと、過激なことを言っているね（笑）。たとえば、その間に、サザンオールスターズが出てきたり、佐野元春さんが出てきたり、『この日本語の流れで行けるね』というのが出てきたよね。それは衝撃的だった。要するにスピード感があるもの。日本語で歌詞を書くと、英語ほどの情報量がない。『アイ・ウォナ・ビー・ユア・マン』は日本語にしたら、「あんたの彼氏になりたいよ」と長くなっちゃう。情報量が叩きこめないんだよ。今はあまり考えないけど、その葛藤はずっとあって。だから、歌詞を作るのは大変だなということを思っていたんだろうね。特に、『アマチュア・アカデミー』を作ったときに、全部タイトルを記号にして、『Y.

B.J.』というのは、『YOUNG BLOOD JACK』という言葉を断ち切っているし、その辺も実験だね。『夢が見れる機械が欲しい』は、曲の流れに沿って歌詞になっているなという感じで、そこの成熟度はあると思うよ」

1985年のツアーは、ムーンライダーズはテントの向こうにいるという演出で、後半まで姿を見せなかった。東京ではファンがなかなか立ち上がらなくて苛立ったと鈴木慶一は発言しており、当時のムーンライダーズとファンの関係性は、かなりの緊張感があるように見受けられる。

「テントの中にいて、演奏していたら立ちあがりようがないんじゃない？（笑）でも、関西に行くと、歓声が上がったりとか、コール・アンド・レスポンスがうまくいったりはする。東京のお客さんはじっくり見るタイプなんだろうな。でも、それがすべてではない。だから、当時はそう思ったんだろうね。なかなかテントから出てこないから怒った人もいただろうね（笑）。それは時津嘉郎さんが出したアイデアだよ」

当時のムーンライダーズのライヴのコストは、レコード会社の出資でやりくりしていたのだろうとも振り返る。

「『アマチュア・アカデミー』のライヴのときも、鉄くずをステージに置いて、鉄くずにまみれて演奏したり、車を壊したり（笑）。あれは快感だったな。でも、搬入で何人かスタッフが怪我したよ。80年代のライヴは本当にお金がかかっていた。ライヴというのはひとつのプロモーションであり、何か驚くようなことを見せていたんだよね。鉄くずを集めたり、テントを作ったり、衣裳を作ったり、お金はかかるでしょう。レコード会社から助成金や援助金みたいなものが出てやりくりしていたんだと思う。それで、矢口（博康）くんの観光地楽団と一緒にやった中野サンプラザのライヴ（１９８４年12月18日）も、透明の筒みたいなものの中に入って演奏する。アートスクール系のライヴの形態を考えていたんだね。『最後の晩餐』のレコード発売ライヴがＮＨＫホールであって、円形の輪がいっぱい空中に浮かんでいるやつ以降は、あまりステージにお金をかけられなくなってくる」

ムーンライダーズ10周年～『DON'T TRUST OVER THIRTY』

映画好きで８ミリフィルムやビデオカメラも購入していた鈴木慶一だが、１９８６年３月31日にはムーンライダーズの初の映像作品『DREAM MATERIALIZER～夢見れる機械』が発売される。

「86年というのは初の周年、10周年だからこそやれることもあった。マルチにいろいろなことをやるというのは80年代の特徴だよね。でも、音楽をやっていたら良いものが作れるかもしれないけど、小説を書くとか、ビデオ作品を作るとかは、『マルチ・レベルダウンの法則』というのがあるようで、一つずつが一段レベルがダウンすると。やっぱり素人だからね」

マルチという点では、鈴木慶一が小説を書いていたこともあるのを補足しておこう。1979年に『ビックリハウス』で3回連載された『宮益坂製薬株式会社』だ。

「『DREAM MATERIALIZER』は、時津くんと私で監督するわけだけど、2人でやりたい放題やっていた。その編集をしているところに、なんとピエール・バルーさんが遊びに来るんだよ。ピエール・バルーさんも監督だから、ここはこうしたほうがいいんじゃないかとか、こういう編集にしたほうがいいんじゃないかとか言ってくれて面白かったな。『DREAM MATERIALIZER』というタイトルは、スティーブ・ジャンセンに聞いたのね。『「夢が見れる機械が欲しい」を、英語に訳すとなんだろう?』『「DREAM MATERIALIZER」かな』『サンキュー、それをいただくよ』って」

10周年には初の12インチシングルもリリースされた。1986年6月21日に発売された『夏の日のオーガズム／今すぐ君をぶっとばせ』だ。「夏の日のオーガズム」の作曲はムーンライダーズ名義である。

「イントロでリズムが入ってきてからは、鈴木博文が作った部分で、その手前はみんなで一緒に作ったかな。そういう余裕があったね。リゾートスタジオで合宿して作ったのかな。リゾートスタジオや海外録音は監禁されているようなものなんだけど、そっちのほうが効率がいいんじゃないかということにもなってくる。毎日スタジオに来て帰る、来ようとして遅刻する、ということがなくなる。ずっと音楽のことに没頭できると」

ムーンライダーズの初のライヴ盤『THE WORST OF MOON RIDERS』も1986年9月5日に発売される。雑誌の評論が掲載されたジャケットは、ムーンライダーズと音楽ジャーナリズムの緊張状態を感じさせる。当時の鈴木慶一は、雑誌に怒って編集部に電話をすることもあった。

「『ミュージック・マガジン』に電話して、『あの記事はどういうことなんだ』って(笑)。しまいには、カーネーションに対する批評に対して怒って電話したことがある。ちょっと精神的に変だとは思うけど(笑)」

ムーンライダーズは、『THE WORST OF MOON RIDERS』までライヴ盤を出すこと自体を重視していなかった。

「ライヴは録音していたけど、スタジオでアルバムを作ることがすごく重要であって、ライヴ盤に興味がなかったんだと思う」

「こうもりが飛ぶ頃」「大寒町」「酔いどれダンス・ミュージック」「はちみつぱいのインストゥルメント」など、はちみつぱいとムーンライダーズをつなぐ音源が『THE WORST OF MOON RIDERS』で一気に世に出ることになる。そのなかでも偏執狂的な作業が行われたのが「夏の日のオーガズム (It's very very long orgasms)」だ。その音源は17分にも及ぶ。

「ゴドレイ&クレームの『ヒストリー・ミックス』というのが出た。それこそ『アイム・ノット・イン・ラヴ』まで含まれるような長いリミックスなんだよね。同じようにいろいろ曲を入れたテープを作って、それに合わせながら演奏していくわけだ。演奏し終わると、演奏とテープは一緒に録音されている。ここでまたややこしいことを考えて、『スピーカーから出ているテープの音に合わせて演奏して、それを録音しているから、そのテープの音は元のテープの音にしたい』と。つまり、スピーカーから出ているテープの音を、元のテープの音に入れ替える。そうすると、より音質が良くなる。生演奏の録音を聴きながら、17分のテープ部分を差し替えていくんだよ。当然、ステージから流れているテープの音は録音されてしまっているので、それをカットして、ラインで録っているステージの演奏＋テープの元音に差し替える。エンジニアは気が狂いそうになっていた。8時間以上かかったかな。私もその作業をずっと一緒にやっていたけど、偏執狂的な、パラノイア的な作業ではある」

10周年を締めくくるアルバム『DON'T TRUST OVER THIRTY』は、1986年11月21日に発売された。タイトル・ナンバーの「DON'T TRUST ANYONE OVER THIRTY」は、そもそもはミディでシングルにしようとして、150時間、4、500万円もかけた楽曲だ。『DON'T TRUST OVER THIRTY』で、鈴木慶一は各メンバーには得意技の禁止令を出す。鈴木博文はフォーク禁止、岡田徹は歌謡曲禁止、かしぶち哲郎は抒情的禁止、武川雅寛はバイオリン禁止、白井良明はリズムキープ禁止。ムーンライダーズのパターン化を避けようとしていた。

「要するに、手癖みたいなものをなくそうということだよね。何枚もアルバムを作っているので、各々のメンバーの特徴というのがわかるわけ。デモテープを聴くと、それがよくわかる。鈴木博文はデモテープを生ギターで弾いているので、フォーク禁止になる。いろいろな得意技を封じて、手枷足枷をはめることによって、何か新しいことが生まれるんじゃないかという発想だね。だから、白井は『超C調』というリズムなしのものを作ってきたね。完全にそれが浸透したかどうかはわからないけど、ひとつの刺激にはなっただろう」

『DON'T TRUST OVER THIRTY』のリリース時、鈴木慶一は抗鬱剤を飲みはじめた頃で、非常に元気だったという。

「異常なハイ状態。PANTAが先に鬱になっていて、ツアー中に具合が悪くなって、呼吸ができなくなって、ステージ袖に酸素ボンベを置いておいていたんだよね。PANTAのほうが先輩なんだよ。PANTAのライヴを見に行って、私がすごいペラペラ喋っているので、『慶一、ちょっと薬物やってない？』って。合法的なものだよ、でもバレた。抗鬱剤関係を飲んでいる人は互いにわかる」

1986年の鈴木慶一は、超能力を磨いている、ボディビルに通いたいとも雑誌で発言している。

「大丈夫かな、本当に（笑）。その直前にものすごくダウンしたからね。17分の音源を作ったり、3時間のライヴをやったりして、ある日、ふと脈がやけに早い。100を超えている、このまじゃ死ぬかもしれないと病院に行ったら、『特に異常はないです、これは精神科しかないいんじゃないですか?』と。そこでいろいろ処方される。飲み慣れていないから、最初はやけに効くわけだよ。いまだに40年ぐらい飲み続けているけどね。抗鬱剤じゃなくて、トランキライザー。精神安定剤は、1日3回、でも、酒飲んじゃえば2回で止める」

10周年スペシャルライヴは全国7か所で開催され、1回3~4時間にわたって演奏が続けられた。

「本当にくたびれた! 1000本ノックみたいなもので、野球でいうところの秋季キャンプみたいな感じだ。30代で、とにかく体を使って、どこまでもつか試してみようということだね。そのとき、私は痔が悪くて、非常につらかった(笑)。白井は痛風で車椅子だったよ。かしぶちくんは入院しちゃう。あれは過酷だったなぁ(笑)。その前にクラウン最後の『カメラ=万年筆』のときに、9か所のツアーを執り行うわけだけど、それよりも過酷だったね。1本のライヴが異常に長いんだよ。終わって、楽屋に戻って、『アンコールやめようよ、もうくたびれたよ』って(笑)」

ムーンライダーズ約5年にわたる沈黙へ　消耗する神経

『DON'T TRUST OVER THIRTY』以降、ムーンライダーズは約5年にわたる沈黙に入る。バンドブームで居場所を失くしたという発言もあったが、さまざまな要因が重なっていた。

「バンドブームは、我々が休んでいる後半にやってくるからね。それに関わったりもしているわけだ。でも、もう30代後半で『自分らとは違う、あの若さは今はない』と思っていた。我々が活動休止したのは、10周年である程度いろいろなものを出しきった感もあったから。それに、体の不調を訴える人もいっぱい出てきた。あと、みんな『アニマル・インデックス』によって、ソロを作りたいという欲求が出てきたんだな。それで、ソロを作ることを優先的にやろうと」

1987年6月21日には、THE BEATNIKSの『EXITENTIALIST A GO GO ビートで行こう』が発売される。このときのテレビ出演については、精神的にダメージを負ったとまで語る。

「なぜか『ちょっとツラインダ』が気に入られて、フジテレビの『夜のヒットスタジオ』に2回出ることになる。あれって2時間座ってなきゃいけないんだよね。2回目は『具合が悪いんで』と言って逃げたけど(笑)。座って見ていると、アイドル的な女の子がロックっぽくなっていくのが実に嘘臭くてさ。今聴くとまた違うんだろうけど。ロック寄りのサウンドに作られているけど、何か違うようなものに対して、すごく反感を持つ。海外では産業ロックがすでに出てきたから、『これは儲かる』ということにもなっていきつつあったんじゃない? 演歌のほうが新鮮に聴けた。なぜかというと、聴いたことがないようなアレンジが施されていて、目の前のフルバンドで演奏されるわけ。これは面白いなと思った。『夜のヒットスタジオ』というのは、昔ながらの音楽番組で、CMの間に舞台のセットを変えるわけだけど、怒鳴り声だらけ(笑)。そんなところにいて、なんでこんなめんどくさい番組を作っているんだろうと思ったね。

非常に縁のない空間にいる感じ」

『EXITENTIALIST A GO GO ビートで行こう』は、「ある晴れた日に」「ちょっとツラインダ」「大切な言葉は一つ『まだ君が好き』」など、ポップな曲もあり、前作とは作風が大きく異なる。しかし、実際には鈴木慶一も高橋幸宏も神経的に消耗していた。

「私はまだ病気だし、鬱病というのは伝染病なんだよね。そばにずっと長くいると、相手にうつっちゃう。申し訳ない。曲を作って基本的な楽譜のフレーズのデータを作ると、小林武史がまずはダビングをするので、その間は暇なんだね。しかも、銀座のスタジオで、待っている椅子と壁が近いんだよ。壁をずっと見ている。そこで私が『壁が迫ってくるような気がする』と言った瞬間に、幸宏はスイッチが入っちゃうの。悪いことをしたよ。幸宏が10分おきに体温を測っていた。なぜかはわからない。変な2人だよ、本当に（笑）。『アニマル・インデックス』のときのように、待っているということはすごくよろしくない。しかも、毎日行かなきゃいけないんだよ（笑）。最初の兆候は、『アマチュア・アカデミー』のプロデューサーを宮田さんに任せたときに現れた。その場にいるんだけど不在感がある。まさに『内在する不在感』（『無防備都市』）が浮きあがってきてしまう」

この1987年には、THE BEATNIKSのライヴで客席に飛びこみ、ファンに首のスカーフを引っぱられて30秒呼吸ができなくなる事態を経験している。

「こっちがダイブするじゃない？　しっかり客側が意識してくれれば、その上を流れていくわけで、やってみたかったの。幸宏が『やっちゃえよ』って言うから、『やっちゃおうか』って言ってやったわけだよ。そしたら、スカーフを引っ張る人がいて、私の足を幸宏が押さえた。両方から引っ張られて、首が締まって30秒息ができなかった。死ぬかと思った（笑）」

ツアーでは、2人とも身体は元気、神経は悲鳴を上げている状態が続いた。

「ライヴが終わって、打ち上げを朝までやって、翌日、また移動して、またライヴやって、それが平気だったんだよね。幸宏が酔っ払って帰ってきて、川に飛び込もうとして、誰かが走って止めに行ったり。もうひとつ象徴的なのは、新幹線にコンパートメントができた。幸宏は飛行機がダメだから、名古屋から博多へ行くまで6、7時間、2人で向かい合って座っていた。しかも、新幹線が2階建てになっていて、下だったんだよ。窓から何も見えない（笑）。かかっている音楽もくだらないし（笑）。それが爆発して、最終日に神戸のチキンジョージで打ち上げをしたときに、ビールかけになっちゃった」

1987年6月21日には、鈴木さえ子の『スタジオ・ロマンチスト』も発売される。そのレコーディングのためにイギリスに渡り、XTCのアンディ・パートリッジと初対面を果たした。

「ロンドンのリハーサルスタジオに、1人でギター1本抱えてきた景色は忘れられない。アマチュアも練習するようなスタジオだよね。アンディ・パートリッジが登場した瞬間に、隣のスタジオの若者たちが、『アンディ・パートリッジだ！』って。マネージャーもローディーもいなくて、階級的なものではない、ミュージシャンもパブのマスターも似たようなもんだよという感じを受けたね。アンディ・パートリッジがプロデュースもするんだけど、イギリスでは『あいつとやるのか、やめたほうがいい、超変なやつだから』って言われたよ。でも、そんなことはなかった」

メトロトロン・レコード設立～KERAとの初コラボレーション

1987年にはメトロトロン・レコードが設立される。その中心となる湾岸スタジオは、鈴木慶一、鈴木博文の実家だ。マニア向けの会社を目指すと宣言しており、2500枚を採算ラインとして、「モラトリアムの終わり」とまで語っていた。インディーズでJASRACも通さないという姿勢だ。

「JASRACの会員じゃなかったしね。ムーンライダーズはほとんどが会員じゃなかった。会員になるのは21世紀になってからだ。会員にならなくても、フジパシフィックのような音楽出版社があれば、そこから印税が振り込まれる。手数料を引かれるけど、印税はそれなりにちゃんと入ってくる。JASRACに入れば、二次使用料が入ってくるんだけど。21世紀に入って、もらえるものはもらっておこうということで、JASRACに入るわけだ」

メトロトロンの設立時の発言には、メジャーへの不満も感じる。

「ムーンライダーズが休んでいるときでしょ？　5年も休むとは思わなかったけど。また怒っているのは、『なんで俺たちの記事が載らないんだ』ということだけど、何もやってないから載るわけない（笑）。ただ怒っているだけ。その頃はインディーズとメジャーはくっきりわかれていたと思う。メジャーにいると、もちろんお金をかけられるけど、いろいろ言われるからね。空白期間だからこそのインディーズ意識だろうな。何もやっていないけど、立脚点はどこにあるんだろうと。そのひとつがメトロトロンになる」

インディーズ意識の一方で、1988年5月18日に発売された渡辺美奈代の『ちょっとFallin' Love』は、鈴木慶一と渚十吾の作曲、鈴木慶一の編曲で、6位のヒットになる。鈴木慶一と渚十吾が延々セッションを続けて作ったという楽曲だが、やはり鈴木慶一の自己評価はひかえめだ。

「あれは渚十吾が話を持ってきてくれた。その前に、野田幹子さんのアルバムにも参加していて、その担当も渚十吾で、付き合いができていた。渡辺美奈代さんの担当になって、おニャン子クラブだから、勢いがあるわけだ。だから、『いい曲だったらヒットするのではないか、その他のアルバムの曲は何をやってもいいんじゃないか』みたいな良い機会ではあった。渡辺美奈代さんは勢いもあるし、シンガーとして優れていた。『ちょっとFallin'Love』は渚十吾と2人で作って、ちょっとフィル・スペクターを意識しつつ、ザ・フーの『ハッピー・ジャック』のイントロみたいにしようとか言って。『アイドルでそれでいいのか？』と言いつつ、実現できちゃったのはラッキーだったな」

1988年8月3日に発売された『抱いてあげる』も6位、1988年8月19日に発売された『MY BOY - 歌え! 太陽 - a summer place』はLP11位、CD10位を記録するなど、鈴木慶一と渚十吾のプロデュースによる渡辺美奈代の作品群はヒットを続けていく。鈴木慶一は「自分から望んでないけど流れてくる音楽の質を向上させる会会長」となることを宣言、渡辺美奈代のコンサートでアイドルファンを見て、その盛りあがりに逆に刺激される。

「そうなんだよ(笑)。そういう姿を見るのが生まれて初めてで、すごいなと思うわけだよね」

1988年5月21日には、有頂天のKERAとの秩父山バンドの『未来(いつか)のラブ・オペレーション』が発売される。これがKERAとの初めてのコラボレーションだった。25年後にNo Lie-Senseとして再び組むことになり、次々と作品をリリースしていくが、秩父山バンドのときの作業はあっさりしたものだった。

「『この2人を組ませたら面白いんじゃないか』というディレクターさんの発想だと思うよ。KERAとちゃんと話したのは、このときが初めて。その前から知ってはいるけど、ナゴムとの接点があまりなかった。KERAも、そのとき忙しくて、ほとんどスタジオにいなかった。だから、私がバッキングトラックを作って、KERAが歌いに来て、またすぐいなくなっちゃうという感じ」

鈴木慶一、はちみつぱいとの「決着」

１９８８年には、鈴木慶一はある「決着」をつける。１９７４年に解散したはずのはちみつぱいが復活したのだ。１９８８年５月25日にライヴ音源集『はちみつぱい SECOND ALBUM (in Concert)』が発売され、１９８８年６月９日に「はちみつぱい 15 YEARS AFTER」が汐留ＰＩＴにて開催された。

「74年に解散して、15年弱経っているわけだよね。最初は『ＰＩＴを押さえているんだけど、何か面白い企画はないですか？』と聞かれたんだ。思いついたのは、『はちみつぱいはちゃんと解散していないな』ということだった。最後のライヴは、いろいろな人が出るライヴで、なぎら（健壱）さんも出ていたし、友川カズキさんも出ていた。ムーンライダーズの10周年が終わって数年して、もうひとつ決着をつけなきゃいけないなということが心の中にあったんだろう。それで再び集めてやろうということになって、頭脳警察と一緒にやりたいなと思った。それこそ、頭脳警察とはちみつぱいと言えば、慶應三田祭事件もあったけど、この機会に頭脳警察とはちみつぱいが出たら面白いライヴになるんじゃないかなと思った」

しかし、頭脳警察の出演は断念することになり、代わりに３人のゲストが浮上する。

「そのときPANTAは入院していた。PANTAはその頃は完全にソロだったので、頼んだら、『うーん、ちょっと待って、TOSHIもいるし、２人で決めなきゃいけないからちょっと無理かもしれない、今こんな体調だし』と。それで諦めた。じゃあゲストを呼ぼうとなって、あがたくん、斉藤哲夫さんだなと。この2人のバッキングから生まれたバンドだし。もう1人、高田渡さんのバッキングもしてみたいと思った。高田渡さんは、バッキングのメンバーを集めて、武蔵野タンポポ団をやっていたけど、カチっと『バックをやるぞ』というようなバッキングをやってみたかった」

ところが、はちみつぱいの再結成は、リハーサルで実際に音を出してみるまで、実際に開催するかどうかわからないというものだった。

「リハーサルの初日にやれるかやれないか決めるので、キャンセルするかもしれないと言ってあった。メンバーとほとんど会ってないし、他の人たちがどういう音楽を続けているかわからなかったわけで。まずセッションをしてみて、仲良くできたら、もしくは、いいサウンドがリハーサルでできあがったらやろうということになった。だから、初日がうまくいかなかったら、その後のリハーサルもPITも全部キャンセル。そうしたら、初日のリハーサルがうまくいったんだよね。かつてと全然違って、すごく進化があるじゃん、これはいけるよねと思った。リハが終わった後に、飲みにも行って。渡辺勝も戻ってきて、16年も一緒にやっていなかったけど、面白くやれたんだね。ライヴのアンサンブルを重視して、モニターも当時とは破格の差だし、山本浩美も登場させて、『煙草路地』のアレンジを変えて頭にやってとか、リハーサルをしている間にいろいろ思いついた」

はちみつぱいの再結成は大盛況のなか行われ、それをもって改めて解散。1974年の解散ライヴで「さよなら、ロックンロール少年、ロックンロール少女」と言った鈴木慶一は、1988年には「さよなら、ロックンロールおじさん、ロックンロールおばさん」と言ってステージを去った。

「心配だったのが、客が入るかどうか。何千人も集まったので、ホッとしたね。これでやっとちゃんと解散できたなと思った。ひとつの決着だよ。私の勝手な言い分だけど、はちみつぱいをちゃんと解散させたかったということだよ。後からはちみつぱいを知って見たかった人も来たんだろうね、その10年後だったらもっと来たかもね(笑)。サニーデイ・サービスが出てきて、YouTubeが出てきて、過去の音源を買う人たちがいっぱい出てきた。ちょっと早い再結成だったかもしれない」

1988年には、雑誌でソロアルバムの制作がアナウンスされたものの中止に。その時期のデモテープは、後に『The Lost SUZUKI Tapes』に収録される。

1989年1月7日には、昭和天皇が崩御。この日に予定していた日清パワーステーションでの鈴木博文と矢口博康のジョイントコンサートに鈴木慶一も出演予定だったが、1989年3月21日へ延期される。昭和に予定されていたライヴは、延期の末に平成に開催された。

「自粛だよね。正月だし、日清パワーステーションの入り口のところで、お客さんが入場するときに、紋付き袴で鏡開きをやろうとしていたんだよね。ところが、その日に朝起きたら、テレビで暗い音楽が流れていた。すると、会場に先に行ったマネージャーから電話がかかってきて、『ちょっと右翼がいます、中止にしましょう』と。『えぇ、やっちゃおうよ』『ここでやったらかなり危ないですよ』『そうか、じゃぁやめるか……』と言ってやめた。そこからエンターテインメント系はかなり自粛させられた感じはあったけど、3月になればやれたし、コロナよりは短かった」

鈴木慶一と『MOTHER』

1989年8月21日には、鈴木慶一の代表作のひとつであるゲーム音楽『MOTHER』が発売される。ファミコン音源専用ソフトを使えるコンピュータを使用して、楽曲ができると任天堂の田中宏和に打ち込んでもらう作業を続けた。新しいメディアとの格闘になったが、ゲーム好きの鈴木慶一はそこに果敢に挑むことになる。

「大変な作業だよ。『MOTHER』というゲームを糸井（重里）さんが作るというので、音楽はたぶんいろいろな人に依頼したと思うんだけど、ON・アソシエイツの大森さん経由で私のところに来た。私はゲーマーだったから、さんざんゲームをやっていたんだよ。最初にFAIRCHILDの戸田誠司からファミコンを買ったのね。会社に置いて、ずっと明け方までやっていた。あとは、酒を飲んだ後にみんなで朝までゲーセンで『ゼビウス』とかをやっていた。ある日、鈴木さえ子さんがファミコンを買ってくれたの。それがファミコンが家に来た日で、それは忘れられない。ゲームは本当にずっとやっていたね。それでゲーム音楽と言われたら、それは『やりますよ！』と」

『MOTHER』のサウンドトラックは、ファミコン音源でもオーケストラ演奏でもなく、ボーカルのあるポップスだ。ゲームで鳴る音楽そのものとは異なる。

「糸井さんと最初にそういう話になって、メディアミックスにしようと。小説も出たし、攻略本も出たし、いろいろなものが出てるね。アメリカがテーマのゲームなので、音楽はポップミュージック、洋楽的なもので行こうと。曲もそういう曲ばっかり。それでサウンドトラックを作ろうと。ゲーム音源はボーナストラック的にして、歌を作ろうとなった。だから、曲を作って、よくCMで作詞をしてもらっていたリンダ・ヘンリックさんに歌詞を頼んだ。デモを作って、イギリスへ送るわけだ。テーマ曲の『EIGHT MELODIES』は、少年合唱団に歌ってもらった」

『MOTHER』の音楽の予算はかなりあったと鈴木慶一は証言する。それゆえにイギリスでのレコーディングが実現した。

「ロンドンにボーカリストのオーディションに月に2回ぐらい行っているんだけど、上村が見栄を張って、ブリティッシュ・エアウェイズのファーストクラスを取りやがって。上村たちと3人で行ったんだけど、ウン百万だよ。鈴木さえ子さんと87年に行ったとき、アエロフロートで地味にニンジンをかりかり食べながら行っていたのに、なんで急にファーストクラスなんだと。しかも、座面が高すぎて足が床につかないの。私は貧乏性なので、『これに金を使うんだったら、もっとスタジオとかミュージシャンに使いたかった』と思ったよ」

砂漠の場面でテックス・メックス（メキシコと南西アメリカの融合音楽）を流すためだけに、2年間ほぼ寝ていないグラフィック担当者に手紙を書いたり、わずかな音数で田中宏和がギターのチョーキングを再現したりする作業が続いた。

「まず任天堂の田中さんが来る。ただ、解禁の日までは絶対に情報を出せないし、作っていることも言えないし、どんなゲームかということも、音楽も漏れちゃいけないと。秘密にするために私の家でやっていた。鈴木さえ子さんとは別居をしていたと思う。『任天堂のプログラマーってどんな人が来るのかな？』と思っていたら、長髪の人がコンピュータを持ってきた。それが田中さん。家のテーブルにコンピュータをセッティングして。曲が途中までできたら、ファミコンに基盤を差して、映像を見ながら、その場で曲を作ったりした。私が弾いた曲を、田中さんがそのますぐに打ち込んでいく。田中さんはレゲエのバンドをやっていたから、音楽の趣味も合った。まず調べたのは、ベース、ドラムの音がどれだけ低くできるのかどうか。同時に音が4つしか鳴らないし、音程のあるものは3つしか鳴らない。だから、アルペジオにすればうまくいくんだよ。田中さんは、それをC言語で作るんだけど、バンッとなった瞬間にちょっとズラすの。そうすると、和音が出てくる。ギターのチョーキングも、データを打っていかなきゃいけないので、すごく大変なんだろうなと思うんだけど、作業を覗いてもわからない」

イギリス録音に関しては、「〝場当たり主義の帝王〟と呼ばれてる俺が常に決断を迫られるわけだ（笑）」という発言もある。日本の曖昧さは通用しなかった。

「『MOTHER』で行ったときは、プロデューサーで作曲家じゃない？　全部に意見を求められるわけだ。テイクを録ると、『どうするんだ？』『ミュージシャンはOKと言っているけどどうする？』『もう一回の理由はなんだ？』と、私に問いかけられる。そこが非常に良い学習だったよ。アンディ・パートリッジとやったときも、既にそうだったんだけど、みんなテイクの決断が早い。それと、音楽が好きでしょうがなくて、いろいろな音楽を聴いている人がスタジオに従事しているわけだね。そこがすごいなと思って。スタジオにおいて、音楽に対しての集中力が高くて、良い音楽を作ろうという姿勢が根底にあるんだね。『これは仕事です、はい終わりました』という感じがまったくない」

『MOTHER』には、イギリスの有名ミュージシャンが多数参加していることも、予算の潤沢さを物語る。

「ハンマーというコンピュータのプログラマー会社の社長の森達彦くんという人がいた。ノア渋谷ビルで、いわゆる渋谷系に無料でスタジオを貸して、あの人が渋谷系を作ったんじゃないかと思うけどね。ミュージシャンを選ぶにあたって、森くんのセレクトがいっぱいあった。イギリスのスタジオには、日本の『ミュージックマン』のようなミュージシャンを集めたデータベースの本が置いてあって、ミュージシャンの名前、住所、電話番号が書いてあるの。森くんはそれをメモしていた。マイケル・ナイマン、デビッド・ベッドフォード、キーボードのデビッド・モーション、グレアム・パーカー&ザ・ルーモアのキーボードのボブ・アンドリュースとか、やりたい人をだいぶ集められた」

『MOTHER』の「EIGHT MELODIES」は、2015年に開催された「鈴木慶一ミュージシャン生活45周年ライヴ」のアンコールで、出演者全員で歌われることになる。シンプルにして磨き抜かれたメロディだ。

「あれはたくさん作ったからね。何個か作って糸井さんに聴かせるわけだ。でも、『もう一回かな』って。『EIGHT MELODIES』は、ゲームのなかで8つのメロディを集めて完成するものなので、二度と同じメロディが出てこないようにした。メロディがすべて異なる8小節で終わる。それが、家で片手でキーボードを弾いていたら出てきたんだ。コードがない状態で弾いているので、そのぶんメロディをシンプルで強く、強くと。それがOKだった。シンプルさのなかに起伏があるものが偶然生まれた。自分で考えてもよくわからないけど、メロディの強いものができたなと思う。それはゲームの音楽を作るからこそ生まれたものだと思うね」

鈴木慶一と映画音楽

1990年を迎えると、本田昌広監督の映画『良いおっぱい悪いおっぱい』の音楽を、かしぶち哲郎とともに担当する。映画を愛してきた鈴木慶一が、遂に映画音楽を本格的に手掛けることになった。

「映画音楽は、非常にやってみたいことのひとつではあったんだよね。だから、CM監督だった本田さんから依頼されたときはとても嬉しかった。かしぶちくんは映画音楽を非常に重要に考えていて、自分で映画音楽を担当することを、私以上に強く望んでいただろうね。ジョルジュ・ドルリューが好きだったし、映画音楽のアルバムをいっぱい持っていたしね。そういうことがあって、かしぶちくんは先行してどんどん映画音楽をやっていた。林静一さんが監督した『夜にほほよせ』という映画は、はちみつぱいが演奏だけして、武田一成監督の『サチコの幸』という映画は、かしぶちくんが音楽を担当して、ムーンライダーズが演奏した。でも、映画音楽としてちゃんと依頼されて、計画的に作っていくのは、『良いおっぱい悪いおっぱい』からだろうね」

それ以降、映画音楽は、それまでの多岐にわたる活動とも異なる制作過程を鈴木慶一に体験させることになる。

「ものすごく楽しいことなんだけど、監督の意向を考えなきゃいけないじゃない？　それって

CM音楽と似ているんだよね。依頼された音楽を作るんだけど、完全にすり寄らないで、自分の持ち味を持たせる。このパーセンテージがすごく重要で。私に頼んでくるんだから100%出していいだろうという監督もわかるのね。だけど、そうじゃない監督の場合もある。監督、もしくはスタッフの誰かに『合わないな』と言われたら、書き直さなきゃいけない。CM音楽は、90年の時点で10年以上、まさに大量にやっていたので、修正を求められたときの対応の仕方は慣れていたと思う。映画の場合、大変なのは、関わっている人数が多い。意見を言う人もいっぱいいる。それは、そのときに初めて会う人かもしれない。その人が何を考えているのかを感じとるのが非常に難しい場合がある。『ここは音楽がいらない』『いや、ここに音楽がいる』というまったく反対の意見が出たとする。それを現場で自分ではどうにもできないよね。監督次第。監督がいらないなと言えば、『じゃあ、なしにしましょう』となるけどね」

この時期、鈴木慶一は社長業も経験している。ギズモという会社の社長である。

「ムーンライダーズ・オフィスの上村の意識としては、ムーンライダーズもみんな40近くなって、経営に関しても考えたほうがいいんじゃないかということだった。それでギズモという事務所を作って、矢口（博康）くん、エンジニアの赤川新一くん、鈴木さえ子さんがいた。ただ、私が稼いだお金が全部そこに来るわけじゃなくて、ムーンライダーズ・オフィスがパーセンテージで取った残りが来るので、これは苦しいよ。そういう変則的な会社の経営の仕方だよね」

鈴木慶一は後年、自分に社長業は向いていなかったと回想している。

「92、3年にギズモは終わって、94、5年にアオという会社にギズモの人たちがほとんどそのまま行っている。男性同士だと対抗しあって、ミーティングばっかり毎晩行われる。それで疲れ果てる。ポルシェに乗ってみたいから、会社の経費でポルシェを1台レンタルできないかとか言う人もいるし。まぁ、会社としては面白かったけどね」

4章：1991年—1999年

ムーンライダーズを復活へと導いた岡田徹のバンド愛

1991年4月26日、ムーンライダーズが『最後の晩餐』を発売し、約5年ぶりとなる新譜を届けた。岡田徹が鈴木慶一に電話をしてムーンライダーズの復活を提案し、さながら演説のように説得。それを受けて、鈴木慶一はメンバーひとりひとりのもとを訪ねて回ったが、実はその前に岡田徹は他のメンバーを説得済みだった。

「つい最近まで知らなかった(笑)。岡田くんは私に言わなかったね、ロビー活動のようなものだ。岡田くんは、『火の玉ボーイ』以降、はちみつぱいに遅れて入ってくるわけだけど、ムーンライダーズが始まってからはかなりリーダーシップをとっていたよ。あえてリーダーは誰だと言ったら、岡田くんだと思うね。ムーンライダーズ・オフィスを作ったときも、次に何をどうやるかを、ロビー活動のように当時の社長と2人で話していたりもしたんだろう。私は『最後の晩餐』の前にソロアルバムを作ろうと思って、結局できずにいたけど、岡田くんに『MOTHER』がソロアルバムだよと言われて、自分の中では納得した。あのとき、上村から全員を訪ねて意見を聞いてと頼まれたけど、みんな知ってたのか」

岡田徹をムーンライダーズの復活へと動かしたものは、ムーンライダーズへの愛情だったのだろうと鈴木慶一は振り返る。

「好きだったんだろうね。『このタイミングでやるべきだ』と考えたんだろう。知らず知らずのうちに5年経ったので、みんななんとなく『そろそろかな』ということもあったけど、すごく忙しい人もいたわけだよね。だから、ムーンライダーズに関わっている時間が取れない人もいるという状況ではあったんだけど、やると決めたら集まりましょうということだね」

5年の眠りから遂に目覚めたムーンライダーズ。しかし、その頃、鈴木慶一はミュージシャン人生で最大の危機に直面していた。

「89年に難聴になる。『MOTHER』を作った後ぐらいに難聴になって、『これは職業を変えなきゃいけないかな』と思ったぐらい。これは本当に最大の危機だったよ」

『最後の晩餐』の時期、鈴木博文が鈴木慶一に歌が下手だと指摘し、スタジオを出て行ったこともあった。弟だから言えたことだ。

「みんながそう思っていて、『兄弟だから言ってよ』ということだったんだろう。そんなに音程が悪いなんて、歌っているほうは気づかない。だから、いろいろな方法を試した。ヘッドホンをしないで、スピーカーから小さく音を出して歌うとか、いろいろな試行錯誤をしつつ録音されたのが『最後の晩餐』のボーカルだね」

難聴は病院に行っても治ることがないまま、『最後の晩餐』の制作は進んでいく。

「説明が難しいんだけど、難聴になった瞬間にどういう症状が出たかというと、テレビをつけてCMが流れると、音が二重に聞こえるんだよ。そんな状態だから何のキーかもわからない。特に、ベースが2つ聴こえる。『これはなんだろう？』と思って。いろいろな病院に行ったけど、『聴覚神経がなぎ倒されたようなので、復活は難しいですよ』と言われて、かなり落ち込んだ。でも、東芝EMIに行ってアルバムを作ることが決まっちゃったわけだ。これはストレスだよね」

しかも『最後の晩餐』では、鈴木慶一が全曲のボーカルを担当することも決まった。

「東芝で大々的に売り出そうというときのアルバムで、不幸にもそういうことになってしまった。ただ、難聴のことは東芝の人にも言えないし、周りにも言えないよね。それで、NHKホールでライヴをやって（1991年5月24日）、昔の友人がいっぱい見に来た。『おかしい、なんで慶一はあんなに歌が下手になったんだ？』という人がいっぱいいたんだよ。気づかれるところには気づかれる」

実は、その難聴は現在に至るまで治っていない。難聴のまま30年以上、音楽活動を続けてきたことになる。

「音楽を始めて50年ちょっとだけど、調子が良かったのは、前半の20年で、残りの30年は難聴なんだよ。宅録で、ヘッドホンで聴いて確認している場合はわかるよ。でも、ライヴではそうもいかない。ライヴにおいては、リアルタイムで物事が進んでいくから、試行錯誤をして今に至っている」

　近年は、独自のモニターシステムまで開発した。

「自分自身のボーカルは、普通に聴いていると、他の音に干渉されて聴こえてこないときがあるから歪ませる。ボーカルにディストーションをかけるんだよ。バグルスの『ラジオ・スターの悲劇』やビートルズの『Tomorrow Never Knows』のような、ラジオから聴こえてくるような音にすると聴こえるの。そのために、自分の声をマイクからエフェクターに突っ込んで、それを自分に返す。マイクはパラレルにしておいて、ダイレクトの音はPAのほうにつないで、私が聴いているのは本当に歪んだ音。足元のモニタースピーカーの低音を必ず全部カットしてもらって、高音しか出ないようにしてもらう。普通は歌というのは、ベースの低音によって音程を決めるんだけど、そこが邪魔なんだ。でも、それに気づいたのは4、5年ぐらい前だよ」

　音を聴くために、ステージ上での立ち位置や、イヤホンの状態も意識している。

「片耳は完全に自分の声しか返っていないわけで、もう片耳だけで演奏を聴いているわけじゃん。容量がいっぱいになっちゃうんだよね。そうすると、音程が取りにくいんだよ。イヤホンをつっこんだり、耳が非常に疲れるので、自分が歌わないときはちょっと外したり。でも、外すとマイクにイヤホンの音が入っちゃって、ハウリングを起こす。そのときはマイクからちょっと離れるとか、いろいろステージ上は考えながらやっている。耳は30年ぐらいそうだから。90年代、2000年代のライヴは危ういものもあるよ。自分の中ではすごく不満が残るんだけど、まぁ仕方がないなと。折り合いをつけてやっていくしかないんじゃないかな。脳が慣れるんだ」

『最後の晩餐』の時代背景としては冷戦終了、湾岸戦争があり、機材面ではオーディオフレームが多用された。「これまでムーンライダーズは非常に社会主義的なレコードの作り方をしてきた」「市場経済の導入」と発言し、60曲のデモが用意されるなど、エネルギーが有り余っていたように見える。

「それは東芝が気合いを相当入れてくれたので、それに応えなきゃという気持ちもあったね。『最後の晩餐』は多様性があるよね。休んでいたぶん、大量に曲が集まっている。新たなコンピュータのオーディオフレームで打ち込みをやると、非常にクリアな音で面白いものになるんだよね。かき集めた曲のデモをみんなで聴いてそこから選んでいく。東芝のディレクターの平田(雅和)さんと綿密な連携をとって作っていったアルバムだね」

個人主義的なレコーディングもしてきたムーンライダーズが、『最後の晩餐』の制作時には真逆のルールを作った。

「久々に作るので、すべての時間、メンバーは全員集まろうと。録音の時間に、『今日は行かないよ』とは言わないで、何もすることがない人も集まっていようと。暇な人はゲームをやったりして。ブースが2つあって、一つのブースに楽器を全部並べて、そこでイカ天ごっこをする。もう一つのブースでは、作曲者とプログラマーが2人でみっちりオーディオフレームで打ち込んでいる。その間、暇なんだよ。できた曲のアレンジをちょっと考えようと、生で演奏する。そのアイデアをそのまま打ち込んでいるところに持ち込んで、『こんな感じでどうかな』とやりとりしていた。だから、フィジカルなところと、メタフィジカルなところがスタジオで同時に存在していたわけだ」

ミックスはイタリアのミラノで行い、ムーンライダーズからは鈴木慶一と白井良明が現地に赴いた。

「『犬の帰宅』はミラノで歌を録った。スタジオが巨大だったので、マイクを離して、近いマイクと遠いマイクで録れたんだよね。当時ハウスブームでしょ？　低音がものすごく出てるんだよね。それを出したいということで、デジタルで録っているんだけど、アナログの24チャンネルのテープレコーダーがあったので、それにドラムとベースを何回もダビングして、劣化させると低音が出てくる。それをアンディ・パートリッジに聴かせたら、『なんだ、この低音は、どうやって作ったんだ？』と。たしかにすごい低音ができたと思う。難聴で低音が苦手なのにね（笑）。聴こえないからでかくなる。自虐の極みみたいな感じだよ」

40代にして初の公式ソロアルバム『SUZUKI白書』

1991年11月27日には、遂に鈴木慶一の公式ソロアルバム『SUZUKI白書』が発売された。

デヴィッド・モーション、トニー・マーティン（ヒプノトーン）、マシュー・フィッシャー（プロコル・ハルム）、アンディ・ファルコナー、ドクター・アレックス・パターソン（ジ・オーブ）という5人のプロデューサーを迎え、さらに台湾の阿美族と現地で録音も行った。

「気に入っているのは、やっぱりジ・オーブのリミックスだな。『こんなことになるのか』と。もちろん、マシュー・フィッシャーと一緒にやったのもすごく良かったけど、突出しているのはジ・オーブだな。個人のアルバムで初めてプロデュースを他の人に任せたわけだから、完全に納得がいったかはちょっと微妙だな。だから再発をずっと拒んでいた」

『SUZUKI白書』では、「LEFT BANK（左岸）」でのデヴィッド・ベッドフォードによるストリングス、「白と黒」でのマシュー・フィッシャーによるオルガンも鈴木慶一のお気に入りだ。一方で、鈴木慶一が微妙だと感じる楽曲も複数あり、それが2013年まで再発されない要因となった。

「『GOD SAVE THE MEN やさしい骨のない男』は、トニー・マーティンの手でコードが全然変わっているから、メロディが合わないんで変えたんだよ。最新のサウンドを作ることがメインであって、歌のメロディとか、歌詞があまり関係ないんだよ。デモだと複雑なコード進行だったんだけど、スリーコードぐらいになっちゃって。『これじゃメロディが合わないよ』とは言ったけど、直してくれとは言わなかったね。それはPANTA & HALをプロデュースしたときに、『プロデューサーに任せきるべきだ』とPANTAが言っていたのを思い出したの。サウンドは素晴らしかったんだよね。ただ、曲として変更しなきゃいけないところが出てきたから、ちょっと納得がいかないところもあったね。あと、『サラダボウルの中の二人』も、デモとはサビが変わっちゃったし。デヴィッド・モーションがサビを作った。それはそれで、すごくユーロな感じがして良かったけどね」

ロンドン録音に先立って、まず台湾で録音を行い、その音源をもとに東京で制作を行った。

「東京と台湾で作った音をロンドンで提示して、『半分ぐらいはこういうサウンドなんだよ』というのを見せて、残りの曲を1曲ずつプロデューサーにお願いした。台湾で作って、東京でブラッシュアップした曲は良くできたなと思ったので、『これが私だよ』と提示すべきだと思ったんだよね」

台湾録音は、阿美族とのレコーディングがいったいどうなるのか、現地に行ってみないとわからない部分もあった。

「高砂族は12、13部族あるわけ。その中にハーモニーがある部族がいるぞと。それで、ハンマーのスタッフが斥候として行くわけ。それでハーモニーはあったのか聞いたら、『なかったようですよ』って。ハーモニーがある部族は山の中らしくて、当時は山岳地帯の高砂族に会いに行くには、台湾政府の許可が必要だった。阿美族という人たちは、観光地で経済的に成り立っているので、仕事として受けてくれた。まずは東京で録ったリズムに、台北でギターならびに台湾の女性のコーラスを録った。そこから花蓮という台湾の真ん中らへんの場所に行く。そこに阿美族がいて、テンポのクリックを聴きながら、指揮をして、白井が小さい音でギターを弾いてピッチをとってもらって歌ってもらう。それを録音するんだけど、工事中の音が入っちゃったり、土砂降りの雨の音が入っちゃったりで、何度も失敗して、とても大変だった。みんな抜群にうまかったよ、女性は」

「GOD SAVE THE MAN（やさしい骨のない男）」「サラダボウルの中の二人」「白と黒」「LEFT BANK（左岸）」と、40代を迎えて生々しい歌詞が増えていることも『SUZUKI白書』の特徴だ。

「『これは離婚のことを歌ったんじゃないか』とか、いろいろ言う人はいるけど、すべて演じている。東芝の名案だ。でも、どこかに真意は登場するわけだよね。精神的にもけっこうまいっていたからね。難聴もあるし。東洋的な鍼、お灸、気功とか、いろいろなことをやっていた。気功ができるようになると、自分の底の底から湧いてくる泡みたいなものを感じとるようになるんだよ。ジョージ・ハリスンみたいだね。特に『月にハートを返してもらいに』の歌詞はそうだね。井戸の底だと思って、蓋を開けたら、まだ井戸だったということも含めてね」

鈴木慶一と90年代前半の雑誌／テレビ

1991年には、雑誌『FAKE#1』の「フリッパーズ・ギターに関するアンケート」に鈴木慶一が回答。「もっとオレの悪口を言ってくれ。ライフ・ワークにしてくれ。そうすれば、するほど私とは、何かが、うかびあがる。ありがたい事だ。」と書いている。ムーンライダーズみたいにはなりたくない、と言われたことを踏まえての言葉だ。

「ムーンライダーズ・オフィスがノア渋谷ビルを出た後、そこにはハンマーのスタジオがあって、ZESTというレコード屋があって、フリッパーズ・ギターの2人は、そのレコード店に入り浸っていた。渋谷系の基盤となった雑誌『BARFOUT!』もハンマーの部屋に入っていた。だから、意外とすごく近いところにいる。言ってみれば、はちみつぱいの頃から我々は渋谷系だろうね」

フリッパーズ・ギターの解散時には鈴木慶一はそれを惜しんでおり、小沢健二の「愛し愛されて生きるのさ」の歌詞については「『いとしのエリー』を引用して歌ってること以外は、実は意味をなしてない」と分析までしていた。実は一目置いていたことがうかがえる。

「小生意気な若者こそ気になるね（笑）。イギリスでパンクやニュー・ウェイヴが出てきて、オールド・ウェイヴを馬鹿にすることになってくるじゃない？　日本でも10年遅れで、そういうことが出てきたんじゃないかな。そんなに摩擦はなかったと思うんだ。ただ、雑誌社も、そういう対立構造を作るのを狙っていたのかもね」

1992年4月からは、フジテレビ『アルファベット2/3』に出演。初のテレビドラマ出演となった。

「監督の高城剛から依頼があったんだ。その前に高城から、ニコルのファッションショーの音楽を担当してくれと頼まれて選曲をした。『アルファベット2/3』は、加藤賢崇と鮎川（誠）さんが2人で、毎日家に来て、何か恐喝して帰っていく（笑）。しかも、パリで人肉を食った佐川（一政）くんも出ているんだよ。高城も初めてのテレビドラマだったと思うんだ。その辺のノウハウがあるのかわからないままテレビ局も頼んだので、すごく時間がかかるの。撮影の終了が32時（午前8時）とか」

テレビ仕事はさらに続く。1992年4月23日には『笑っていいとも！』のコーナー「テレフォンショッキング」に2度目の出演をしている。鈴木慶一を紹介した原田貴和子とは原田知世の姉として知り合い、鈴木慶一は高野寛を紹介した。1993年4月から9月にかけては、テレビ東京『モグラネグラ』で鈴木杏樹とともに司会を担当する。かつてのテレビ嫌いの鈴木慶一が嘘のようだ。

「これはどうしたんだろうね（笑）。まぁ、依頼があったということでやってみようかなと。『夜のヒットスタジオ』みたいな音楽番組じゃないから楽しいんだけど、『テレビの人はテレビの人だな』という実感はあったな。特に『モグラネグラ』。毎回毎回テーマが決まっていて、ゲストを呼んで、しゃべったりするわけだけど、ロウガンズというバンドを作ろうということになった。ボ・ガンボスのどんと、私、泉谷しげる、高田渡さん。心の中で、トラヴェリング・ウィルベリーズみたいなものをやってみたいなというのがあったんだよ。ロウガンズというのは1回だけ池袋の駅前でライヴをやるんだよね。そのリハーサルのときに、泉谷が渡ちゃんに

『寝るんじゃないよ』と言ったら、渡ちゃんが急に怒り出して『帰るわ』って。私が『泉谷、頼むよ、あまりいじらないでくれよ』と言ったり、人事課長みたいになってきた。あの頃、泉谷は奥尻島地震のチャリティとかをいっぱいやっていたのかな。気を利かせたのか、頼まれてもないのにテレビ東京が『奥尻島救援』みたいな垂れ幕を立てちゃったんだよね。現場に来た泉谷が、それを見てスタッフ全員に殴りかかったの（笑）。『奥尻島は大事なものなんだ、『モグラネグラ』とは関係ない』と。私は『泉谷、暴れるな』って（笑）。私は司会だから心配でしょうがなくて、脂汗をかいた。あとで泉谷に夜中に電話をして『あんなの一発殴ればいいじゃん』と言ったんだけど、『誰も止めないからだよ』って。その頃、泉谷とけっこう飲み歩いてたんだよね。うまくいけばレコーディングも、という心づもりはあったけど、うまくいかないなって。YouTubeに曲が上がっている『ナイナイナイ』は、私が書き下ろした曲だね」

『A.O.R.』と大滝詠一が残した言葉

1992年8月21日には、鈴木慶一がプロデュースした原田知世の『GARDEN』が発売された。この後、1994年の『カコ』、1995年の『Egg Shell』と、コラボレーションを続けていく。

「まず、知世さんが曲も歌うCMに出演するので、その曲を作った。それを知世さんが気に入って、『この人と一緒にやったら面白いものが生まれるんじゃないか』と思ったようで、プロデュースをしてくださいと依頼された。ハンマーのスタジオで、2人でずっと作るわけ。スタジオで曲ができたら、この音色が好きとか嫌いかとか言って、まずデモを作った。知世さんは必ずスタジオにいるし、そこまで音楽に深く関わるというのがとても興味深かったようで、それが面白かったんだろうね。自分でも曲を作るということで、フロッピーディスクでやりとりをしていたね。知世さんが打ち込んだデータをもらって、それをアレンジする。フロッピーディスクを郵送したり、手渡ししたり」

1992年9月30日には、ムーンライダーズの『A.O.R.』が発売される。岡田徹と白井良明がアレンジを担当し、鈴木慶一はスタジオに10日程度しか行っていないアルバムだ。

「『最後の晩餐』は全員集まって、常にいるという感じだったんだけど、効率は悪いわけだよね(笑)。手間がかかったし、予算もかかった。東芝としてはもうちょっとすんなりいってほしかったわけだ。いわば超民主的な状態だったわけだ。『A.O.R.』はその逆で、2人にすべてを任せることになった。岡田くんも白井も、プロデューサーとかアレンジャーとか、すごく忙しく仕事をしていたよね。ノリに乗っていたんだ。白井はどんどんハウスとか取り入れているし。だから、そういう人に依頼してしまおうと。これはけっこうつらかったと言えばつらかった。スタジオに行かなくていいんだもん。できている音は届くけどね。作った曲もコードが変わっていっちゃうけど、それは『SUZUKI白書』で体験したことだから、慣れている。2人に任せたんだから、2人で全部作ってもらおうということだね。日々つまんないけど、歌詞は作らなきゃいけないの。ほとんどスタジオに行かないで、散歩ばかりしていた。散歩すると、歌詞ができるんだな。イヤホンで音を聴いて、思いついたらすぐ紙に書いて」

『A.O.R.』の制作中には、当時の皇太子、現在の今上天皇がスタジオを訪問する珍事も起きている。

「ミックスで岡田くんだけいたんだ。皇太子がヴィオラをひいて、楽団をやっていたんだな。それで東芝のスタジオ・テラにミックスかマスタリングに来ると。前の日から厳戒態勢で、当日に来る人の名前や車は全部書いて提出しなきゃいけなかった。その頃、忌野清志郎さんも隣のスタジオに入ってたんだけど、清志郎さんはダメで中止させられた。名字のせいかなあ（笑）。ムーンライダーズしかいなくて、『この人たちなら大丈夫じゃないか』と思われたのは、ちょっと嫌な感じがしたけど」

スタジオには「ダイナマイトとクールガイ」が流れており、〈君のスカートの下で／秋風が舞ってる〉という歌詞のところで皇太子は退出していった。

「2分でね（笑）。当初5分の予定だった。スタジオの人が『ここがマルチトラックでこうなっておりまして、ちょっとかけてみましょう』と説明して、かけたところがそこだったんだよね（笑）。『どうぞそのままお続けください』と言ったらしいんだよ。それが流行ってね。その後には何かと『どうぞそのままお続けください』とみんなで言っていた（笑）」

東芝ＥＭＩ時代の終盤には、ムーンライダーズでもう１枚リリースするという計画もあり、なんと大滝詠一に打診をしている。

「プロデュースの相談だよ。『A.O.R.』を作った後に、東芝でもう１枚作る予定があって、いろいろなプロデューサーに会いに行った。大滝さんには私が電話をした。３時間しゃべられたね。まず『女性ボーカルを入れて、そのバックをやって、それからアルバムを出したらいいよ』って、けっこう無理難題を言われた。和田弘とマヒナスターズやペドロ＆カプリシャスは、女性ボーカルが入ってどんどん変わっていくじゃない？ メンバーじゃない人がいたりする。それをやれと言われて、『ちょっとみんなと相談します』と言ったんだけど、みんなが『それは無理だろう』って。また電話をしたら、笑いながら『どれぐらいやる気があるか試したんだよ。それでもやるというんだったら、やる気があるんだろうな。じゃあ、今回はなかったことにしようか』と」

大滝詠一のプロデュースこそなくなったが、そのとき大滝詠一は重要な言葉を鈴木慶一に残した。２００６年の『ムーンライダーズの30年』のインタビューでも、「鈴木慶一あるいはムーンライダーズに関してはまだまだ未来がある」と断言している大滝詠一ならではの言葉だ。

「『おまえら、70を超えてまだやっていたらいけるぞ、きっと』って。今だよね。予言者だよね。『みんなと相談した結果、大滝さんのアイデアはできませんということになりました』という話を３時間ぐらいした。大滝さんはファンハウス時代にもう一回話が出てくるんだけど」

この時期、鈴木慶一は他の意外なプロデューサーにも会っている。長戸大幸らとともにビーイングを設立した月光恵亮だ。

「奇しくも『月光』だよ。タイアップに強い。月光さんは、600曲ぐらい書いてこいって。それも『できません』とお断りして。そして、東芝を辞めてしまうわけだね。だから、東芝の思惑とバンドの感覚が合わなかった」

東芝EMIからは、ムーンライダーズの『最後の晩餐』『A.O.R.』のほか、鈴木慶一の『SUZUKI白書』、かしぶち哲郎の『Fin〜めぐり逢い〜』といったソロアルバムもリリースされた。1992年のかしぶち哲郎によるテレビドラマのサウンドトラック『さよならをもう一度』を含めれば5作。1993年の『Fin〜めぐり逢い〜』についてはこんなエピソードがある。

「ミッシェル・ルグランと一緒にやったアルバムでしょ? 予算が300万円ぐらいオーバーして、かしぶちくんが自分で出したんだよね(笑)」

こうしてムーンライダーズは、またレコード会社との契約がない状態に戻る。

「上村から言われて、レコード会社との相談にメンバーだけで行くことになったの。メンバーだけで行くと、相手もびっくりするよね。3、4社に行ったかな。その中にファンハウスがあって、社長が『メンバーのみなさんだけで来られるとは思ってもみませんでした!』と。こちら側も話し方がわからないじゃない? 『アルバムを出したいんです』としか言えないでしょ? そうやっていくうちに、何か月か後にファンハウスから『うちでぜひやっていただけないでしょうか』って連絡が来たんだね。そのディレクター、松本篤彦さんがムーンライダーズのファンだった」

1993年5月25日には、鈴木慶一がプロデュースをした高田渡の『渡』が発売される。約20年の付き合いで初めてのプロデュースだった。

「まず、渡ちゃんの家に行って、新しい曲がどれぐらいあるのかとか、いろいろ話をしたんだけど、だんだんあの人は酔っ払ってきて、『プロデュースをしたいんだ』ということがなかなか伝わらなかった。明け方まで飲んでいて、最後に急に怒り出して。『テーブルを片付けろ!』と言って暴れそうになったけど、『でもやりましょう』っていうことになった。帰り際に、お尻を蹴られたけどね(笑)。あの録音は、本当に猛獣使いのようなものだったよ。でかい缶ビールを飲まないとやらないと言うし、3缶飲むと寝ちゃうんだよ。スタジオには次のミュージシャンが来ちゃうので、歌がないまま録音だけはしていくとか。午後一番でピアノの渋谷毅さんが来たときは、2人で飲み出しちゃって、8時間後ぐらいに渋谷毅さんがやっと弾いてくれたけど、大変なレコーディングだった(笑)」

1993年11月13日には、鈴木慶一の『THE LOST SUZUKI TAPES』が発売される。元ネタはもちろんジョン・レノンのブートレグ『THE LOST LENNON TAPES』だ。しかし、全曲が蔵出しと見せて、1曲だけそうではない楽曲もある。

「『ア・イ』ってやつね。知世さんの『GARDEN』の『ノア』に発展した部分はあったんだけど、デモは本当に断片だけだったので、それを別の曲にしちゃおうと思って。こっそり1曲だけ新録が入っていて、黙っているのもいいかなと思って（笑）。他の曲は80年代に湾岸スタジオで録音していたデモだね」

この1993年には、初のソロライヴも開催されている。1970年代から、20年以上活動してようやくソロライヴなのだ。

「ソロライヴをする必要があまり感じられなかった。日清パワーステーションは、定期的に出演するようになって、1万円ライヴ（1991年4月11日）に始まり、アンプラグドでやったり、いろいろな企画があって、その中でソロの曲を多くやる日もあったんだ。ソロ名義の曲が増えたということだろうね」

なお、1993年にはサッカーをはじめたところ骨折してしまい、音楽活動にも影響が出た。

「PANTAとのP.K.O（Panta Keiichi Organization）とか、渡ちゃんが出るライヴとか、いっぱいあったので、松葉杖で出ていたよ」

ムーンライダーズ・オフィスを巡る借金問題

1993年、ムーンライダーズの歴史において極めて重大な事件が起きる。ムーンライダーズ・オフィスの借金問題だ。いや、真に重大なのは、にわかには信じがたい金額をメンバー全員が背負わされたことだ。

「経済的に行き詰まっていたんだと思うんだ。『ムーンライダーズのマネジメントはするが、個人のマネジメントはしないから、みんなどこかの事務所に入るか、個人でやってくれ』ということになった。そのときに、『今1億6000万円の借金がある。これを返さないといけないので、1人1600万円の借金を負ってくれ』と言われた。ムーンライダーズ・オフィスのシステムとして、収入の40%は会社に入れて、60%をもらうということでやってきた。ということは、10で割れるわけじゃない？　6人で60%、残りの40%は事務所が払うからと。その1600万円を払うか払わないかというので、都ホテルに毎週我々6人が集まっていた（笑）。この頃は、6人でレコード会社に交渉しに行くとか、借金をどうするかとか、音楽だけやってればいいという状況じゃなかったんだよね」

前述のように、ムーンライダーズ・オフィスは、メンバーがひとり20万円を出資する形で設立されたため、鈴木慶一も「一応、我々はみなし重役みたいなことだから、監査不足ということを言われてもしょうがないね」と語る。後から加入した白井良明も、ムーンライダーズ・オフィスの株を買わされたと後年に証言している。しかし、ムーンライダーズ・オフィスには、なぜ1億6000万円もの巨額の借金ができたのか。

「最初に会社ができたときは、ロフトの事務所の机を1つ借りて2人ぐらいでやっていたけど、だんだんでかくなってきた。そして、ハンマーができて、プログラマーや楽器レンタルですごく儲かるわけだよね。それで、ロンドンに支店を作ろうとまでなってきた。家の中で走れる子供用の自動車も輸入しだした。しかし、どんどんダメになっていって、破綻していくんだよ。会社の宿命として、でかくしていかなきゃいけない。バブルの時代と見事に絡み合っているんだね。銀行は銀行で、金を借りてくださいと毎日のように来る。そこから借りていたと思うんだ。それで、バブルがはじけそうになったときに、やはり借金が残ってしまったんだな」

その結果、メンバー1人あたり1600万円、6人で総額9600万円と、バンドは1億円近い負債を背負わされた。

「払ったよ。払うか払わないか、6人で無記名投票をしたんだ。すると、3対3に割れた。これはどうするかなというときに、やはり影のリーダーである岡田くんの『ここは払っといたほうがいいと思うよ』という一言で、『しょうがないか、払うか』ということで、覚書を交わしてしまった。その7年後ぐらいにちゃんと弁護士を雇って交渉するけどね。弁護士に『なんですぐに相談しなかったんですか？　なんで自分たちで決めちゃったんですか？』と言われたけど。これは岡田くんが悪いんじゃないんだけど、『ここは流れとして払うべきなんじゃないだろうか』ということだった。それに対して、ものすごく反感を持っている人もいたよ。『なんで払わなきゃいけないんだ、ちゃんと自分の収入から40%を今までずっと渡しているのに』って。ただ、会社経営のことはよくわからなかったからね。それで結局、覚書を交わしてしまった。私は『MOTHER』の印税がまだ未払いで、そのうち入ってきたので、けっこう早く1600

万円を払い終わっちゃったの」

とはいえ、鈴木慶一は連帯保証人にまでさせられている。

「2000年ぐらいまでに全部支払えるようにしたけど、人によって月々払う額が違うわけだ。私は早く終わったんだけど、ある人は月30万円、ある人は月10万円とか。あるときに、上村が委託した書類にサインを求められたことがあった。いわゆる連帯保証人。メンバーの誰々の月々の支払いが遅れたときは私が払うというような連帯保証人の書類にサインをしろと言われて、サインしちゃったんだよね。連帯保証人だから、支払いがないとFAXが来るんだよ。ムーンライダーズ・オフィスとの関係はファンハウス時代も続くんだけど、かなり印象が悪くなる」

1990年代、借金問題でバンドとの間に亀裂が入りながらも、ムーンライダーズ・オフィスは存続した。

「誰がムーンライダーズのマネジメントをするんだということになるわけだよね。2000年に弁護士に相談して、上村と完全に縁を切って、『ムーンライダーズ・オフィスという名前を使わないでくれ』と言ってからは、エガリテという事務所に入って、そこにいられなくなり、その後にmoonriders recordsを作って、野田（美佐子）さんのマネジメントになるわけだよね。それまでの93年から2000年までの約7年間、なぜかムーンライダーズのマネジメントは、ムーンライダーズ・オフィスがしていた。上村とは『こいつと顔を合わせたくないよ』と思うじゃない？　そうもいかなかったんだな。長い付き合いもあったし、『マニア・マニエラ』というタイトルを出してきたのも上村だったりするし、いろいろな面でブライアン・エプスタイン的なところがあった」

ところが90年代後半、上村律夫は姿を消し、現在に至るまで行方がわからなくなる。

「消えちゃったので、そのとき社員だった人が代わりにマネジメントするわけ。消えるときに、すべての出版権はフジパシフィックに引き取ってもらった。でも、スタジオ代とかいっぱい未払いがあったようで、私たちは何か言われても、『知らないです、事務所の責任です』と。すごく暗い気持ちだね」

事務所の社長は行方不明になり、借金は残った。よくムーンライダーズは解散しなかったものだ。

「3対3の状況に置かれたときに、大揉めしていたら解散していたかもしれない。みんなムーンライダーズをやりたい気持ちがまだあったんじゃないかな。だって、90年代はレコード会社も決まって、『私にやらせてください』と手を挙げる人がまだいた。最初に東芝じゃん？ それで、ファンハウス、キューンソニーだよね。そういう人たちがいるなかで解散は考えなかったね。今考えると、我々がなんとか持ちこたえたのは、94年に野田さんが私の個人マネージャーになったおかげだと思うな」

弁護士の力を借り、雲隠れしていた上村律夫と再び対面することには成功するが、覚書は法的効力を持ち続けてしまった。

「2000年ぐらいに弁護士に相談して、『本人をあぶり出しましょう』ということになった。そのために、今いる現場のマネージャーを、とにかく怒鳴り散らせと。そうしたら絶対にその裏にいる上村は出てくるという作戦で、6人＋マネージャー1人のとき、テープレコーダーを回して録音しておいた。私はテーブルを叩く。そしたら、全員で怒鳴る。演技しなきゃいけない。『おまえ、全部筒抜けなんだよ、この金を使っているのはなんだ⁉』と。さすが弁護士の計画、案の定、上村が出てきたね。そこからは弁護士と上村との話し合いだよね。振り込み先が誰かもわからないところに、みんな振り込んでいるわけで、弁護士いわく『その振込先の名前を確実に公開しなさい。あとは、ムーンライダーズ・オフィスという名前を変えなさい』と。それまでに払ったお金はどうなるのか？　問題は覚書があることだったんだよ。弁護士に命令されて、ムーンライダーズ・オフィスの経理をやっていた会社に行って、5年間分の経理のコピーをもらって来いと言われたんだ。普通はもらえないんだけど、その経理さんは私もよく知っていたから、快くコピーをくれた。それを弁護士に渡したら、使途不明金がたくさんあると。でも、獲得できたのは、ムーンライダーズ・オフィスという名前をなくすことと、振り込み先が誰かということが確定したこと。お金は返し続けなきゃいけなかった」

ムーンライダーズは多くのレコード会社を渡り歩いてきたが、そこからどこかへ漏れ出している金が現在もまだあるのだともいう。

「ムーンライダーズ・オフィスの口座が最近でもまだあるようなんだよ。レコード会社というのはアーティスト契約のお金、アーティスト印税やプロモーション印税を事務所に払う。それがいまだに払われているみたいなんだ。それは、レコード会社一社一社の法務部と話し合わなければならない。変更するにあたっては、振込先の相手の会社の社印が必要なんだよ。でも、レコード会社各社いろいろあるじゃない？　相変わらず、わけのわからない振込先に振り込まれているみたいだよ。我々は著作権だけなんだよ。でも、会社がなくなったら、それも本来は我々に来るべきお金なんだよね。それが、レコード会社がどこかに送っている。そんなに莫大なお金ではないんだろうけど、10何年、20年も貯まればね。それは知らなかったからな。それを一個一個、潰していこうという話になったんだけど、今のところは1社だけだね。そういう苦悩を抱えた90年代なんだよね。だから、ファンハウスボックス（『moonriders「FUN HOUSE years」BOX』）を聴くと、けっこう苦悩に満ちていると思う（笑）。２００8年の『ヘイト船長とラヴ航海士』に入っている『Sukanpin Again』という曲はそういうことの歌詞だからね。もう一つ言っておこう。重役の青野うん坊も資本金は出したが戻ってこない。そんな状況だった」

こうした経験をしてきた鈴木慶一だからこそ、若いミュージシャンへのアドバイスには重みがある。

「契約書は気をつけろ。我々もあまり見ないし、杜撰だったよね。覚書にも効力があるので、サインには気をつけろ。あと、連帯保証人にはなるな。弁護士にも相談したほうが良い。野心を持ちすぎた人と組むな、というのも大事だね。でも、音楽業界というのは、お金の問題で失脚したとするじゃない？　破産したとするよね？　3年ぐらいすると戻ってこれるんだよね。それは日常茶飯事なの。格言のように言われているんだ、倒産しても3年すれば戻ってこれるって（笑）」

兄弟ユニットTHE SUZUKI〜『MOTHER2 ギーグの逆襲』

1994年4月1日には、THE SUZUKIの『meets GREAT SKIFFLE AUTREY』が発売される。THE SUZUKIとは、鈴木慶一と鈴木博文による兄弟ユニット。鈴木兄弟の湾岸での過去の記憶を描きはじめた。

「ほんとに小さい社会ね。家の周りのことばかり。そういうことをやりたくなるのは、40代になると同窓会が増えるのと同じだよね（笑）。そうすると過去を思い出すの。そういうこともあって過去に回帰したということはあったと思う」

湾岸スタジオでのレコーディングには膨大な時間が費やされた。しかし、兄弟喧嘩になることはなかった。

「喧嘩にはならないけど、摩擦はちょっとはある。長男、次男の宿命みたいなものがあるからね」

この時期は、東芝EMI時代にセールスを強く意識していたことの反動が出はじめていた。

1992年以降、メトロトロン・レコードからリリースされた『INTERNATIONAL AVANT-GARDE CONFERENCE』シリーズもそこに含まれる。「国際アヴァンギャルド会議」を謳った作品群だ。

「反動として、THE SUZUKIのような非常にプライベートなものや、国際アヴァンギャルド会議みたいなものを作っていこうとした。90年代の当初に音楽界の人が口癖のように言っていたのは『アートは後だ、商売だ』と。その反動もあるよね」

1994年5月18日には、SUZUKI K1 >> 7.5cc名義の『Satellite Serenade』がイギリスで発売された。『SUZUKI白書』に収録されていた「SATELLITE SERENADE REMIX」と同様に、ジ・オーブなどによる「月にハートを返してもらいに」のリミックスを収録したアンビエント・テクノ色の強いEPだ。

「イギリスで出て、それがニューヨークにも飛び火した。NMEのインディー・チャートで8位まで行った。当時はあまり反響は感じなかったけど、21世紀に入って映画音楽をやっていると、『MOTHER』やジ・オーブとやったこと、THE BEATNIKSの1枚目（『EXITENTIALISM 出口主義』）が海外でクローズアップされるね」

海外でも聴かれてきた『MOTHER』の第2作として、1994年11月2日には『MOTHER2 ギーグの逆襲』が発売される。しかし、ここでは歌モノではなくなった。

「ゲームのハードが進化して、サンプリングができるようになったので、ステレオにもなるし、非常にサウンドが膨らんだね。だから、まずは音色を持っていって、『この音色を使おう』ということから始める。普通のレコーディングと同じようなスタイルがとれた。このときは、東京糸井重里事務所がファクトリーのようになって、そこの1部屋で3、4人のプログラマーと作曲家で作業をして、曲ができたらカセットに録って渡す。ちょっと漫画家のやり方みたいになってくるよね。最初の『MOTHER』は、本当にメディアミックス。『MOTHER2 ギーグの逆襲』になると、よりゲームに特化している感じだね。ゲーム機が進歩したので、容量も増えて、それに対応できる良い音、良いグラフィックになって、それで完結しちゃうということだね。しかも、『MOTHER2 ギーグの逆襲』の最後のほうには、田中さんがコンピュータを改造して、私がデジタルパフォーマーというソフトで打ち込んだデータを、そのまま読み込めるようにしてくれた。だから、作業がレコーディングという感じになる」

移籍を繰り返してもつきまとう『マニア・マニエラ』の亡霊

1995年3月1日には、ファンハウス移籍第1弾となる『B.Y.G. High School B1』が発売された。初のカバーアルバムは、レコード会社からのリクエストによるものだが、選曲には紆余曲折があった。

「カバーしてもらいたい曲のリストがあって、『真赤な太陽』とか入っていたりしてね(笑)。

ファンハウスから来た100曲にわたるカバーリストを1曲もやってない(笑)」

結果的に『B.Y.G. High School B1』は、鈴木慶一が編曲した「一人ぼっちの二人」が汎アジア路線であるなど、あまりにもムーンライダーズらしいサウンドになった。

「カバーで一般性を追求したかったんだろうね。ところが一般的でないオルタナなサウンドだらけじゃない？　ファンハウスボックスのマスタリングがあって、さんざん聴いたけど、『これじゃレコード会社も困るだろうな』と思ったよ(笑)。レコード会社は、『ヒット曲がないんだったらうちで出したい』という熱意を持ってくれていたんだよね。東芝EMIもそうだし、ファンハウスもそうだし、その後のキューンソニーもそうだし、みんなそうなの。ありがたいことなんだけど、『こういうものを作ってほしい』というものと違うものを作っちゃうんだよね。そのときにやりたいことをやりきるという姿勢で、やってきちゃったということだね。ファンハウス時代はCMのタイアップもやたら多かったんだけどね。『期待を持っていただいてありがとうございます』とお礼を言いながら、やりたいことをやってしまう(笑)。だから、言ってみれば、『マニア・マニエラ』の亡霊がつきまとうの」

『B.Y.G. High School B1』からは、サウンドに生演奏の比率も増えていく。

「かしぶちくんが全然ドラムを叩いていない『A.O.R.』の反動みたいなものだね。『LOVE ME TONIGHT』のクレジットに『編曲：アートポート』と記されていたりする。それは白井が『かしぶちくん、今いいんだよ。だから、打ち込みをやめて生でやろう』と言うからで、打ち込みで作るサウンドと共存するようになる」

ファンハウス移籍以降は、メンバー同士で忌憚のない意見交換が行われるようになった。

「それまではいい加減にやってたよね（笑）。揉めるときもあったけど、そんなに深刻ではない。あまりまっすぐものを言う人たちがいるバンドではないので。たぶんムーンライダーズ・オフィスがあって、上村とかには不平不満が行っていたと思うんだよ。そういうガス抜きの場所がなくなったので、直接言わないといけない」

なお、ファンハウス移籍後に再び大滝詠一にプロデュースを打診したものの実現していない。

「『B.Y.G. High School B1』じゃないタイミングで大滝さんにプロデューサーを頼んだらしいんだよね。断られたんだけど、『本当はやりたかったんだけど、忙しくて断って申し訳なかった』と丁寧な謝罪文がディレクターのところに来たと。だから、2回チャンスを逃したんだよね」

１９９５年3月18日には、池袋ＨＭＶで「武道館行きます」記者会見を行い、１９９６年末に武道館公演を開催すると宣言している。

「何かひとつ掲げましょうということで、『じゃあ、武道館かな』って。半分冗談だけど、実現したら最高だねっていう感じだね。『キャッチフレーズとしてはいいんじゃない？』って。90年代の音楽雑誌はいろいろ煽るからね」

１９９５年6月25日に発売されたムーンライダーズの『Le Café de la Plage』では、セルフカバーを行った。ただし、ミキサーにピーター・〝マッシュ〟モーガン、タイレルを迎えた、レゲエ・アレンジによるセルフカバーだ。

「ミキサーの2人が相当いじっている。ピークの途中でボリュームが上がって、ひゅっと下がったりするんだよ。任せきっちゃったので、今チェックしたりすると、けっこうアラもあるんだよね。あと、日本語がわからないから、リミックスになると、変なところで日本語が切られていて、それがまた面白いなと思ったんだよね。なぜ、レゲエにしたかというと、一番やっていないことだったから。レゲエ的なことはやっていたけど、フルでレゲエのアルバムは出していない。セルフカバーでリアレンジするというアイデアを追求してみようとなった。そして、ミックスは任せてしまう。だから、松本さん1人でロンドンに行って、ミックスが終わって戻ってきて、すぐ聴かせてもらったけど、『なんだこれは!』とは思ったよ。だけど、これも面白いなって」

カバーのミニアルバムが2枚続いた後、1995年12月1日にはフルアルバム『ムーンライダーズの夜』が発売される。1人1曲プロデュースをし、他の曲では会議をするというシステムで制作された。武川雅寛が遭遇した全日空857便ハイジャック事件をはじめ、地下鉄サリン事件、阪神淡路大震災と大事件が続いた時代性を投影した、ムーンライダーズの中でも異色の作品だ。

「95年は事件が多いわけだよね。ハイジャックなんて忘れ去られているかもしれないけど、反応せざるを得なかった。90年代は戦争と暴力なんだよね。いみじくも『ナチュラル・ボーン・

キラーズ』を作った映画監督のオリバー・ストーンが、これからの映画は暴力だと言ったんだよね。90年代の頭には『ツイン・ピークス』があり、『羊たちの沈黙』があり、『ナチュラル・ボーン・キラーズ』があり、確実に暴力や人間の異常性が頭をもたげるわけ。ファンハウスの最初のオリジナルアルバムを作るにあたって、テーマは夜だと私が言ったんだよね。『なんで夜なんだ？』とみんな思ったと思うよ。1曲ずつだけど『アニマル・インデックス』的だよね。鈴木博文に『黒いシェパード』の歌詞が啓蒙主義的だと言われたけど（笑）、岡田くんのこの曲が核となるだろうと、デモを集めていたときから話していた」

鈴木慶一がハイジャックのニュースを目にしたのは、山形県に向かう電車の中だった。

「SUZUKI K1 >> 7.5cc用に、山形のじいさん、ばあさんの実家の周辺で、おばあさんを集めて御詠歌を録音しようと電車に乗っていた。その上をハイジャックされた飛行機が飛んでいったんだ。左沢線に乗っていると、電光ニュースに『ハイジャック』と出た。野田マネージャーの携帯電話が鳴って、武川が乗っているとわかって野田さんは号泣していたけど、とにかく親戚のおばさんが人を集めてくれたので、自分で録音しなきゃいけない。飛行機は着陸したけど、その夜はずっと着陸した飛行機をNHKが撮っていたね。野田さんは寝ないで見ていたけど、私はふと寝ちゃって、解放されたときに起きた。しかも、犯人はかしぶちくんが行っていた高校と同じだった。『この偶然はなんだろうな？』って」

鈴木慶一と岩井俊二、Piggy 6 Oh! Oh!

1995年には、岩井俊二監督『Love Letter』に出演。初の映画出演――かと思いきや、もっと先に撮影している作品が存在した。

「岩井俊二監督は、『PiCNiC』という映画が最初だよ。『PiCNiC』は撮ったのは94年だ、北野（武）監督が交通事故を起こした日に撮影だったから。『PiCNiC』が作品化されたのが96年か。岩井俊二監督との出会いは、同じく94年に酔っ払って家に帰ってきて、テレビをつけたら、フジテレビで不思議な映画をやっていたんだ。エンディングに曲がかかって、『火の玉ボーイ』に入っている『午後のレディ』じゃん、って終わってから気づいた。92年の作品の再放送だった。監督は誰だろうと思ったら、岩井俊二と出てきて、それが『夏至物語』。すごいなと思って、当時のマネージャーに『岩井俊二さんという人を調べて』と言っていたら、ご本人から出演依頼が来たんだよ。この偶然に、『もちろん出ますよ』と。そこから始まった」

90年代は、岩井俊二監督の『Love Letter』、『PiCNiC』、1996年の『スワロウテイル』と俳優業が続く。さらに1997年には、『Bizarre Music For You』収録の「ニットキャップマン」から生まれた短編映画『毛ぼうし』も岩井俊二が監督。同年12月17日に発売された、岩井俊二監督の『GHOST SOUP』のサウンドトラックに鈴木慶一も参加するなど、現在に至るまで親交が続く。

「最初の『PiCNiC』はけっこう出番が多くて、しかも気温が36、7度あって、牧師の格好なので、暑くて。しかも、古い教会で撮っているのでエアコンがないんだよ。だから、滝のような汗が流れたね。『Love Letter』では、なんと憧れの加賀まりこさんの旦那役だからね。加賀まりこさんを車の中に叩き込むシーンがあって、途中で私はセリフを間違えたので、『すいません』とやめちゃったの。そしたら、加賀まりこさんに『芝居を途中で止めちゃだめよ、間違っても続けないと』とすごく怒られた。そこは編集で抜く場合もあるからって」

1996年3月25日には、Piggy 6 Oh! Oh!の『DON'T LOOK BACK』が発売される。山本耀司、鈴木慶一、早川義夫、あがた森魚、PANTA、真城めぐみという、日本のトラヴェリング・ウィルベリーズによるアルバムだ。収録曲はドアーズ、ニール・ヤング、アニマルズ、ボブ・ディラン、ピーター・ポール&マリーといったアーティストのカバーが中心である。

「山本耀司さんの選曲も良かったと思うよ。耀司さんがボーカルなんだけど、みんなボーカリストを集めちゃったわけだから、それがまさにトラヴェリング・ウィルベリーズのごとく歌うという感じだね。『実現した！』という感じだったたな」

YouTubeには、早川義夫がはちみつぱいの「塀の上で」を歌うPiggy 6 Oh! Oh!のライヴ映像もある。

「いやぁ、感激した。だって早川義夫さんは、私が最初にレコーディングした斉藤哲夫さんのシングル（『されど私の人生』）のディレクターだもんね。早川義夫さんが90年代に復活するんだよね。

NHKに出るというので、見に行ったの。『ええ！ 本当⁉』って。そしたらバックを渡辺勝がやっていて、『またライバルがやってるよ』と思ったね。Piggy 6 Oh! Oh! の後、1997年に耀司さんの『HEM』のプロデュースもやるよね。耀司さんの家にバスケットボールができるぐらい広いところがあって、そこで録音した。山本耀司さんをプロデュースすると、ヴィム・ヴェンダースも聴くだろうし、いろいろ海外の人がいっぱい聴くんだろうなと思いながら作ったね」

ムーンライダーズ20周年 ファンハウス時代の音楽性の多様さ

1996年6月2日には、ムーンライダーズが日比谷野外大音楽堂で20周年コンサート「20TH ANNIVERSARY〜FULL MOON CONCERT」を開催。アルバムのA面1曲目を演奏していく企画「A1グランプリ」も行われた。その一方、「いとこ同士」ではトラブルも起きている。

「あれはコンピュータの暴走。止まらなくなっちゃった。そうではないと言う当事者のプログラマーの意見もある。真相は闇の中だ。あのあたりまではコンピュータをステージ上で使っていたんだよね。80年代はテープで、1台故障したらダメだから、サブのテープを持っていくわけだよね。90年代は、生も増えていたけど、20周年ぐらいまではコンピュータを同期させて走らせている曲もあった。2022年（3月13日）の野音でも『いとこ同士』をやるということで、因縁の曲をやることになった（笑）」

１９９６年12月1日には、東京太郎という名義で『TOKYO TARO is living in Tokyo』を発売している。参加ミュージシャンも変名だらけの作品だ。

「80年代のＦＭ東京で、いろいろなミュージシャンがＡＢ面2曲を録音して、月1枚、12インチシングルを作ってプレゼントするという企画があった。それで、鈴木さえ子さんのバンド、東京マザーズの人たちと私と松尾（清憲）くんとかで、ビーチ・ボーイズの『グッド・ヴァイブレーションズ』と、三木鶏郎さんの『かぐや姫〜吟遊詩人の歌』を録音するの。この時に、みんな偽名を使ったのね。たとえば、鈴木さえ子さんだったら国立花子だったり、私が東京太郎だったり。さかのぼれば、コンパクト・オーガニゼーションから出た『ア・ヤング・パーソンズ・ガイド・トゥ・コンパクト』は、ほとんどトット・テイラーなんだけど、別名でやっているよね。ライノから出た『ライノ・ロワイヤル！』というアルバムがあって、これも聴いたことがないバンドばっかり入っているんだけど、変名バンドかもしれないなとか、そんなこともあって、『東京太郎名義で1枚出したいぞ』となった。ＦＭ東京の2曲と、国際アバンギャルド会議で作った曲と、新たに録音した森繁久彌の『銀座の雀』を入れた」

鈴木慶一の母である鈴木萬里子も「母なる東京太郎」でボーカルを担当しているが、レコーディングが終わらないので怒ってしまったというエピソードもある。

「だって、あれは即興で作っているから（笑）。2小節できると『ちょっと待ってて』と言って、

『いつまで待たせるのよ、こんなに録音に時間がかかるの?』って怒られて。その後、『騒音歌舞伎 ボクの四谷怪談』というミュージカルのサントラでも1曲歌ってもらっている」

1996年12月4日には、ムーンライダーズの『Bizarre Music For You』が発売された。制作にあたり、鈴木慶一はDJ的に選曲した5曲入りカセットテープをメンバーに配っている。当時のインタビューには「バンド幻想の喪失」という言葉も出てくる。

「バンドというのは、同じ釜の飯を食べてきて、絆がすごく強くて、みんなのことは全部知っていると思いがちなんだよね。ところが、そんなことはない。幻想なんだ。そういう幻想の部分が大きいなと心配になったので、『この曲はどうだ?』とカセットテープを渡したの。『ムーンライダーズだぞ』というサウンドに向かっていくためのサジェスチョンだね。20周年にもなれば、みんな好きな音楽がバラバラになっているし、ムーンライダーズという名前で出す場合に、ムーンライダーズという音を作らなきゃいけない。ムーンライダーズがどれだけ好きかという度合いもみんな変わってきちゃうし。40代半ばになって、家族のように付き合っているわけでもない。というか、私生活には絶対に立ち入らない感じだね」

「みんなはライヴァル」には、20周年を祝うファンの声も入っているが、これは募集に応募されてきたもの。かつてはテントからなかなか出てこなかったムーンライダーズが、ここまでファンに対してフレンドリーになったことには驚きがあった。

「サービス精神が旺盛になったんだよね(笑)。20周年にできあがった作品で、『Bizarre Music

For You』は本当にビザールだよ。変なアルバムだ」

『ムーンライダーズの夜』以降の時期、鈴木慶一は男性性を意識していたという発言もある。「BEATITUDE」の〈愛するなら　女たちの体がいい〉という歌詞もその発露だったという。

「男性性を意識したのは、読んだ詩集からだね。パウル・ツェラン、ヴィクトル・セガレンの2つが、男性性が強くて、その影響もあるよ。彼らの詩集がいいなと言っていたら、鈴木博文が『そんなの20年前から家にあるよ』って」

ファンハウスからのリリースはここまでとなったが、2023年の『moonriders「FUN HOUSE years」BOX』の作業で、鈴木慶一はファンハウス時代の音楽性の多様さに驚いたという。

「ファンハウス時代の音を聴くと、本当に気が狂ったような音楽ばっかりだよ。ファンハウスも困っただろうね。何か熱に浮かされているようなところがあるね。それはなぜかというと、世の中がひどい方向に向かっているから。ファンハウスボックスを作っていてわかったんだけど、相当たくさんの音源が残っているんだよね。あの時代のドキュメントになっている。90年代を代表する洋楽と言えば、ラテン・プレイボーイズとかベックのようなローファイな音、エディトリアルな音楽。ブリストルのポーティスヘッドやマッシヴ・アタックもいた。ジャングルやドラムンベース、トリップホップ、アンビエントハウスとかもね。ビートルズの新曲『フリー・アズ・ア・バード』もあった。あとは、ヴァン・ダイク・パークスとブライアン・ウィルソンの『オレンジ・クレイト・アート』。ファンハウス時代は、そういう音楽の影響下にある」

鈴木慶一と演劇

1997年3月29日には、CD-ROM1枚とCD2枚のセットである『Damn! moonriders』が発売された。CD-ROMには、ムーンライダーズに関する情報が詰めこまれている。

「制作したスタッフのおかげだよ。発売元のメディアリングに毎日のように通っていた。グラフィックの色までいろいろうるさく言っていて、『ここにジョークを入れて』とか、ゲームを作っているようなもんだね。監修まではいかないけど、かなり口というか顔は出していた」

1997年6月5日〜19日には、宮沢章夫作・演出の演劇「遊園地再生事業団#9 あの小説の中で集まろう」に出演。父親の鈴木昭生が役者だったこともあり、それまで鈴木慶一は演劇を避けていた。

「卑怯な言い方かもしれないけど、依頼があったというだけだよ。『宮沢さんのお芝居だったら出たいな』と思った。ただ、まったく経験がないから、右も左もわからない。稽古を含めて、すごく時間を取られるわけじゃない？　他のことができなくなるからね。舞台に出て、毎日同じことをするわけだよね。全部芝居が終わった後に、階段を上って、DJブースで1曲かけるんだよ。そういう場所だったという設定だからね。毎日1曲、違う曲をかけるの。その鉄の階段を上るのがめちゃくちゃ怖い。それに、暗転ということを経験したことがないんだよ。真っ暗になるから、何もできなくなる。その間に、舞台装置を移動したりするから、ぶつからないようにしなきゃいけない。初めてのことだらけ。でも、20歳前後の若い役者さんと毎晩のように飲んでいた。稽古が三軒茶屋だったので、家が近かったから歩いて帰れる。そして、おふくろが見に来て、私が登場したときに、すごい笑い声が聞こえてきて、セリフを忘れそうになった記憶があるね」

1997年7月15日には、THE SUZUKIの『Everybody's in Working Class』が発売された。パブロックを意識し、アニマルズ、キンクス、クレイジー・ホースのカバーも収録して、自伝的な「BACKSTAGE PASS」で幕を閉じる。

「きっかけは同窓会だよ。THE SUZUKIに『Romeo, Juliet & Frankenstein II』『ROMEO,JULIET & FRANKENSTEIN I』という曲があるじゃない？　あれは、ほとんど過去にあったこと。そのまま歌詞にしたわけじゃなくて、かなり誇張しているけどね。そのジュリエット役の人が同窓会に来て、会っちゃったことも事実としてあって。しかも、THE SUZUKIは、私も弟もどちらも内省的だからね。明るそうな曲であっても内省的だったりする。過去に起きた出来事、ならびに子供の頃から見て育っている風景をヒントにはしているけど、『素晴らしい場所で楽しくてしょうがない』ということでは一切ない。半分悲劇みたいなことが歌われている。『BACKSTAGE PASS』は、本当にポロッとできたんだよね。あがたくんと高校が一緒で、作詞をする人がいて、その人が死体で発見されたんだよ。農場で働いていたんだけど、亡くなって3か月して発見されたのかな。そういう話を、『BACKSTAGE PASS』を作る前にあがたくんから聞いた。あと、宮沢さんの芝居に出たとき、若い役者さんは本当に将来を輝かしいと見ている人が多いし、ギラギラしている。正月に若い役者さんみんなを実家に招待したら、親父が出てきて、なんか急に因縁つけだして、『おまえら金はどうしているんだ?』とか説教を始めた。自分はどうなのよって（笑）。そういうのは見たことがなかったね。それもあって、『BACKSTAGE PASS』というのは象徴的な曲だよね。ギラギラしているんだけど、彼ら彼女らも、どこか沈んでいるところがあるんだよな。将来どうなるかわからないみたいなところが多々あるじゃない? それは私が音楽を始めたときもそうだし、その頃と同じ年齢の人たちに会うと、急に回顧するんだよ」

先行リミックス、無料配信……作品発表スタイルの模索

1998年、ムーンライダーズはソニー・ミュージックエンタテインメント内レーベル、キューン・ソニーレコードへ移籍。1998年7月18日に発売された『月面讃歌』は、バンドの演奏を録音したマルチテープをプロデューサーに任せていく形で制作された、事実上のリミックスアルバムだ。託されたのは、斉藤和義、高野寛、テイ・トウワ、桜井秀俊（真心ブラザーズ）、

根岸孝旨（Dr.StrangeLove）、GOH HOTODAなど。ムーンライダーズをよく知る人も、よく知らない人も混在していた。これはディレクターのハリー吉田こと吉田晴彦の人選だった。

「ハリーさんと2人で相談して、録音する前から『このアルバムは1回録音した音源を若いミュージシャンに託したら面白いものになりそうだな』と話した。人選はハリー吉田さんと野田さんがしたけど、私以外のメンバーはそうなるとは知らないんだよ。録音して、『いつ言おうかな』と思って、3分の1ぐらいが終わった後に、『このアルバムは全部マルチを渡しちゃって、リミックスやプロデュースを頼んじゃおうと思うんだけど』と言ったら、みんな『えー！』と言っていたけど。戻ってきたら、まずコードが変えられちゃっているわけだよ。メジャーの曲がマイナーになったりしていて、その解釈たるや、めちゃくちゃ面白いよね。D.M.B.Qが演奏してくれた『月曜の朝には終わるとるに足らない夢』は、ハードコアなサウンドに変わっていたり。これは『オリジナル音源を出す前にリミックス』というのがテーマで、世界で誰もやってないだろうから、画期的なアイデアだなと思ったね。でも、周りのミュージシャンは『なんですか、それ？』と言うよね。『月面讃歌』だけはそのままで、お客さんのコーラスを入れるために、日清パワーステーションでオケを薄く流して、お客さんに5回ぐらい歌ってもらった。トッド・ラングレンが『Sons of 1984』で観客に歌わせた声をコーラスに使っていて、その手法だね」

『月面讃歌』のアートワークの撮影について、鈴木慶一は「死ぬところだったよ」と笑う。

「伊豆の下田の先かな。岩礁の上で撮ってるんだけど、潮が満ちてきて、戻るときにお腹まで来ちゃった。宇宙服もどきを着てるじゃん？　あれを着ていると流されるんだよ。岡田くんが流されちゃって（笑）。白井はなぜか生のサメを持っているんだよね。サメって死ぬとアンモニアの匂いを発するんだ。『すごい臭いんだけど』と言いながら泣きながら持っていたけど。さらに全員、髪の毛を石膏のようなもので固めた。下田の美容院で取ったけど、たぶん下水管が詰まっただろうな。夏場だから、ヘルメットをつけていると、ちょっと息をすると曇っちゃうんだよ。だから、スタイリストの方やメイクの方がすぐに拭いて、写真を撮って。あれでステージに立った時は大変だったね。本物の防護服だからね、1着5万円ぐらいするんじゃない？」

1998年11月4日から16日にかけては初のソロツアー「北北東に進路を取れ」を行った。文字通り、北北東に向かって移動しながらのツアーだ。

「しかも1人だったんだよね。弾き語りとサンプラーを使っていろいろ音を出して。最初が長崎の銀行跡地（長崎市旧香港上海銀行長崎支店記念館）だったんだけど、音響的にライヴをやる場所ではないし、スライドギターも弾こうと思ったらボロボロで。2日目と3日目ぐらいになってくると、いける感じになってきたけど、初日はひどかった。岡山にはムーンライダーズのコピーバンドの架空楽団のリーダーの黒瀬（尚彦）くんが住んでいる。なぜか、あがたくんも来て、セッションになったりしたね。車移動なので、アメリカのツアーをやるミュージシャンみたいな気持ちになって、どこかウィリー・ネルソンになった気持ちだったな。チェ・ゲバラの旗を買って、それをステージに貼ったりして、買い物したものをどんどんステージ上に置いていくの。ステージ上をリビングルームのようにしようという感じだったんだよ。私1人なんだけど、だんだん荷物が増えていく。楽しかったよ」

1999年3月には鈴木慶一がインターネットに接続した。

「糸井（重里）さんの事務所に行ったら、10時間もみんなでインターネットの話をしていて、それで一応モデムは買ってはいたんだよ。でも、ほっぽりっぱなしだったの。ある日、遂に深夜につないだ。まずはプロバイダーと契約でしょ？　メールアドレスを何にするか決めることから始まった。最初のうちは、ネット倫理みたいなものがあったじゃない？　失礼なことを書いちゃいけないとか、そういうことも考えながらだね」

1999年11月25日には、ムーンライダーズ楽曲の初のインターネット配信を、ムーンライダーズのインターネット音楽配信実験サイト「Pissin' on-line」で行い、「pissin' till I die」「pissism」を無料配信した。ダウンロード数は、ふだんのリスナーの10倍にのぼった。

「最初からすごい経験をするよね。なんで無料で配信ができたかというと、当時のムーンライダーズにはJASRACの会員がほとんどいなかったんだよ。その後OTOTOYになるのかなあ。どちらかというと、JASRACに対する意見を申すという人たちの集団なんだよ。だから、ちょうどいいなと思って。でもって中立でいた」

『Pissin' on-line』での配信に向けて、まずファイル形式の勉強から始めた。

「MP3が主流になる前なので、いろいろなコーデックがあったわけじゃん？　10種類ぐらいの圧縮方法を聴き比べするわけだよね。10種類のプレイヤーをダウンロードできるようにして、聴き比べしてもらって、どうだったかという意見をフィードバックしてもらって。その企画もハリーさんがいたからできたというのもあるね、やってみたかったそうなので。その配信用のスタッフは、みんな理系の人だから、理系の文章というのがわかったね。行間がない。短い」

そして吉田晴彦は、新たなレコード会社・ドリームマシーンを設立することになる。もちろん社名はムーンライダーズの「夢が見れる機械が欲しい」に由来する。ムーンライダーズは吉田晴彦とともにドリームマシーンに移籍。1999年11月25日に、『月面讃歌』のオリジナル音源である『dis-covered』を発売した。

「ハリーさんにくっついていった。ハリーさんは大胆だから、大胆なアイデアを飲んでくれる。『dis-covered』はほとんど生で録っているし、打ち込みが少ないでしょ？　だから、『月面讃歌』に入っている曲をライヴでやるときに、『月面讃歌』と『dis-covered』のどっちのアレンジでやるか決めないといけないんだよ、まったく違うので」

1999年12月3日に発売されたSUZUKI K1>>7.5ccの『Yes, Paradise, Yes / M.R.B.S.』は、1995年に武川雅寛がハイジャックに遭遇するなか、山形県大江町に赴き、御詠歌を録音した音源をもとに制作した作品だ。「Yes, Paradise, Yes」のリミックスにはケンイシイも参加。「Mogami river boat song」は、山形県民謡の「最上川舟唄」を素材にした作品だ。

鈴木慶一の長いキャリアのなかでも、こうした日本の伝統音楽へのアプローチは珍しい。

「異色だね。なんでかというと、90年代の頭に親父方のばあさんの葬式があって、山形の田舎のおばさんたちが葬儀に来た。そこで御詠歌を歌ったんだね。それを聴いて、何か印象に残っていた。みんな歌えるんだね。特に何宗とかに属しているわけじゃない。THE SUZUKIのように本当に子供の頃の自分を歌ったり、ばあさんの葬式で聴いた御詠歌を録音しに行ったり、非常に身近なところでの発想が作品になっていく。そういう作品になっていくときに、ムーンライダーズの場合は、世の中の動きが注入されて『ムーンライダーズの夜』になった」

こうした1990年代、鈴木慶一は「日本が嫌い」という発言が目立つ。

「今も愛国心的なものはないね。たまたま日本に住んでいるだけだ。そこで海外に住む人もいるじゃない？　移住の面倒臭さもわかるんだよ。海外に長い間いて、帰ってきて成田に着くと、『なんて便利なんだろう』と思うよね。高速の入り口で人が自動的にしゃべってくれるけど、海外ではそうはいかない。たとえばロックフェスに行って荷物も重くて暑いなと思っても、『これは海外にいるんだ』と思えば何とかなる（笑）。そういう意味では、裏を返せば日本が好きなのかもしれないね」

5章：2000年—2008年

宅録の進化がムーンライダーズに与えた影響

2000年2月16日、鈴木慶一とかしぶち哲郎が音楽を担当した『うずまき』のサウンドトラックが発売。そして、2000年6月3日から19日にかけて、鈴木慶一はソロツアーの第2弾「北北東に進路を取れPART2」を行う。今回は名古屋を起点に北北東に向けて東日本を進み、名古屋、東京、仙台、札幌でライヴを行った。さらに2000年7月6日から18日にかけて、「Beautiful Songs」ツアーに矢野顕子、大貫妙子、奥田民生、宮沢和史とともに参加。各自の楽曲を自分で歌うこともあれば、他のメンバーとともに歌うこともあり、さらにツアー用の新曲「Beautiful Beautiful Songs」も用意された。鈴木慶一の作った「塀の上で」、岡田徹の「ニットキャップマン」は全員で歌われている。

「ツアーのきっかけは、渋谷のジァン・ジァンだと思う。あっこちゃん（矢野顕子）がライヴをやるので、ゲストで出たんだよね。そのときに楽屋でター坊（大貫妙子）と、『ボーカリスト4人ぐらいでライヴをやらない？』みたいな話をして、宮沢くんと奥田民生くんがいいなということになった。そこから始まってるんだね。それで『Beautiful Songs』というツアー名を糸井さんがつけて、糸井さんが1曲歌詞を書いて、同じ歌詞にみんなメロディを書き下ろした。同じ歌詞に対して5曲あって、それをライヴでやる。めったにない機会で、一緒にやる曲もあれば、単独でやる曲もあるわけじゃない？　ステージ上にソファーがあって、そこに座ってずっといるんだよ。演奏を聴きつつ、自分の番が来たらやる。『塀の上で』に全員でハーモニーをつけたら、見事にウェストコーストのサウンドになったという感じだった」

２０００年12月15日には、ムーンライダーズの『Six musicians on their way to the last exit』が発売された。メンバーそれぞれの宅録6曲に、ライヴ音源の「Kのトランク」を加えた、事実上のソロ音源集だ。

「21世紀は２００１年からだもんね。みんな勘違いしていて、１９９９年中にやらなきゃと思ったんだ。でも、『あと1年あるじゃん』って（笑）。20世紀最後のアルバムを作りたいなと思ったんだけど、タイミング的になかなかみんな集まれず、『じゃあ宅録で行おう』と。完全に宅録だから、できあがるまで誰も他のメンバーの曲は聴いてないの（笑）。20世紀中の最後のアルバムを、宅録によって6人で6曲を出そうというのが非常に大きなテーマであり、内容に関してはどうなるかわからない。マスタリングのときに初めて聴いた」

いつものムーンライダーズのようなアルバムのトータリティは意識せず、企画に振りきった作品だった。

「それに伴って、ジャケットの写真も各々の住んでいる家のそばで撮った写真をコラージュしている。別撮り。宅録というものを強烈に出したかった。2000年には、宅録の曲がインターネットで配信できるというようなニュースもあったと思うんだよね。それも考えていたんだと思う。それが最新の音楽の発表の仕方、並びに、インディペンデントの一番やりやすい方法だよね。これはJOY RIDEから出したし、この後にまたドリームマシーンからも出す。最終的にはmoonriders recordsができる。インディーズになったり、メジャーになったりということが、わりと普通に行われる世の中になったんじゃないかな。インディーズはインディーズ、メジャーはメジャーというヒエラルキーがなくなりつつあった」

日本のCD販売枚数は、1998年をピークに下落していく。それとともに音楽産業にも変化が起き、さらにテクノロジーの進化がムーンライダーズの音楽制作にも影響を与えた。

「CDの売り上げが落ちていくと、見事に予算も少なくなっていくよね。そして、Pro Toolsという録音システムが一般化した。その前からあったんだけど、サウンドクオリティに問題があると言って、エンジニアは嫌っていた部分もあった。ただ、21世紀が幕開けを告げる頃に、劇的なテクノロジーの変化があったわけ。これで大丈夫だということになった。私はデジタルパフォーマーで作っているけど、その辺の音楽ソフト、録音ソフト、並びにシークエンスを兼ね備えたソフトのクオリティが急激に上がったの。『dis-covered』まではテープを使っている。そして、ソニーのデジタルテープレコーダーが90年代初頭に48トラックになって、高品位なものが出はじめたんだけど、それを使わずにみんなPro Toolsに行っちゃった。値段が安いのと、コンピュータ内で完結するし。Pro Toolsの使い勝手の良いところは、その後、バージョンが上がっていくと、波形を見ながら音楽を作れるということだね。たとえば、ドラムの音とベースの音がちょっとズレているとするじゃない？　見ればわかるわけだよ。聴感でもわかるけど、さらに具体的に可視化される。音が可視化されることによって、『そこのタイミングをもうちょっとズラそう』ということも波形をいじることによってできるんだよ。自分で宅録をしても、波形をいじったり、同じようなことができる。そういうことによって創作意欲も湧くし、作りあげるものも変わっていく。エディトリアルな音楽になっていく。90年代にベックがやっていたことを、廉価版として各自ができるようになる。曽我部（恵一）くんは、Pro Toolsの達人になっていくわけだ（笑）」

２００１年４月15日に発売された『kissin' you till I die / pissism a go go』は、『Pissin' till I die』で配信された楽曲のＣＤバージョンだ。

「フィジカルでも出そうということになった。そのときに、『Pissin' till I die』じゃちょっとな、ということで、歌詞をちょっと変えて、『kissin' you till I die』というタイトルになった。同じものを出すよりも、歌詞が違うものを出したほうがいいんじゃないかとね」

２００１年には、鈴木慶一が作曲したマンナンライフ「アロエリーナ」のＣＭソングが話題となり、２００１年７月15日にソルベッツの『きいてアロエリーナ きいてマルゲリータ』、２００１年９月27日にシャーベットの『きいてアロエリーナ きいてマルゲリータ』がそれぞれ発売されている。

「話題になったのは意外だったね（笑）。『素人さんが歌うので、歌えないぐらい難しい曲にしましょう』というアイデアが打ち合わせであった。だから、けっこう難しいんだよ。下から上に上がっていくメロディというのは難しい。しかも変拍子に聴こえるけど、変拍子じゃないんだよね。それが注目されたのかな？　あの頃ＣＭで注目されたのは、『きいてアロエリーナ　きいてマルゲリータ』と、宮沢章夫さんが『これは誰だろう？』と調べたら私だったと言っていた、資生堂『プラウディア』。同じ曲を何度も使うんだけど、だんだんアレンジをする方法がなくなってきて、石でできた楽器でメロディを叩いたりとかね」

２００１年８月４日には、THE BEATNIKSの『M.R.I. Musical Resonance Imaging』が発売された。

「簡単に言えば、21世紀になったら、ものすごく物事が変わるのではないかと思った。でも、２０００年問題ぐらいで何も変わらないじゃない？　『なんだ何も変わらないのか』ということで作りはじめた。『何も変わらないのであれば、テクノなロックを作ろう』と」

２００１年９月７日から24日にかけて、鈴木慶一は演劇「欲望という名の電車」に出演する。「欲望という名の電車」は、２００３年11月７日～30日、２００７年11月16日～25日にも上演され、鈴木慶一が出演している。演劇については、役者である父・鈴木昭生にアドバイスを仰いだ。

「この『欲望という名の電車』は、出るのが最後の3分ぐらいで、セリフが3つしかないんだけど、これが失敗できないんだよ。大変な緊張感だったね。なぜ大変かというと、そこまでの芝居が1部、2部とあって、それぞれのテンションがあるわけだよね。最後に上がりきったところに、ポッと出ていくわけだから、そこにスッと入るにはどうしたらいいかというのは親父に聞いた。すると、『姿勢よく歩け、笑いそうになったらほっぺたの裏側を噛め』と。手が震えたらどうしようと言ったら、『太ももに中指をつけろ』と。親父とはけっこう会話をしたね。ゲネプロという前日の通しリハーサルにも必ず来たの」

3回にわたって出演した「欲望という名の電車」は、鈴木慶一に音楽と演劇の違いも考えさせた。

「芝居というのは、昨日と一昨日とで1分ぐらいしか変わらないんだ。ということは、セリフを言っているとき、ほとんど昨日と時間のズレがない。誰かが大幅にセリフを飛ばしちゃったりしない限り、毎日同じ時間に同じセリフを言っているんだ。これが大きく音楽と違うなと思った。あとは、アドリブをしちゃいけない。そして、観客に見せていると装いながら、まずは演出家に見せているんだよ。その向こう側に観客がいるような気がしたね。音楽だと、ツアーとかに出たら間奏を伸ばしちゃうとか、曲順変えちゃうとか、そんなことが頻繁に行われるわけで。『ここでMCをしゃべっちゃおう』とか、その日に思いついたことでどんどんアップデートしていくわけ。芝居のアップデートは何なんだろうなと考えた場合に、親父は『全体の流れで今日は良かったという日が、8日間あったら1日あればいいんだよ、やっている本人たちはそのぐらいしかない』って言っていた。3分しか出ない役だから、非常に緊張して、意外と労力も必要だった。あるセリフが始まると衣装に着替えだす。毎日同じことをするの。イチローのバッティングフォームみたいなことが芝居の中にはあるんだなと思った。演出の鈴勝さんのアイデアで2003年、1日だけ休演日にライヴをやって、それもいい体験だった。ミュージシャンの横川理彦くんや役者の久世星佳さんも来てくれて、演技と朗読と音楽のセッションのようになったんだ。私は『テネシー・ウィリアムズ』という曲を作った」

『Dire Morons TRIBUNE』以降のバンド内での役割

2001年は、アメリカ同時多発テロ事件、いわゆる9・11が発生した年でもある。2001年12月12日にドリームマシーンから発売された『Dire Morons TRIBUNE』には、9・11の影響がある。

「私はタクシーの中だった。家に帰る途中で（高橋）幸宏から電話がかかってきて、『今大変なことが起きてるんだよ』って。タクシーの運転手もそんな話をしていた。『なんかそうみたいね』って軽い感じで返事をしたんだけど、幸宏は家で映像をもろに見ていたので『笑ってんじゃないよ』って怒られた。タイトルを『TRIBUNE』、つまり新聞にしたのは9・11の影響だね。アートワークも新聞の記事なんだけど、細かくでたらめのジョークだらけにした。『Headline』でラジオ番組みたいに始まる。『Blackout』を作った要因は、お芝居の暗転の恐ろしさなんだけど、その後、実際に2003年のニューヨーク大停電に遭う。なんか予言のようなことになってしまった。このアルバムからPro Tools大活躍だね。すごく記憶に残っているのは、スタジオでかしぶちくんとくじらが『Curve』の歌を一緒に入れて、波形を見ながらタイミングがぴったり合うように8時間ぐらいかけてした。そういうことが面白かったんだよね。ディレクターだった塚田（治之）さんがトロンボーンを吹けるので、トランペットとトロンボーンが多用されている」

　このアルバムから、鈴木慶一はジョージ・マーティン役を担うことになる。つまり、サウンド・プロデューサー役だ。

「21世紀になると、なんとなくみんなの中で『ジョージ・マーティンをやってよ』となった。だいたいのテーマを決めて、『Dire Morons TRIBUNE』というタイトルも私が決めて。『Dire Morons』というのはムーンライダーズのアナグラムだよね。アナグラムは、E.D MORRISONとかROOM DINERSとか、たくさんあったけど、『Dire Morons』もそこに加わる」

『Dire Morons TRIBUNE』のツアーでは、岡田徹が入院して参加できなかったため、鈴木慶一がキーボードを担当して乗り越えるという綱渡りをすることになった。

「岡田くんがツアーのリハーサルの初日に倒れたんだよね。だから、ツアーに岡田くんは参加してない。レコーディングには岡田くんも参加していた。『Six musicians on their way to the last exit』以降なので宅録の部分もかなり多くて、それを持ち込んでバンドで差し替えていったね」

２００１年12月12日には、『火の玉ボーイ』のリマスタリング盤も発売された。『火の玉ボーイ』は、１９８８年のメトロトロン・レコードからの再発時には「鈴木慶一」名義に変えられたが、１９９６年12月18日発売のボックスセット『1976-1981 Complete Collection Vol.1』から「鈴木慶一とムーンライダース」名義に戻り、『火の玉ボーイ』単品でも２００１年のドリームマシーンからの再発以降は「鈴木慶一とムーンライダース」名義となった。２０１６年の40周年記念デラックス・エディションでもその名義が踏襲されている。

「オリジナル通りにしようとした。ワーナーからマルチが発見されて、それをPro Toolsに取り込むわけだ。ただ、磁性体が剥がれつつあって、白い粉を吹いてるの。マルチもあったし、マスターテープもあったけど、１回しかかけられないので、けっこうスリリングな作業だったよ。しかも、テープが貼りついちゃっているので、事前にオーブンで温めるんだよね。そうすると、剥がれるようになる。それはレコーディングスタジオの中でも、かなり特殊な技術だよね。どんどん取り込んでいって、テープを回して、Pro Toolsの波形になっていくわけだね」

２００２年11月18日には、Three Blind Mosesの『Decent Incense』が発売された。棚谷祐一、小谷和也との新バンドだ。

「21世紀になると、いろいろなアイデアが野田さんから出ることが多いんだよ。Three Blind Mosesも野田さんからアイデアが出た。『トリオのバンドでやりましょうよ！』みたいな。『ベース、ギター、ドラム？』と聞いたら、『ベースじゃなくてキーボードにして、ドアーズみたいにやってみましょう』と。棚谷くんが左手でベースの鍵盤を弾くというバンドを作って、NHK-FMの『ライヴビート』に出たり。ギターが私しかいないので、どう弾くかなというときに、すごくサイケデリックな方向にした。自分がサイケデリックの出だな、ということが確認できた（笑）。大滝さんにメールを出したときに、署名のメールアドレスを見て、『やっぱりおまえはサイケだな』って言われたし（笑）。それは長尺の曲を演奏するサイケバンドで、好きなバンドではないけど、アドレスとしてはいいかなって。3人でやるときに、曲を作って持っていくわけだけど、アメリカーナの感じも出てきたね」

2003年5月24日から6月8日にかけて公演が行われた、ケラリーノ・サンドロヴィッチ作・演出・作詞・作曲によるホリプロ＆ナイロン100℃『Don't trust over 30』では、鈴木慶一は作曲と音楽監督を担当。ムーンライダーズの『DON'T TRUST OVER THIRTY』を下敷きにはしているが、ストーリーに合わせて曲名も歌詞も変更されている。2003年には、ケラリーノ・サンドロヴィッチ監督の『1980』にも鈴木慶一が出演し、2人は接近していく。

「『Don't trust over 30』はミュージカルだから、『お好きなように』と。オリジナルとは歌詞が変わっている曲も多いし、さらにオリジナルの曲も作るわけ。ずっとコンシピオスタジオで録音をやっていたんだけど、ケラは筆が遅いので、『この曲をやる、でも誰が歌うのかわからない、女性だったらキーを変えなきゃいけない』とずっと待ってるの。すると稽古場から『こういう風になりました』と連絡が来る。ミュージカルのときは、稽古場にピアノの人がいて、ピアノだけで練習しているわけだよね。私のサウンドができあがったら録音して、稽古場に送って、それでリハーサルをして、最終的には生バンドが入って演奏するわけ。鈴木博文がベースだったりして。同じバンドでサントラを録音したんだけど、稽古が終わって、22時ぐらいに役者さんに来てもらって、役者さんに歌を入れてもらった。ギリギリで進めたんだけど、1曲だけ間に合わないのがあって、録れなかったのね。劇場でやる通し稽古のときに、私とエンジニアと2人でマイクを何本もかついで、Pro Toolsを持っていって、その曲になったときに録音できたんだけど、あれは綱渡りだったね」

鈴木慶一と北野武、映画音楽仕事の充実

この2003年には、鈴木慶一の音楽キャリアのなかでも非常に重大な仕事が待っていた。北野武監督の『座頭市』の音楽である。サウンドトラックは2003年9月3日に発売。2004年2月20日には日本アカデミー賞最優秀音楽賞を受賞した。さらには、スペインの第36回シッ

チェス・カタロニア国際映画祭で最優秀音楽賞も受賞。国内外で鈴木慶一の知名度が上がる契機となった。

そもそもは、北野武が当時所属していたオフィス北野の社長である森昌行がムーンライダーズのファンだった。

「森さんが社長になった頃に、上村とよく飲んでいたようだよ。六本木の高級フレンチレストランで。『座頭市』の前に、同じオフィス北野の清水浩監督の『チキン・ハート』の音楽を頼まれるわけ。それは、アコーディオンをメインにしてくれということだった。その縁があって頼まれたわけだ。なんで頼まれたかというと、『座頭市』は全部がリズムなんだよね。たとえばタップダンスに始まり、大工さんが仕事をするのにもリズムを合わせているんだよね。撮影中にクリックを流して、それに合わせてみんなが演技をしている。ビョークの『ダンサー・イン・ザ・ダーク』も全部リズムが合ってたし、同じような感じがしたんだよね。武さんがそれを見たかは知らないけど、私が音楽担当として臨むときに、『ダンサー・イン・ザ・ダーク』だなと思った」

しかし、『座頭市』の音楽は紆余曲折を経る。80年代R&Bの要素があるブラス・セクションを入れたものの、イメージが違うということになった。

「武さんは、最初に一言ボソっというんだよね。この場合、『レオ・セイヤーだな』と言った気がする。そういう曲を作っていったけど、『何か違うな』って。『よし、もう一回考え直そう』

となった。タップダンサーありきで、ストライプスというグループが作ったリズムがあって、それがエンディングテーマの『Festivo』になる。最初は、ストライプスの音楽を担当している人が作ったオケがあって、それを全部もっと私流の音に変えようとしていった。でも、それで映像を録ろうとしているので、ズレたらおしまいなの。ストライプスは、木のカンカンという音を、ズレちゃいけないので何十回もダビングしていた。タップの練習もそれでしているので、リズムは揺るぎないんだよ。ただ、当時は録音されたリズムはＭＩＤＩデータのような数値のデータじゃないんだよね。サウンドをサンプリングしている音なので。ＭＩＤＩデータは音色をすぐ差し替えられるけど、すでに録音されちゃってるので、そこの波形に合わせて違う音を乗っけていくという大変な作業だった。三味線が入ったりするのは、私が一番やらないようなことだし、どうしようかなと思ったけど、武さんはそのイメージが強いので変えられない。周りのスタッフは『メロディが何もないし、メロディをつけていく方向でお願いします』と。そこで、ホーンをバンと入れて、メロディを作ったのは私。リズムを作ったのはストライプス。『Festivo』はそういう合作なんだよね」

　鈴木慶一はダビング作業には必ず立ち会い、ほぼ音効であったともいう。

「それは『MOTHER』をやったときに、どんな低音が出るかを調べたのと似ているね。音楽だとミックスと呼ぶ作業を、映画だとダビングと言うんだよね。要するに、セリフ、音効の作ってきたＳＥ、私が作った音楽を混ぜて、たとえばセリフが聞こえない部分は修正したりして、最終的にはミックスするということなの。それを映画界ではダビングと言う。音効さんもいて、音楽を持っていくわけじゃない？　そこで音効さんとのやりとりになるのね。音効の柴崎（憲治）さんの後ろで私は必ずコンピュータを覗いているんだけど、『全部ボリューム10じゃん、それ卑怯じゃないの？』とか言ったりして（笑）、音効さんに負けちゃうんだよね。こちらもR＆B的なものとは違うものを作ろうとして、生楽器を一切使わずに、全部シンセのサウンドで作っていったので、音効さんの作っている音とかぶってしまうところがあったんだよ。それと、たとえば8分ぐらいある曲でリズムが決まっているんだよね。最後、バタッとお百姓さんが田んぼの中で倒れる音のタイミングに合っていなきゃいけない。そういうリズム主体の映画だったので、森さんは私に頼んできたんじゃないかな。ブラックミュージック的な要素が必要だなと思ったのかもしれないけど、できあがりはそんなにブラックミュージックっぽくないね。アジアっぽいと言えばアジアっぽい」

鈴木慶一は、5・1chサラウンドを扱える珍しいミュージシャンだった。

「5・1chサラウンドというだけで私はもう嬉しかったからね。非常に創作意欲を湧かせてくれた。サラウンドの面白さというのは、片方から人が来ると、音がそっちから聞こえてきて、人が逆側に消えていくと、そっちまで音を流すというような細かいことをやっていた。マーティン・スコセッシのローリング・ストーンズの映画『シャイン・ア・ライト』はすごかったね。キース・リチャーズがあるところでギターを弾くと、そこからギターがちゃんと聴こえてくる。

全部移動させる。それは今はあまりやらない。無駄なことだとわかったのかもしれないし（笑）、見ていて疲れるのかもね。リアリズムが過ぎて」

北野武との関係性は緊張感のあるものだった。

「武さんとやるのは初めてでしょ？　どんな人かもよくわからないし、接点があるとするならば、ＹＭＯが出た『オレたちひょうきん族』の昔のチャンバラ物のパロディに、私と鮎川（誠）さんと立花ハジメが山賊で出たぐらいの接点しかないんだよ。だから、難しいことはいっぱいあった。最初の頃は、デモテープを持っていって聴いてもらうんだよね。聴き終わってシーンとするんだよ。『このシーンとする時間はなんだろうな？』と思って。『何か違うな』って言われたら、『もう一回やります』って。ただ、『何か違うな』というのは、音楽用語として一番怖い言葉なんだ。何が違うのかがわからないから。そこで『何が違うんでしょうか？』と言う関係ではなかったし。すごくたくさん直したね。でも、逆境と言ったら変だけど、やり直しが出た場合は、闘争心が湧く」

それは鈴木慶一と北野武との関係性に限った話ではなく、北野武の現場では、他のスタッフも「何か違う」という言葉に頭を悩ませた。

「プロデューサーの方々に、『これは劇伴に徹したほうがいいです』と最後に言われたこともあった。何度作っても、『何か違う』って通らないので。武さんが帰った後、最終ダビングの手前で、スタッフがみんな集まって相談するんだよね。『どこが違うんだろうな』ってみんなで考えるの。北野監督は音楽だけじゃないし、編集に関しても同時に話すんだよね。編集に関して言っているのか、音楽に関して言っているのか、確認も含めて、後でスタッフが最終確認をして、メモをして、という感じ」

北野武との距離感が縮むことは特になかったが、ねぎらいの言葉はあった。

「映画の音楽を作って聴いてもらって、『OK、OK』と言ってもらっても、私的な交流はなかった。武さんはどちらかというと、私的な交流が好きな人なんだろうなと思うんだけどね。でも、この映画が終わって、いろいろ賞をもらって、パーティーみたいなものがあって、私が賞状をぼんやり眺めていたら、武さんが来て、『いやぁ、いろいろ言って悪かった』って。『おかげで良いものができたから良かったですよ』っていう感じ。その後の武さんとの映画の作り方と違うのは、ストライプスという人たちがいて、タップダンスがあったということだね。『アウトレイジ』以降は、自由度はあるけれど、完全に全部が私のところに来た」

『座頭市』は、シッチェス・カタロニア国際映画祭で、最優秀音楽賞のほかグランプリも受賞している。

「浅野（忠信）さんが1人で行って、持って帰ってきてくれたのが『メトロポリス』のマリアの像で、それは相当嬉しかったたな。世界三大ファンタスティック映画祭だもんね。すごく手間がかかったので、受賞は嬉しいというよりも、『あぁ、良かった！』という感じ。全部シンセで作った音で最優秀賞をもらえるのは、これはテクノの勝利かと（笑）」

『座頭市』で国際的な名声を獲得したのではないかと話すと、鈴木慶一は「なんだ、それ」と笑う。権威的な賞を得ても、権威に対して鈴木慶一は距離を置き続けた。

「音楽界並びに映画界から賞をいただくのは喜んでいただきましょう、ということだね。アカデミー賞最優秀音楽賞のときは、食事が出たりして、座っていなきゃいけないんだよね。挨拶も短くとか。そのときは、前年に受賞した冨田勲さんからいただいて、翌年は私がプレゼンターになった。でも、私は反権威的だから。そういうときに相談するのがPANTAなんだよ。たとえば『笑っていいとも！』に出てくださいとなって、『出ていいものかね？』とか、全部相談するのはPANTA。『賞をもらっていいものかな？』と相談するのもPANTA。私にとってはそういう存在。権威に対して、『これは行ったものか、行かないものか』という判断をPANTAに聞く。すると、『くれるものはもらっておけば？』って（笑）。くれるものはもらっておくという姿勢はあまり変わってない」

映画好きの鈴木慶一だけに、影響を受けた映画音楽家も新旧幅広い。

「フランソワ・ド・ルーベかな。ニーノ・ロータもいい。幅の広さで素晴らしいなと思うのは、エンニオ・モリコーネだね。この3人かな。その影響は『座頭市』にも多少出ているだろうね。ヨハン・ヨハンソン、ナイン・インチ・ネイルズのトレント・レズナー、レディオヘッドのギターのジョニー・グリーンウッドもいいなと思う」

さらに、鈴木慶一の映画音楽に大きな影響を与えたのは、旧知のミュージシャンである。

1998年の『愛の悪魔／フランシス・ベイコンの歪んだ肖像』の音楽を担当した坂本龍一だ。そこで坂本龍一は音響を重視したアプローチを行った。

「映画音楽が面白いなと思ったきっかけは『うずまき』だね。あれはかしぶちくんと半分ずつ作った。ホラー映画でしょ？　ホラー部分を私が担当して、かしぶちくんはロマンティックな部分を担当した。そのときに影響されたのが、坂本龍一さんの『愛の悪魔』。あれはすごく良くて意識した。『戦場のメリークリスマス』とは全然違うアプローチだよね。だから、その辺を『うずまき』でやってみた。ただ、『座頭市』においては、リズムがメインなので、たとえば1950年代のムーンドッグのリズムのパターンを研究した。しかも時代劇じゃない？　日本っぽくなるのはストライプスのリズムの最後のテーマで充分なので、もうちょっと広く東アジアっぽいもので何か作れないかなという意識はあったね」

映画音楽の仕事はさらに続く。2003年11月7日には、今敏監督の『東京ゴッドファーザーズ』のサウンドトラックが発売された。鈴木慶一が音楽を担当し、ムーンライダーズが全面参加している。

「今敏さんは、兄貴の今剛さんがギタリストでPANTA & HALなんだよね。今敏さんから私に依頼が来たんだけど、『これはムーンライダーズ全員でやっていいですか』と提案した。『そうしましょう』ということになったので、鈴木慶一とムーンライダーズ名義を『火の玉ボーイ』以来使ってみようと。私が呼ばれたのは、ホームレスの話だし、『スカンピン』や『ニットキャップマン』があったからかもしれないよ。武さんは、『ここに音楽を入れよう』とかは、最初は何も決まってないの。今敏さんは、『音楽をここに入れたい、何秒から入れたい』というメモが全部あって、『ここはこんな感じで』とか、ちゃんと書いてあるの。それに則してやればいいわけで、作る方としてはやりやすいよね。たぶんすごく音楽に詳しい人なんだと思う。こちらも、『この曲は白井、この曲は岡田くん』と振りやすかった。打ち合わせにムーンライダーズ全員で行って、割り振りをした。最後にレゲエのヴェートーベンの『第九』で終わりたいと言われて、インストじゃなくて歌詞をつけちゃいましょうと提案したら『いいですね』って言われて、映画に則した歌詞をつけた。だけど、それだけじゃ終わらないね」

なぜ終わらなかったかと言うと、ヴェートーヴェンの「交響曲第9番」に歌詞を乗せた「No.9」は、2004年2月23日にKeiichi Suzuki with moonriders名義で『No.9』としてSACD5.1chサラウンド仕様でリリースされたからだ。鈴木慶一が自腹でもいいのでリリースしたいと願った5・1chサラウンド作品が『No.9』だった。

「あまりにもサラウンドに興味が強くなりすぎて、『No.9』と『きよしこの夜』と何曲かを入れて、サラウンドで、自分で金を出すと言ったんだ。これはどうしても出したいと言って」

2004年4月からは、NHK-FM『ライヴビートBBCライヴ』でパーソナリティを務めた。ラジオのレギュラーパーソナリティは、テレビの司会仕事よりも後になった。

「幸宏がやっていた81年ぐらいの『POP THE HERO '80s』という番組で、幸宏がロンドンで録音をするので7か月ぐらい代わりにやっていたことはあるんだけど、レギュラーの最初は『ライヴビートBBCライヴ』だろう。本当に面白かったね。番号が振ってある分厚い資料があって、21世紀に至るまでのBBCでのライヴ音源のファイルがあるわけだよ。その1番がレッド・ツェッペリンなの。文字しかないんだけど、ディレクターの佐藤さんと2人で探偵みたいに探りを入れて、『この年のロキシー・ミュージックはいいのがあるかもしれない』と話したりして、音源が届くわけだ。テンペストは当たりだったな、オリー・ハルソールとアラン・ホールズワースの2人がギターでいるときのセッションだった。かなりマニアックなものを注文すると、向こうのBBCの担当者が『なんでこんなものをおまえらが要求してくるんだ』とぶったまげていたみたいだよ（笑）」

新事務所、moonriders division の誕生

2004年7月1日には、ムーンライダーズのメンバーの出資による新事務所、moonriders division が誕生し、同時に moonriders records が設立された。その中心になったのは、1994年から鈴木慶一の個人マネージャーを担当していた野田美佐子だ。2000年にムーンライダーズ・オフィスが解散した後、ムーンライダーズはライヴの制作をしていたエガリテに移籍。そこで野田美佐子がムーンライダーズをマネジメントすることになったが、諸事情で鈴木慶一

がエガリテを離れることになると、野田美佐子は「稼ぎ頭の慶一さんがいなくなるんだったら、給料は払えない、来週の金曜日に辞めてくれ」とエガリテ側に言われてしまう。そこで、「そんなふうに言われるならいいや」と野田美佐子は一念発起して、事務所とレーベルを自分たちで新たに作ることにした。

野田美佐子は、moonriders divisionを作ってから、2011年に無期限活動休止になるまでの約7年間、メンバー全員にすべての収支を見せ、収支の純利益を6人に分配していた。

「岡田くんがいみじくも言っていたんだ、『野田さんにすべてを任せよう』と。『いろいろなミュージシャンがいる会社にするのではなくて、ムーンライダーズだけしかいない環境にして、野田さんにすべてを任せよう、それが互助会のようでいいんだよ』って。それが一番お金の流れも見やすいしね。しかも野田さんは銀行からお金を借りない。ムーンライダーズ・オフィスは、銀行からお金を借りまくって、それの利子でヘトヘトになったんだと思う。そういうのも見ていたと思うし。だから、原始共産制みたいなものだね。いろいろなことがあったけど、走ってきた果てに見つけた唯一の正しい方法だったと思う。それと同時に、中目黒に事務所を借りた。スタジオも作れるぐらいのところを借りて整備して、事務所でアルバムができるような環境を獲得したの。それがすごくいいことだったね。人もいっぱい来れるし、ミーティングもできる」

野田美佐子は、ムーンライダーズに関する仕事しかやらない会社を目指した。鈴木慶一のマネジメントのほか、個人としてソニー・ミュージックアーティスツに所属する白井良明や自分のスタジオを持つ岡田徹と鈴木博文以外のメンバーの仕事を手伝うこともあったが、基本的にはムーンライダーズのみを手掛け、極力リスクを負わないようにした。その結果、アルバムの制作費も潤沢に使うことができた。

「アルバムで使って、それが売れたら、入ったお金でまたアルバムを作る。本当に大きく変わった。それと同時に、ムーンライダーズのメンバー6人と、野田さんしかいないわけだから、2009年のアルバムのタイトルのように『Tokyo 7』だよね。これで物事が進んでいく。わりと顔を突き合わせて話していくうちに、『あれ？　この人こんなことを考えていたんだ？』とかいうようなことも露わになっていく。それまでは、わりとぼかしていたところがあるもんね」

新たな体制が整い、2005年5月11日にはムーンライダーズの『P.W Babies Paperback』がmoonriders recordsから発売された。ここでも鈴木慶一はジョージ・マーティン役。当初は日本のソウルミュージックというテーマだったが、次第に昭和と戦後がテーマになっていく。

「前作が『TRIBUNE』なので今回は『Paperback』にした。でも、変なアルバムだよね。トラッド的なるワルツの『Waltz for Postwar.B』が入っていたり、ノベルティソングみたいな『ヤッホーヤッホーナンマイダ』も入っていたり。『スペースエイジのバラッド』なんて、こんなに情報量の多い歌詞はないと思うよ。これは岡田くんが作った曲につけた長江優子さんの歌詞を、私が変えていったんだけどね。〈せきぐんのそげき兵〉というのは、子供のときに見たソ連映画で、ロシア人のヌードを初めて見たんだな。赤軍と白軍の戦いなんだけど、最後に一緒の小屋になっちゃって、寒いから裸で寝るんだ。『女狙撃兵マリュートカ』ね。私と白井が大好きだったシャンバローというコメディグループの掛け声が入っていたり、いろいろな情報が入っている。とどめに、うちの親父のナレーションね」

鈴木昭生が「スペースエイジのバラッド」の最後で読みあげているのは、かつて出演していた番組で読んでいた言葉だ。

「テレビの黎明期で、海外ドラマの吹き替え声優さんがいなかったので、うちの親父のような新劇の人が引っ張っていかれる。いい収入源になった。『ミステリー・ゾーン』、その後『トワイライト・ゾーン』になるけど、その第一シリーズのロッド・サーリングの声を親父がやっていたの。インターネットで調べたら、しゃべっていた言葉が文字で残っていたので、それをそのまま読んでもらった。弟に『録ってきて』と言って、すごく苦労したよ、途中で詰まったり。あの頃は、もう芝居をリタイアしていて、後に中咽頭癌で声帯を取ってしまうので、しゃべれる最後ぐらいだった。『スペースエイジのバラッド』は歌詞にバラライカがいっぱい出てきて、ロシアを思い浮かべる。旧ソ連のガガーリンとかの宇宙旅行時代だよね。ジョー・ミークが作曲したザ・トルネイドースの『テルスター』あたりのサウンドを『スペースエイジ』とひとくくりにしたコンビも出たりして、私たちの世代がドンピシャなんだよね。『ベンチャーズ宇宙に行く』にも変な音がいっぱい入っているし、ここでひとまとめにしようという感じだね。スペースエイジは、夢と希望に満ち溢れたイメージだけど、大陸間弾道弾を開発するついでに宇宙旅行をやっているようなもんだから、核戦争危機がある。子供のときに夜中に飛行機が飛んでくると、ミサイルかと思って布団の中にくるまったりしていたのがキューバ危機以降の1962、3年だよね」

夏秋文尚の合流〜『MOON OVER the ROSEBUD』

2006年には、後にムーンライダーズにドラマーとして正式加入する夏秋文尚が、バンドにサポート・ドラマーとして参加しはじめる。当時はサポート・ドラマーとして坂田学や矢部浩志も参加していた。

「これはひとつ理由があって。香川の野外イベント『MONSTER baSH』(2006年8月26日)のリハの日に、かしぶちくんが腰が痛くて行けないとなって、リハーサルにも来れなくて、これは困ったぞと。『じゃあ誰にしよう?』となったときに、『そういえば夏秋くんがこの間ロフトのライヴに見に来ていたから叩けるんじゃないかな?』とか思って(笑)。まずはスケジュールだよね。空いていたの。ただし、当日しか来れないって。だから、この『MONSTER baSH』は、全曲楽屋で口三味線でベンベンベンとか歌いながら、リハーサルをしただけ。夏秋くんは本当によくやりきったよ。フェスだから短い、でも登場したらすぐに演奏しなきゃいけない恐ろしさもあったんだけど、何とかできたね。夏秋くんは曲をよく知っていてくれたんでね。なんとかできるもんだなと思った(笑)。同じような光景をかつて見たことがある。1973年のはっぴいえんど解散コンサートで、オリジナル・ムーンライダーズが出るときに、ホーンセクションのリハが間に合わなくて、楽屋でホーンの人たちが口ホーンでリハーサルをしていた。それと同じだよね。ジョン・レノンがトロントでのライヴまで、飛行機の中でリハをしたみたいなものだよ」

サポート・ドラマーを入れることに対しては、かしぶち哲郎は忸怩たるものがあっただろうと鈴木慶一は振り返る。

「かしぶちくんの腰が悪い、でもツインドラムにすることは、かしぶちくんが大歓迎して受け入れる感じではなかっただろうな。そのぶん、ギターを持って歌を何曲か歌ってくれということもできた。ドラムを叩きながら歌うよりも、前に出てきてギターで歌ったほうがいいんじゃないかということもあったしね」

2006年10月25日には、『MOON OVER the ROSEBUD』が発売される。前作からわずか1年での新作だ。テーマはネオ・ニュー・ウェイヴである。

「あれは2006年だからじゃない? 要するに『MOON OVER the ROSEBUD』が30周年のアルバムということになるんだよね。このときにも、まだ私のジョージ・マーティン役は続くんじゃないかな。タイトルを決めたのも私だし。私が気に入っていた女性２人組のThe Ditty Bopsというグループがあって、そのアルバムのタイトルが『Moon Over The Freeway』で、いいタイトルだなと思って。Sachiさんたち女性のボーカルを入れているので、そこのシーンを作っていくのをメインに考えていた。たとえば『Vintage Wine Spirits, and Roses』とかが重要になってくる。このときのライヴは、ジャケットのように私がテーブルに座って歌ったり、ピーター・ブルックとして演出も考えていた（笑）」

２００６年はTHE SUZUKIでフジロックにも出演したほか、２００６年１月27日にはＤＶＤ『Preservation Society』、２００６年４月12日にはライヴ盤『The Suzuki Preservation Society - Live at BOXX』が発売されるなど、THE SUZUKIの活動が活発化する。

「もともとは芝（省三）さんがメトロトロンのスタッフとしていたんだけど、いなくなっちゃった。そこで停滞するわけだ。何もしていないんだよね（笑）。そこでメトロトロンを活性化しようとした」

２００７年３月21日には『「マニアの受難」Collector's Edition 30th Anniversary Premium Box』が発売された。ムーンライダーズのドキュメンタリー映画『マニアの受難』をパッケージ化したものだ。

「あの映画は苦戦した。何に苦戦したかというと、メンバーの中には自分の写り方をすごく気にする人もいた。ダメ出しがすごく多くて、何度も撮り直して。その都度、白井（康彦）監督がもう一回撮り直そうとして、『いつになったら終わるんだろう?』って。白井監督が興味を持ったのは湾岸エリアだったけど、それだとTHE SUZUKIになっちゃうので、私は問題ないんだけど他のメンバーが嫌がるだろうなと思って、『工業地帯エリアからもうちょっと広がりを作ってくれればいいよ』って言ったぐらい。できあがりは私は何の問題もなく、レコード会社の人も、最初にいたギタリストの椎名和夫くんもちゃんとしゃべっているし、良い映画だと思う」

その『マニアの受難』のサウンドトラックである『マニアの受難 MOONRIDERS THE MOVIE PASSION MANIACS』は、先行して2006年11月2日に発売された。2006年4月30日に日比谷野外音楽堂で開催された30周年記念ライヴ「Vintage Moon Festival」を軸にしたものだ。

「サントラはその場の即興で作った。この頃は、コンゴのコノノNo.1が、電気親指ピアノをマイクで拾ってハウリングさせるような音を作っていたので、野音にでっかいスピーカーを置いて、そういうサウンドを目指そうとした。この映画のサントラのために、エンディングテーマとか、みんなたくさん曲を作ってるけど、それを全部やめちゃったんだ。『MOON OVER the ROSEBUD』の『When This Grateful War is Ended』なんて、このために作ったものだよ。でも、それはやめちゃって、一発録りみたいに録った」

2007年12月22日には、鈴木慶一のCM音楽を集めた『鈴木慶一 CM WORKS ON・アソシエイツ・イヤーズ（1977-1989）』が発売された。その1年前の2006年12月20日には、ムーンライダーズのCM仕事をまとめた『CM WORKS 1977-2006』も発売されている。CM仕事には経済的に「支えられた」と言いきる鈴木慶一だが、なぜこれほど発注されてきたかについては「なんだろうね？」と笑う。

「CMは6時間ぐらいのスタジオ仕事で、昔は生だからもっと短いだろうね、2時間とかで終わってしまうわけだよ。それが終わってクライアントからOKが出て、代理店のOKが出たら、テレビで流れる。テレビで流れるのを聴いた瞬間に、『あ、これで終了したな』と。そしてギャランティをいただくと。テレビで放送された瞬間に『ボツになっていないな』とわかるんだ。1回ボツになると、次が来ないかもしれないという厳しい音楽のジャンルなので。だから、ひとつひとつ真剣勝負のところが強くて、それでもなんととかやってきたという感じかな」

鈴木慶一とcero、曽我部恵一

2007年には、ceroの「目覚めてすぐ」「outdoors」をプロデュースしており、ceroの2枚目のデモCD-Rに収録された。2008年1月23日に発売された細野晴臣のトリビュート・アルバム『細野晴臣 STRANGE SONG BOOK -Tribute to Haruomi Hosono 2-』に、鈴木慶一が「東京シャイネス・ボーイ」で参加した際には、ceroがその演奏とコーラスに加わっている。

「ceroを最初に紹介してくれたのは、CM音楽代理店のディッシュの川村（昌司）さんという人なの。ディッシュともいろいろ仕事をしていて、川村さんが『ceroというグループがいるんですよ、ミニアルバムを出したいんですけど、聴いてみてください』と言われて聴いて、『いいね、よし、やろう』となった。それは体験としては、シネマのデモテープを聴いたときのような感じ。うちの会社とディッシュとフジパシフィックでお金を出して、ミニアルバムを作った」

ceroは鈴木慶一に「レコーディングの時は出前でラーメンを取るな。伸びるから」と言われたと2011年に語っている。

「彼らはまだ若くて、レコーディング中もすごくいいのに、メンバー内で何か不満があるようなやりとりがあって、見ていて『そういうこともバンドにはあるよな』と。だから、ラーメンは頼むなとか、そういうジョークばかり言っていた。ceroの音楽の幅の広さに何を感じたかというと、ムタンチスだね。ライヴを見に行ったり、ライヴに出たりすると、どんどん楽器が増えていくんだよね。スティールパンが入ったり、不思議なサウンドの構成になっていくの。ブレイクしてからホールに見に行ったときは、ものすごいノイズが鳴っていたね」

ceroとの出会いは、鈴木慶一にある「再体験」をもたらした。

「ceroの高城（晶平）くんは阿佐ヶ谷で、ご家族と一緒にRojiというお店をやっているの。そこに何度か行ったんだけど、ceroの友人たちが集まっていて、いろいろな職業の若い子がいて、非常に既視感のある景色だなと感じた。中央線沿線じゃん？『俺は若いとき、こういうシーンを見たような気がするな』とデジャヴに襲われたの。いろいろな人が集まってくる面白い場所にいるんだなと思って、これはとてもいいなと思った。かつての渋谷の百軒店、もしくは高円寺のムーヴィン、あるいは原宿のカル・デ・サックを思い出した。やっぱり人が集まるお店というのが重要なんだよね。私は『懐かしい』という言葉はあまり好きじゃないから、再体験した感じだね。そういう場所があって音楽をやっているんだから、きっと良いものをどんどん作っていくんじゃないかなと思った」

2008年2月20日には、鈴木慶一の『ヘイト船長とラヴ航海士』が発売された。ムーンライダーズの30周年ライヴの打ち上げで、鈴木慶一は曽我部恵一にプロデュースを依頼。そのとき曽我部恵一は、ムーンライダーズのプロデュースなのか、鈴木慶一のソロのプロデュースなのか、わからなかったという。

「たしかセイリンシューズというバーで曽我部くんが酔いつぶれていたんだよ。『ソロを作りたいんだけどプロデューサーいないかな？』と言っていたら、音楽評論家の女性の方が『そこで倒れてますよ』って（笑）。『そうか、曽我部くんとやってみようかな』って。野田さんの勧めもあった気がする。サニーデイ・サービスがデビューしたときの写真が、はちみつぱいの私がピアノの前で撮った写真と偶然同じようなネルシャツで長髪で、すごくそっくりだなと思って、ライヴも90年代に見に行ったりしていて、気にはなっていた。だから、2006年にゲストに来てもらって、『スカンピン』を歌ってもらった。制作の初日に曽我部くんが来て、いろいろレコード持ってきて、フラ・リッポ・リッピが入っていたんでびっくりしたんだ。『こんなサウンドどうでしょうか？』って。その場で曲を作ることになって、1曲作って、『歌詞ないんですか？　同時にないと』って言われて、そこで『歌詞は本来同時にないといけないな』ということを学習し直した。『必ず歌詞を曲と同時に作ってください』と言われた。それは命令だったね」

曽我部恵一のプロデュースのもと、鈴木慶一はヒップホップ以降の歌モノを意識していく。

「曽我部くんは、ヒップホップ以降に音楽を始めてデビューしているので、そういうところは大事にしようとした。作った曲を曽我部くんがすごく編集しちゃう。元のメロディの展開がカットされたり、すごくミニマルなものになったり、オリジナルとまったく変わっちゃうの。それも面白いからいいなと思って。『Keiichi から Keiichi へ』も曽我部くんのアイデア。恥ずかしいけどいいかと」

はちみつぱいの「煙草路地」のセルフカバーや、『火の玉ボーイ』に収録されていた「スカンピン」を踏襲した「Sukanpin Again」は、曽我部恵一に任せた結果生まれた。

「スタジオで最初に録るときに、『ギター2本ではちみつぱいの曲をやりましょうよ』って言われて。『じゃぁ「煙草路地」をやろうか』って。やるにあたっては、オリジナルのコード進行でやろうとなって、ジミ・ヘンドリックスみたいなコード進行になった。ギター2本だけなのに、すごくハードなサウンドで、ちょっとシンセも入れてという作り方。『Sukanpin Again』には、私が禁じ手にしているキーボードのフレーズがあるのね。他人にはわからないけど、『これはもう過去にさんざんやり尽くしたからやめよう』と思っていたフレーズを、『それをやってください』と言うので入れた」

曽我部恵一は、レコーディングでテイク数を重ねず、それが鈴木慶一に新鮮な緊張感をもたらした。

「曽我部くんとの作り方は、すべて驚きの連続だよ。Pro Toolsで録音して編集していくし。歌もギターもテイク1、テイク2までなの。テイク1から歌い方を決めて臨まないと、『それでいいですね』で終わっちゃう。『あ、そういう録り方か』と音楽家同士だとすぐわかるね。やはりムーンライダーズは安住の場なんだよ。1行録っては休んで、2行録っては休んでという場所なの。演奏もみんなそれでやってきたし、許してくれる。ところが、曽我部くんとやると、初回からちゃんと歌わないといけない。しかも、歌詞があるので『ラララ』じゃない。最近は違うけど、ムーンライダーズは、みんな最初は『ラララ』だから、ワンクッションのタイムラグを作るわけだよね。それから考える。でも、曽我部くんは、サウンドがこれがあって、そこに歌もちゃんと入れていく作り方。シンガーソングライターとしては、これが原点だと思うよ」

結果として、『ヘイト船長とラヴ航海士』は、２００８年12月30日の「第50回日本レコード大賞」で優秀アルバム賞を受賞することになる。意外な審査員からも愛聴していると伝えられた。

「亡くなった三木たかしさんは、入院中に『毎日聴いてます』と言ってくれていたらしいんだよ。賞状をくれた方は、歌謡界の大御所の作曲家の方なんだけど、渡すときに小さな声で『毎日聴いてます』と。これはどういうことなんだろうなと思って。鴨長明の『方丈記』の一節を『Boat of Fools』に入れたからかな?（笑）『また賞なんて』と思っていたけど、『毎日聴いています』と年配の方に言われると嬉しかったね」

6章：2009年—2021年

高まり続ける映像やサウンドへのこだわり

２００９年2月22日には、九段会館でのあがた森魚の還暦記念公演「ZIPANG BOYZ號の一夜」にはちみつぱいのメンバー全員が出演する。しかし、はちみつぱいを名乗ることはなかった。

「そう名乗る必要もないだろうと。あがたくんとしては、はちみつぱいのメンバーを集めたかったんだろうね。『それは言わないでくれ、別の機会にしたい』と言ったんだ。それが２０１6年の再結成になるんだよね。あのライヴは、緑魔子さんもいたし、ステージ上の人数がどんどん増えていって、リハーサルでくじらが仕切りだして湘南の荒鷲なバンマス状態になった（笑）」

２００９年7月22日には、鈴木慶一の『シーシック・セイラーズ登場！』が発売される。曽我部恵一をプロデューサーに迎えた三部作の2作目だ。ここでは、鈴木慶一、曽我部恵一、上野洋子、Pすけ、伊賀航からなるシーシック・セイラーズというバンドが登場する。鈴木慶一が一人二役を務め、壮大な物語が展開されていく。

「まず1作、曽我部くんと作って、今後、数作作ろうとなった。3部作と言われる場合が多いじゃない？　だから3作ぐらいは作りたいなと思っていて。1作目はほぼ2人で作ったから、2作目は架空のバンドを作ってみたいなと曽我部くんが言った。この物語は妄想が膨らんでいった（笑）。その頃はディザスタームービーばかり見ていたし、そういうディストピアものが組み合わさったね。数百年後の話で、まず海の中にいろいろなものが沈んでいるところや、地形も変わっていることも考えつつ、上海や香港が出てきたり、プロレスラーの名前のもじりが出てきたり、いろいろ混乱をしている」

『シーシック・セイラーズ登場！』は、まずバンドメンバーによるセッションから始まった。

「曽我部くんがメンバーを決めて、セッションをやろうということで『東京5001』ができた。5000年代の話ということだね（笑）。いろいろな楽器で20分ぐらいインプロヴィゼーションでセッションをして、編集して一つの短い曲にした。とにかく曽我部くんの方針として、一つのブースの中で同時に演奏しましょうと。『不戦戦艦シーシック号』はその場で作ったような気がするな。プロコル・ハルム、もしくはゾンビーズの『プレゼンス・オブ・ザ・ロード』みたいな曲にしようって。曽我部くんが作った曲は、わりとその場で作っていたような気もする。上野洋子さんの『愛の瞬間』は、ちゃんと作ってきていたと思う。私の『悲しきタンバリン』は最初から作っていたね」

付属のＤＶＤには、鈴木慶一が監督した約30分の「Ynos Pictures Presents "Chic Pirates Forever" directed by Keiichi Suzuki」が収録されている。

「どんどん録音していくうちに、映像も付けたいなということになって、ジャケット撮影を兼ねて横浜の埠頭のほうに行ったんだね。そこでいろいろなシーンを録っていくんだけど、『物恋うWalts』はそこでライヴ録音した」

2009年9月1日には、ムーンライダーズの『Here we go'round HQD』がレコミュニ（現OTOTOY）限定で配信リリースされた。2008年12月から6か月連続配信された楽曲群をまとめたものだ。24bit/48KHzというハイレゾ音源でのリリースで、近年のムーンライダーズの配信はロスレス音源だが、今もハイレゾ音源には興味があると鈴木慶一は語る。

「CDのフォーマットに対する不満はずっとあるんだ、16bit/44.1kHzで切ってしまっているので。スタジオでは、ビットレートとサンプリングレートの高いもので聴いているわけで、毎回CDになるとがっくりくるんだよ。何十年もそうやっているわけで。CDフォーマットにするときに、マスタリングという作業が行われる。そのフォーマットでもよく聴こえるようにという補正をして行くわけだよね。エンジニアを含めて、客観的に整えていく。でも、スタジオで鳴っている音をみなさんに聴いてほしいというのがずっとある」

ムーンライダーズは、『最後の晩餐』からは一旦CDのみのリリースとなった。

「イメージとして、数値が下がるということだよね。不可逆性になるわけで。音があまり良くないんだろうなという先入観がどうしてもできてしまう。でも、自分の『SUZUKI白書』をイギリスでマスタリングすると『いい音だなぁ』と思って、日本に持ち帰ると『あれ、日本の音になるな？』と不思議な体験をするわけだ。何のせいかわからないし、電圧とか気圧とかのせいかもしれない。そういった音に対する細かい技術的なことは、エンジニアといつもディスカッションしながらやってきたわけだね。それはマスタリングを誰にしてもらうかによって決まるし、『Dire Morons TRIBUNE』のときは、マスタリングエンジニアの小鐵徹さんにやってもらった。『世界の小鐵』と呼ばれる、トップエンジニアとして非常に有名な方だね。あの人はアナログでマスタリングしていくので、戻れないと言えば戻れないんだよ。鈴木博文の『棺の中で』の低音がものすごく強かったので、最後の曲の『イエローサブマリンがやってくるヤア！ヤア！ヤア！』が物足りないと、岡田くんが非常に不満を述べていて、『でも、戻せないよな』って。デジタルでやっていたらすぐに戻せた。でも、小鐵さんを選んだということは、アナログ機材を使ってのマスタリングを期待してなので、『仕方がないな』とどこか諦めるんだよね。最終的にCDの音になると、マスタリングによって見事に補正されて、スタジオで聴いている24bit/96KHzのほうがスカスカしているような気がしないでもない。ただ、まったく別のものだね。通常スタジオで聴いている音と、CDの音はまったく別の音なんだという意識がないとCDを出せないもんね」

1bitによるレコーディングを試したこともあるもののロックには向かず、必ずしもSACDやサラウンドにすれば良いわけでもないという。

「アナログは、場合によるけど、24bit/96kHzをそのまま突っ込んでカッティングするわけで、音の部屋は広い。ちなみに『シーシック・セイラーズ登場!』はファーストエディションはDVDも付いていて、映像はサラウンド。コマーシャルがいっぱい出てくるんだけど、そこはコマーシャルを見ているリビングルームの音になっている。後ろでガチャンと音がしたりする。一番サラウンドにはまっていた頃だよね」

ムーンライダーズと「東京」

2009年9月16日にはムーンライダーズの『Tokyo 7』が発売された。コンセプトは、『Here we go'round HQD』と同じく東京。ムーンライダーズはたびたび東京のバンドとして語られてきたものの、自分たちとしては特に東京のバンドという意識はないとも発言してきた。

「東京で生まれ育っちゃうと、外側から『東京のバンドですね』と言われてもピンとこない。東京人だという実感がないのが東京生まれなんだよね。なぜかというと、東京自体が非常に曖昧だから。じいさんの先祖は山形だったり、山梨だったりするわけで、3代続いたのを『生粋の江戸っ子』と呼ぶのならば、白井だけだと思う。かしぶちくんは栃木だし、くじらは鎌倉で、あとは東京23区。あまり東京東京と言われても、かしぶちくんは『俺は東京じゃないよ』と思っていたかもしれないし、くじらは『俺は鎌倉だよ』と思っていたかもしれない。東京23区に生まれた4人はあまり意識しないと思う。ここで東京に目が向いたのは、なんでだろうね?(笑)」

そもそも「Tokyo 7」とは、メーリングリストの名前だった。

「6人と野田さんで『Tokyo 7』。私が名づけて、長年そのメーリングリストが使われていた。東京を取り上げるのは最終コーナーを回った感がしないでもない。『Ciao!』につながるところもあったかもな。とにかく『東京』を入れてみようと」

『Tokyo 7』のCDケースを裏返すと、そこには夏秋文尚の姿がある。レコーディングには、13曲中4曲に参加した。

「全面的にかしぶちくんが叩いているけど、腰が悪くて、2時間ぐらいのステージを叩き続けるのは厳しい状態だったので、ライヴでは夏秋くんに叩いてもらった。坂田くんや矢部くんにも叩いてもらっていたけど、夏秋くんにだんだん落ち着いてきて、レコーディングにも参加してもらおうとなった。ドラムはかしぶちくんが叩いていて、夏秋くんの音をダビングした。それで遂に、裏側だけど夏秋くんがジャケットに登場する。かしぶちくんの体調も含めて、ずっとツインドラム体制で行くという決意があった」

鈴木慶一のジョージ・マーティン役は続き、サウンド面ではアーケイド・ファイアやアントニー&ザ・ジョンソンズなど、同時代のロックを意識した。アルバムの最後を飾るのは、6人のメンバーが生まれた月についての歌詞を歌っていく「6つの来し方行く末」だ。

「よく考えると、岡田くんの曲がかなりのアルバムで核になっている。かしぶちくんは別の位置での核になっていたりするわけ。2人がいなくなって、それをすごく感じるね。『ムーンライダーズの夜』で『黒いシェパード』が核になっていたのと同じような意味合いで『6つの来し方行く末』があって、アルバムを象徴する形にしたいなと思った。岡田くんからは『来し方行く末』という言葉をタイトルに入れてと言われたんだ。岡田くんというのは、コピーライター的なところがあるので、『歌詞にこれは必ず入れてくれ』と言ったりした。『6つの来し方行く末』は、6人が1番ずつ歌って、生まれ月で自分のところを歌っていこうというアイデアが浮かんだんだね。その人になりきって、『この人だったらこういう歌詞を歌うんじゃないか』もしくは『あの人だったらこういう歌詞がぴったりなんじゃないか』というのを、第三者的にどんどん書いていったの。メンバーとも長い付き合いだからね。71、2年に出会っていたとするならば、ある程度その人の持っているキャラクター、もしくは特徴というのは当然わかっているわけだ。でも、『こんな部分があったんだ』と発見することもあるんだよね。私のイメージで、6人がこれまでの音楽を作ってきたときのスタイルを歌詞にしていった」

2010年6月2日には、鈴木慶一の『Keiichi Suzuki:Music for Films and Games』が発売される。鈴木慶一の映画音楽、ゲーム音楽、ミュージカル音楽をまとめた2枚組だ。

「『良いおっぱい悪いおっぱい』のテーマは、音源をかしぶちくんが保存していたので借りた。『うずまき』や『ゴーストスープ』とかはサントラが出ているので、そこから選んで、映画音楽の軌跡みたいなものをまとめた」

エクストラトラックは2曲。「Tokyo 5001 A.D.#1」は、『シーシック・セイラーズ登場!』

の「東京５００１」の別テイク。３、４テイク録ったなかの1テイク目で、フルサイズに近いという。もう1曲は、『MOTHER2 ギーグの逆襲』の「Smiles and Tears」を、相対性理論のやくしまるえつこが歌った「SMILES and TEARS 2010」だ。『MOTHER2 ギーグの逆襲』のサウンドトラックのライナーノートに、糸井重里による歌詞が掲載されていたものの、当時はインストルメンタルだった。

「２００９年に新宿ロフトで相対性理論とツーマンをやった。やくしまるさんはタバコアレルギーだから、そのときはみんな禁煙したね。そのときの最初の挨拶が、『「MOTHER」やってました』だから、やくしまるさんに歌ってもらおうとなった。アレンジは松前公高くんにしてもらった。もともと『Smiles and Tears』は、当時の糸井さんの頭の中では、いわゆるアイドル的な人、たとえばSMAPとかに歌ってほしいという気持ちがあったみたい。だけど、いろいろうまくいかずで、歌詞だけ載せた。最後の『I miss you』は、私が言ったと思う。そういうこともあり、やっと20年ぐらいかかって歌が入ったということだね」

鈴木慶一と『アウトレイジ』

２０１０年6月2日には、北野武監督の『アウトレイジ』のサウンドトラックも発売された。低音が響くテクノ色の濃いサウンドだ。

「ホラーの『うずまき』を作ったとき、映画音楽においてアンビエントテクノとのマッチングが非常にいいなと思ったけど、『座頭市』はそうじゃない方向だった。『座頭市』の次に『アウトレイジ』を頼まれたので、『よし、これでアンビエントテクノなるものを大量に突っ込んでいこう』という気持ちになった。こういうヤクザ映画にぴったり合うサウンドなんじゃないかと思ったね。監督も『クールでいいね』ということだった。完全にエレクトロニカに振り切ったのは『アウトレイジ』三部作になってくると思う」

ただ、スタート時点からテクノというわけではなかった。

「最初の打ち合わせで、北野武さんはタンゴと言ったね。それでタンゴ的なデモを作ったけど、何か違うということで、エレクトロニカルにしていった。ヤクザが高級車で走っていく出だしのシーンでタイトルが出たところで、ものすごく電子的な音を乗せていくわけだね。だいたい北野武監督の場合、テーマを何個も作って、まずオープニングを決めていく。オープニングは、タイトルが出てシーンが変わるまで。毎回そうだね。それがエンドロールで拡張した長いものになる」

『アウトレイジ』でも、『座頭市』同様に鈴木慶一はダビング作業に立ち会った。

「セリフに当たらないようなタイミングで音を入れていった。でも、音楽とSE、セリフを混ぜるとき、音響のチーフの人の感覚でスタートポイントが始まったりするわけ。せっかくセリフのないところに当てているので、『そこはズラさないでください、そこだけはよろしくお願いします』っていう感じでお願いすることになるね。監督は前の椅子に座っていて、エンジニアは後ろのミキシングコンソールに囲まれているわけだ。そこにいって、ささやくの（笑）。監督が別に何も言わなければそれでＯＫだし。ダビングの現場には、コンピュータを持ち込んで、何か問題が生じたら、すぐに音を抜いたりできるようにする」

劇中に流れるＢＧＭまで作り込んでいるのも『アウトレイジ』シリーズの特徴だ。

「一番お金がかかったのは、生の弦を使ってカルテットで弾いてもらったところだけど、それはカジノでのＢＧＭだったりするんだよね。ほとんど聴こえないといえば聴こえない（笑）。喧騒の中でわずかに鳴っている感じ。『アウトレイジ』の三部作では、いろいろな音を作るわけだよね、それが楽しみでもある。喫茶店のＢＧＭを、『喫茶店だからジャズかな』とか、けっこう気合いを入れて作っている。ホテルのロビーでかかっている音楽とか、いろいろ考えるわけ。メインでないところの音を作るわけで、音効さんが作る場合もある。そっちがいいなと監督に言われたら、そっちになっちゃう」

北野武作品における音楽制作は、何が良くて何が合わないかを短期間で探る情報戦のようだった。

「映画音楽は監督の意見を重要視するんだけど、そこに自分の趣味的なものをどれだけ滑り込ませられるかが難しい。滑り込ませすぎるとボツになったりもする。でも、私に依頼されたということは、ちょっとは私の匂いみたいなものを出そうかなと、どうしても思ってしまう。映画音楽は、最初にまず4曲ぐらい作るとするじゃない？『これは合わないですね』というのを知りたい。だから、いろいろなものを作って提案する。『すべて合わないですね』と言われたら、『この監督の映画に対しての音楽のアプローチは、これでは合わないんだな』とまず知る。『これを望んでいるのかな』と思って作ったものに対して、『これは合わない』という意見のほうが重要で、それで知っていくわけ。監督自身もわからないと思うんだよ。武さんは、何に対して『いいな』と思っているのか本当にわからない。『これはかっこいい』とかちゃんと言わない人だから。一緒にいるエンジニアから聞く『殺陣のシーンの音楽がかっこいいな、ってボソッと言っていましたよ』というような話が重要で、情報戦のようなものだ。『いいな』と思うものを拾って、『合わないな』と思うものを削っていく。全部撮り終わって、編集も終わって、一番最後に音楽を作っていくと、けっこう期間が短いんだ。2、3か月かな。音楽を当ててみて、やり直しは何度も何度も繰り返されるので、ギリギリだよね」

『アウトレイジ 最終章』のサウンドトラックに収録されている「The Way to the Lake」では、ベースだけが長く鳴り響いている。これは現場で行われた音の引き算の結果だ。

「私は空間恐怖症的なところがあるので、音をどんどん重ねていくわけだよ。武さんは、それを抜いていく。通常は、打楽器とベースでリズムを作って、グルーヴを作っていくわけだよね。でも、『ベースはいらない』と言われると、どうしていいかわからなくなる。でも、『パーカッションもいらない』とか、マイナスにしていくことによって、『これも面白いな』ということになっていくわけ。『アウトレイジ 最終章』は、大杉漣さんが土に埋められて車で首を飛ばされるところなんて、約1分ベースだけだもんね。なぜベースだけになるかというと、そこにベースとパーカッションが入っていたけど、ギアを入れる音とぶつかるので、『パーカッションはいらないな』となった。それをサントラにすると、『なんだ、これ?』になるわけだよ」

激動の2011年、ムーンライダーズの無期限活動休止

２０１１年は、鈴木慶一にとって激動の年となる。２０１１年1月26日には、鈴木慶一の『ヘイト船長回顧録 In Retrospect』が発売される。曽我部恵一プロデュース三部作の完結編だ。高橋幸宏、ムーンライダーズ、あがた森魚、PANTA、遠藤賢司などが参加。鈴木慶一の音楽キャリアを総括するかのような顔ぶれを迎えた。

「『火の玉ボーイ』から35周年ということもあって、２０１１年に『火の玉ボーイ』のライヴをやった。総まとめ的な年だったんだよね。付き合いのある人に来てもらったり、子供のときに聴いていたボニー・ジャックスの方々とスリー・グレイセスの方々に来てもらったり、まさに回顧録なんだ」

回顧録だけに、幼少期の記憶も、大人になって聞いた過去の話も歌詞に盛り込まれた。

「曽我部くんと打ち合わせのときに、『３０００年後に土の中から発見された、タイムカプセ

ルのような音楽はどうでしょう』って言われたんだ。また、西暦5000年になるわけだ（笑）。今までいっぱい曲を作ってきて、歌詞を書いてきて、物語を書きすぎた人の歌詞はどうですか、と曽我部くんから提案されたね。その数年前、親父が亡くなったので、法事とかが多いんだよね。親戚のおじさん、おばさんが、いろいろなおしゃべりをする。『天ぷら学生というのがいたんだ』『それはなんですか？』と言ってメモするの。ゴム紐売りは、本当に来たんだよね、押し売りだよね。『老婦人と見知らぬ人』というのは、『火の玉ボーイ』の『午後のレディ』の続編みたいなもので、ちょっと変わった老婦人が家の前を通って、うちのばあさんが玄関先を掃除していると、必ず『バカみたい』と言って通っていくんだよね。子供の頃の事実も大量に入っているよ。私と同じ羽田中学を卒業した人で、後年AV女優になった人がいて、水上生活者だったんだよね。その人が『あたしの故郷は流木なの』のモデルなんだよ」

２０１１年3月11日には東日本大震災が発生。２０１１年4月2日にメルパルクホールで開催が予定されていた「ムーンライダーズ35周年記念『火の玉ボーイコンサート』」は、5月5日に延期される。鈴木慶一は震災発生時、駒沢でラジオの収録中。番組ディレクターの車でなんとか三軒茶屋に一旦帰宅した後、混みあう国道２４６号を車で2時間かけて走り、中目黒の事務所に向かった。

「震災のショックで、岡田くんは音楽を作れないと言っていたね。私は『ここで何かやらないとな』と考えた。音楽をやろうと。大災害が起きると『音楽は力がないんじゃないか』というふうに考える人もいる。私も最初はそう思った。でも、ここで止めたり、自粛したりすると、終わってしまうぞと思ったんだよね。4月2日も、延期するかしないかという議論があった。延期すると、出る予定の人が出られなくなっちゃったりする」

最終的には延期が決まり、2011年4月2日の当日は、「小さな灯の玉フリーギグ」が渋谷O-Crestで無料で開催された。ムーンライダーズのメンバーに加え、あがた森魚、青山陽一、上野洋子、鈴木祥子、水谷紹、松田幸一、久住昌之が出演している。

「完全無料のライヴで小さくやるので、出たい人だけ出てくださいと。放射能の問題もあったけど、ムーンライダーズはみんな来て、本当にたまげた。翌月に『火の玉ボーイ』のライヴをやるわけで、そのときは当然全員いる。普通、アルバム1枚を再現するのは非常に精神的に大変なんだよ。ふだんやってない曲もあるし。でも、『火の玉ボーイ』はそんなに負担ではなかったね。地震のせいもあるかもしれない。『地震があったからこそやらなきゃな』となった。『よくやれたな』と思われがちだけど、企画したほうは『今だからこそ音楽をやらないと』という意識が強かったので、勢いで行けたよね」

2011年10月12日には、THE BEATNIKSの『LAST TRAIN TO EXITOWN』が発売される。サウンドには、カントリー・ロックをエレクトロニカでしているような感触もある。

「地震もあったし、途中で制作が中断したんだよね。幸宏が体調を崩したり、エンジニア、プログラマーのゴンドウ（トモヒコ）くんが怪我をしたり、いろいろあってトラブルだらけだったんだよ。それが再開して、3・11があって、『どうなるんだろうな?』ということに突き動かされて作ったアルバムなんだよね。さらに、本来のビートニクとはどういうものかを研究すればするほど、アメリカの音楽になっていくわけ。だからアメリカ的なんだ」

2011年11月11日は満月の夜だった。その日、ムーンライダーズは突然、無期限活動休止を発表する。その午後11時11分からは、OTOTOYで新曲「Last Serenade」の無料配信が開始された。2011年12月14日に発売されたムーンライダーズの『Ciao!』は、THE BEATNIKSの『LAST TRAIN TO EXITOWN』とほぼ並行して制作された作品だ。ムーンライダーズの無期限活動休止が決定したのは、『Ciao!』の制作中だった。

「アルバムは途中までできていたけど、岡田くんとかかしぶちくんが地震ですごくショックを受けて、どうしようかなとなった。中断するかどうかというところまで行ったけど、作ろうと。ただ、2000年代にずっとジョージ・マーティン役をやってきて、私も疲弊していた。しかも、『このバンドにジョージ・マーティンはいらない』という意見もメンバーから出てきた。そのちゃぶ台返しには、私もムカっときたね。メンバーの私生活もバンドに影響したり、モチベーションが落ちることがどんどん起きてきた。みんな疲れていたよ」

無期限活動休止は、鈴木慶一と岡田徹によって話し合われた。

「岡田くんと2人でミーティングのために会って、野田さんもいた。そこで『活動休止にするか』と決めたんだよね。野田さんが、他のメンバー全員に電話をした。集まったとき、他のメンバーは黙っていたね。呆然としていたけど、『休止か、じゃあ、わかった』と。『なんで休止にするんだ』という質問がなかったから、ちょっとほっとした。それを受け入れるような状況だったのかもね」

無期限活動休止は、停滞した状況を打破して、アルバムを制作するための最後の手段でもあった。

「無期限活動休止で一区切りつけるアルバムにしようということで、方向が決まって、急に動きだした。大災害時に、音楽を作るのか、作れないのかというのもあると思う。私は作るほうを選んだけど、そうではない人もいたわけだ。でも、地震をテーマにするわけにもいかないし。そういう状況を活性化するには、最後の最後の手段しかないかなということになっちゃったね。テーマとして『Ciao!』が一番いいんじゃないかなと。無期限活動休止となれば、これはひょっとしたら解散かもしれない。最後となれば、みんな一生懸命曲を作る方向に向かうんじゃないかなという気持ちはあった」

それまで、バンド内ではさまざまな問題が発火し、引火していった。それを一旦止めるための無期限活動休止でもあった。

「何十年やっても、みんなの『ムーンライダーズに対してそういう考えがあるのか』というのがどんどん吹き出してきて、ちょっとジョージ・マーティンの手に負えなくなってきた。いろいろな人の考え方がバラついている印象は『Tokyo 7』以降、あったと言えばあった。いろいろな個人的なことでうしろに引っ張られて、それがあちこちに引火していくわけだね。それによって、私のモチベーションも下がるのは恐ろしかったので、無期限活動休止宣言をするしかなかったんだ。あちこちに引火した問題も、とりあえず置いておいて、アルバムを作ろうということになった」

無期限活動休止と表現していたが、6人で作った所属事務所であるmoonriders divisionも休眠した。事実上のムーンライダーズの解散のように見えたが、鈴木慶一はそれを否定する。

「いろいろな人が解散だと思ったみたいだけど、解散とは言ってないよ。無期限活動休止にするけど、また始めるかもしれないし。新作を作ることはストップしようということなんだよね」

最後の手段である無期限活動休止を決めてまで制作された『Ciao!』。そのアナログ盤には、18分に及ぶ「チャオ！組曲 Suite: Ciao!」が収録されてた。

「『Ciao!』というアルバムは、すごくいい曲がたくさん集まったと思う。最後だから出しきってしまうということで、あのアルバムで別テイクを作ろうとした。ビートルズの『アビイ・ロード』B面のメドレーみたいなものをアナログ盤の最終面で作ろうとした」

２０１１年12月17日、ムーンライダーズは中野サンプラザで「Ciao! THE MOONRIDERS」を開催した。２０１１年12月30日にはタワーレコード新宿店の屋上で、『Ciao!』アナログ盤の購入者から抽選で当たったファンを対象にしたルーフトップ・ギグが行われ、２０１１年12月31日に高円寺ＨＩＧＨでファンクラブ会員限定ライヴが行われたが、普通にチケットを買って入場できるライヴは中野サンプラザが最後となった。

「特に悲しいとか、そういうことはなかったね。美しく休止しようという感じ。そういう演出ばかり考えていた。最後にお客さんをステージにあげたり、『蒸気でできたプレイグランド劇場で』で終わる構成を作ったり、風船を飛ばしたり、そういうことばかり考えていた。終わり方、休止の仕方が大事なことなんだ。しかもライヴでしょ？　アルバムを出して、ライヴでどうやって終わるかを考えた。はちみつぱいの解散の仕方が非常に杜撰というか、思ってもみない終わり方だったので、そうじゃなくてワンマンでやって、ちゃんと終わろうとした」

Controversial Spark、No Lie-Sense始動

ムーンライダーズという鈴木慶一にとって大きな存在が無期限活動休止になったことは、創作活動への影響も生んだ。

「こう言っちゃなんだけど、肩の荷がおりたみたいな感じだったね。『よし、じゃあ何か違うことをやっていこう』と。ただ、『ヘイト船長回顧録』まではムーンライダーズがあったわけだよね。ムーンライダーズと違うものをソロで作るという意識があったけど、すごく大きく違うのは、ムーンライダーズがないことなんだよ。さて、どうやってソロを作ったらいいのかなと。ムーンライダーズがないと、きっかけが作りにくい。ムーンライダーズというのは、私の

中でそれほど大きな存在であって、それに対しての違うものという意識でソロは作りやすかった。三部作は特にそう。それは、巨大な鏡が消えてしまったという感じ（笑）。『これはムーンライダーズでは絶対に落とされるだろうな』というデモがあったりするじゃない？　それをソロで出していったりしたわけ。ムーンライダーズに曲を作るということを考えなくていい。肩の荷がおりたけど、自由すぎちゃって、何か制約がなくなってしまったという、ちょっとしたマイナスの側面は生んだね」

２０１２年9月26日には、北野武監督の『アウトレイジビヨンド』のサウンドトラックが発売。２０１３年5月8日には、『聖☆おにいさん オリジナルサウンドトラック』が発売され、ここでは白井良明とともに音楽を担当している。

「白井に『この曲をやる』と選んでもらって、私も選んで作って、『誰もいないね』をデュエットしようということで歌った。だから、休止後メンバーと疎遠になる部分もあるけど、こういった映画音楽の依頼が来たときには、『じゃあ、白井とやろう』とかは自然にできていた。かしぶちくんと最後に会ったのは、２０１３年のサラヴァ東京でのピエール・バルーのライヴだった」

２０１３年8月28日には、Controversial Sparkの『Controversial Spark』が発売される。鈴木慶一、矢部浩志、近藤研二、岩崎なおみ、konoreという、20代から60代までの5世代にわたるメンバー構成。ムーンライダーズの無期限活動休止後、初のバンドの始動だった。

「近藤くんがCMですごくいいギターを弾いてくれたので、すごく久々に会って。矢部くんもいいドラムをずっと叩いているし、いい曲を作る。3人で集まってバンドを作ろうとしたんだ。ドラム、ギター、ギターだから、ベーシストの女性、もしくはギタリストの女性を探そうというところから始まった。矢部くんの書く曲が女性に向いてるというのもあって、女性ボーカルのグループにしたいなと思った。それが2013年の初頭で、2013年6月にオーディションを兼ねてみんな集まる。まさにウイングスみたいなものだよね。ウイングスと違うのは、みんなのバンド。ムーンライダーズと同じようなグループができたらなと思った」

そして、女性のベースと、続いて女性のボーカルとギターが加わる。

「たまたま岩崎さんとは何かの打ち上げでばったり会って、どんなベースを弾くか聴かせてもらったの。それがすごくいいベースで。konoreはYouTubeで野田さんが探してきた。あとでわかるんだけど、偶然にも、その数年前にEMIのオーディションのグレート・ハンティングに、konoreのバンドのthe roomsが出ていて、審査員だった私が『歌詞がいい』とかすごく褒めてるの。それで呼んでみようとなって、konore抜きの4人でまずセッションをして、konoreは1時間後に来てもらった。そこにkonoreが登場するわけだけど、遅刻してきたと思っちゃったみたいで、すごい焦ってセッティングしていたので、『我々でちょっとやってみて、そこに登場してもらいたかっただけだよ』って。その映像を最初から最後までずっと撮ってるんだよ。それが後のMVになる。だから、『konoreがダメだったらどうしよう』とかはあまり考えていなかったね。そのときにセッションを録音したものも音源として出すわけだし。奇跡的だけど、これでいけるんじゃないかという読みもあるよね。やってみたらうまくいったので、『これでバンド結成だ』と思った」

意図的にキーボードは入れずに、ギターバンドの編成にしたのは、ムーンライダーズとは異なるバンドを作ろうとしたからだった。

「ギター3人のバンドは、私の憧れだったからね。モビー・グレイプやバッファロー・スプリングフィールドのようなバンドだね。ギター3本はすごく面白いアンサンブルにはなる。しかし、ティンマシーンみたいになりたくないの（笑）。だから、テクノ的な部分を排した。頭の中には、なんと80年代の黒人のレッド・ツェッペリンと言われるリヴィング・カラーがあった（笑）。私の立ち位置は、後ろでギターを弾いて、ときどきコーラスをして、曲を書くというようなバンド形態にしようとした。ライヴよりも先に録音したんだ。2013年8月の『WORLD HAPPINESS 2013』でライヴデビュー。これは怖かったけど、LEFT STAGEのトップにしてもらった。なぜかというと、トップだとリハーサルができる。私は最後の『WH13 SPECIAL BAND〈The おそ松くんズ〉』にも登場したから、ずっといなきゃいけなかったけど」

2013年11月6日には、KERAとのユニットであるNo Lie-Senseの『First Suicide Note』が発売された。秩父山バンドから25年を経ての新ユニット始動だった。

「KERAが必殺技を出してきて、ナゴムレーベルにしましょうと。『そうか、これは続けるんだな』ということだよね。始まりは、よくある喫煙エリアでの雑談だよね。『今度何かやりましょうよ』『おお、やろうか』となるんだよ。それで、うちの事務所に来てもらって、最初にバンド名をすぐに決めたね。『そういえば2人とも免許ないね、じゃあ、No Lie-Senseだ』と。綴りは、嘘をつくセンスのない人ということだ。1枚目は、秩父山バンドの『DEAD OR ALIVE(FINE, FINE)』とムーンライダーズの『だるい人』のセルフカバーをしていこうというところから始まった。それを発展させていったり、意味のない言葉がずっと続く曲が入っていたり」

制作においては、2人だけのユニットならではのスピード感もあった。

「No Lie-SenseもTHE BEATNIKSも鈴木マツヲもP.K.Oも、ユニットとしての2人というのは、非常に手早く物事が進むんだね。幸宏と『LAST TRAIN TO EXITOWN』を作っていたときも、ものすごいスピードで曲ができていくのね。幸宏が曲を作っているときに、私は迷惑も顧みずに別の曲の間奏を作っていたりもするわけ。それが幸宏には聴こえているんだけど、お互いに没頭しているから気にならない。同時進行で別のことをやっている。KERAとやっているときは、KERAが鼻歌のようなものを録音してきて始まって、それでどんどん作っていく。労働量は私のほうが多くなっちゃうけどね」

かしぶち哲郎との別れ

２０１３年12月17日、ムーンライダーズは初めてメンバーの死に直面する。かしぶち哲郎がこの世を去ったのだ。かしぶち哲郎は、『リラのホテル』『彼女の時』のリマスターと、新作ソロアルバムのリリースを望んでおり、その作業を手伝っていた野田美佐子は、かしぶち哲郎ががんで闘病していることを知っていた。しかし、かしぶち哲郎はメンバーに闘病を伝えないように口止めしていた。野田美佐子は、自分の弱っていく姿をメンバーに見せたくないという美学だったのだろうと振り返る。

ある日、野田美佐子がいつものようにかしぶち哲郎に電話をすると、電話に出た長男・橿渕太久磨から、父の危篤を伝えられた。

「私と鈴木博文と野田さんの３人で、かしぶちくんの自宅に行った。危篤だったのは、その日まで誰も知らなかった。亡くなったのは、私たちが行った5時間後ぐらいだよ。私はかしぶちくんの横で『釣り糸』をギターで弾いたんだけど、コードがわからなくて間違えちゃった。『ごめんな』とか言ってね。その日、私は取材があったんだよね。それで会社に戻って取材していたら亡くなった。ずっと至近距離にいたメンバーの１人がなくなるというのは大きなことだった。お別れ会は2月だったね。実感が湧くまで時間がかかるなと思った。かしぶちくんの不在感を本当に感じたのは、２０２２年にアルバム（『It's the mooonriders』）を作っている途中だ。作っていて『何か足りないな』と思ってたら、『そうか、かしぶちくんの曲がないんだな』って。2013年は、いろいろなことがあって、作るものもいっぱいあったけど、かしぶちくんも大滝さんも亡くなったし、失うものもあった。かしぶちくんが病気だというのもよく知らなかったし。ピエール・バルーのライヴで会ったときに、すごく調子が悪そうだなとは思ったけど、こんなに早く別れが訪れるとは思いもしなかった」

鈴木慶一がかしぶち哲郎の音楽に感じる魅力とは「退廃の先の無情」だ。

「人間としては、あの頑固さは面倒臭いけど魅力だよ（笑）。昔からそうだよ。『ここは変えたほうがいいんじゃない？』と、いろいろな人が言ったりもする。変えるけど、結局戻すんだよ。その頑固さ。そして、作る曲が私とは違う要素がたくさんある。これは何なのか。言葉で具体的に音楽を説明するのは難しいけど、それはクラシックかもしれないし、異国情緒かもしれないし、そういったものを非常に初期の頃からあえて書いてくるんだよ。はちみつぱいの『釣り糸』も、何かノスタルジックだけど、すごくややこしいコード進行だったりするんだよ。そういう曲を作ってくるんだよね。それと、『砂丘』には退廃の先の無情みたいなものを感じるよね。それは私もやりたいなと思うけど、なかなか出てこないところなの。かしぶちくんの持っている特徴として大きいのは、ロマンティシズムではなくて退廃なんだよ。だから、退廃の先の無情とはなんだろうと考えるけど、かしぶちくんはプロコル・ハルムの『グランド・ホテル』が好きだった。かしぶちくんにはピエール・バルーの『サ・ヴァ、サ・ヴィアン』を教えてもらった。アメリカ音楽にないような欧州無国籍感があるね。日本的退廃なのかもしれないけど、いずれにしろ憂鬱感がある。それは私が持っていないものだし、デモテープを聴くといつも感じる。ヨーロッパすぎない、何か不思議な無国籍状態のところにいるよね」

鈴木慶一は、かしぶち哲郎の歌詞にも驚かされてきた。

「『バック・シート』の歌詞はすごいもん。『O.K.パ・ド・ドゥ』では、ドブさらいが出てくる。これはびっくりしたね。『かしぶちくん、ドブさらいってなんで?』って聞いたら、『ここはドブさらいがちょうどいいんだよ』って。いわゆるコンクリでできているドブじゃなくて、土でできているドブの底に溜まったヘドロを取っていく作業だよね。あれはびっくりしたなぁ。ムーンライダーズには、真ん中に岡田くんの曲があって、それを取り巻く他のメンバーの曲があるわけだよ。一番極北にあるのは、かしぶちくんの曲だったりするわけ。その極北が、新譜を作っているときにない。『It's the mooonriders』は、あえてかしぶちくん的な歌詞を作ったりしたね。横文字をけっこう使うから、『S.A.D』にはリキュールを入れたり」

野田美佐子は、ムーンライダーズが復活したときのためにかしぶち哲郎が制作していた楽曲の存在を知っていた。その「Lily」は、かしぶち哲郎の1周忌である2014年12月17日に発売された『かしぶち哲郎トリビュート・アルバム〜ハバロフスクを訪ねて』に、ムーンライダーズの演奏で収録された。

「かしぶちくんの録音したデモに、我々がダビングしているわけだ。『ラララ』でかしぶちくんが歌ってるんだよ。聴いたとき、みんなシーンとしちゃったね」

かしぶち哲郎の1周忌である２０１４年12月17日には、日本青年館で『moonriders LIVE 2014 Ciao Mr.Kashibuchi』を行い、翌18日にも追加公演『moonriders LIVE 2014 "Ciao Mr.Kachibuchi" An encore show』が行われた。このライヴには、かしぶち哲郎の長男である櫂渕太久磨がドラムで参加している。

「悲しみよりも、やはり演出をどうしようかと考えたんだ。『Ciao!』のときは無期限活動休止、かしぶちくんのときは1周忌で、その演出を考えることによって、悲しみを感じる暇もなくなる。そうしないとやれない」

２０１４年12月17日は「Lily」で終わったが、２０１４年12月18日は「Lily」に続けて「BEATITUDE」が演奏された。

「2日目の最後は明るく終わろうとしたんだよ」

しかし、両日はあくまで限定復活ライヴという扱いであり、ムーンライダーズが再起動することはなかった。バンドは再び眠りにつく。

「何か機会があればライヴをやるかもしれないという気持ちにはなったよ。休止だからね。だけど、新譜を作る気はまったくない」

月日を2か月ほどさかのぼれば、２０１４年10月22日にControversial Sparkの『Section 1』が発売された。初のフルアルバムだ。

「ムーンライダーズと同じだなと思ったよ（笑）。結局バンドを作って、しかも全員が曲を書くということになると、非常に民主的に物事を決めていくことになるわけだよ。誰かが全部の曲を書くわけではないし。そうなると同じ苦労が出てくるよね。それが一番出るのはミックスの作業。でも、その苦労は受けて立つ。バンドをやるからには、そういうことがあって当たり前であって、そこでバンドをやめることはない。結局、自虐的なんだよ（笑）」

Controversial Sparkにおいても、鈴木慶一はかしぶち哲郎のことを思い出す瞬間があった。

「岩崎さんは曲を書いたことはないと言っていたけど、『書けるんじゃないか？』と言って、書いてもらったりして。それに対して、近藤くんがコード進行を変えたりするんだけど、岩崎さんが、『あー、そうですね』と言いながら、最後は『やっぱり戻したいんだけど』って。かしぶちくん的だなとは思ったね」

『龍三と七人の子分たち』〜ムジカ・ピッコリーノ

2015年4月15日には、北野武監督作品の『龍三と七人の子分たち』のサウンドトラックが発売された。鈴木慶一が北野武と組むのは4作目。バンドネオンが響くが、その方向性を北野武から聞きだすまでは一苦労だった。

「雰囲気をたしかめに、映画の撮影の現場に1回は行くのね。そうすると、移動の時間があるじゃない？　撮影場所が変わりますというときに、隣に行って、監督に話しかけないとタイミングがないんだよ。撮影に入っちゃうと、ずっとモニターを見ているから、そこで話しかけるわけにはいかないんだよね。『アウトレイジ 最終章』の海の撮影のときは、まったく話しかけられる瞬間がなかった。撮影も早いしね。テイク1か、テイク2で終わっちゃう。『今日は終わり』と言って帰っていっちゃうから。『龍三と七人の子分たち』では名古屋ロケがあって、移動の間に隣に行って、『今度の音楽はどうしましょうね』と聞いたら『タンゴか、バンドネオンかな』と言ったので、徹底的にバンドネオンを使ったサントラになったの。バンドネオン奏者は、2011年にプロデュースした森山良子さんの『すべてが歌になっていった』で弾いてもらった啼鵬さんに来てもらった」

さらに、タンゴやバンドネオンという方向性のなかに、さまざまな遊びを入れていった。

「北野監督の中ではちょっと番外編っぽいじゃない？『カムイ外伝』っぽいよね。レコーディングでは『この人が出てきたらジャンゴ、マカロニ・ウエスタンにしよう』とか言って、わりとスムーズに行ったと思うよ。あとは、ところどころで『アウトレイジ』的な音をあえて使ったり。全体が喜劇なので、兄弟の契りをやっているところに、演歌のフレーズでタンゴを演奏していくとか。『Becoming Sworn Brothers』ね。タイミングがあるので、それだけは打ち込みにしたけど、ほかは生に差し替えた。そのときは、打ち込みの演歌っぽいタンゴを武さんが褒めてくれたね。『これはいいなぁ』と」

2015年11月25日には、ムジカ・ピッコリーノの『ムジカ・ピッコリーノメロトロン号の仲間たちセレクション』が発売される。『ムジカ・ピッコリーノ』とは、NHK Eテレで放送された、子供向け音楽教育番組で、当時のレギュラーメンバーは、鈴木慶一、斎藤アリーナ、ASA-CHANG、戸松恵哉、ゴンドウトモヒコ、徳澤青弦。鈴木慶一はボーカルやベース、ギターやキーボードを担当した。

「最初はベースだったんだよね。ゴンドウくんが書いた譜面で練習したけど、『これは打ち込みに変えてよ、ベースはさすがに厳しいよ』と言って。毎週2回、録音の日と番組収録の日があった。録音はNHKではなく、ゴンドウくんのスタジオに行って録っていたね。収録の日は、朝早くから夜まで、まるまる1日だよ。アリーナちゃんが中学生だったから、20時には終わらなきゃいけないので、朝早いんだ。面白かったね」

2016年9月21日には、ムジカ・ピッコリーノの『ムジカ・ピッコリーノ　Mr.グレープフルーツのブートラジオ』も発売されるが、鈴木慶一とは縁もゆかりもなかったゴダイゴの「モンキー・マジック」も収録されている。

「スタッフの石原(淳平)さんが選曲して、それをゴンドウくんがアレンジして、それに従って我々が演奏するんだね。演奏した1分ぐらいの短い曲があって、その手前に楽器の構造の説明がある。楽器が一つのストーリーになっているので、それに似合った演奏する曲が何であってもやるということで、やったことのない珍しい曲もあったよね。『モンキー・マジック』なんて演奏したことがないし。『ストロベリー・フィールズ・フォーエバー』をやるときに、メロトロンをちらっと弾くんだけど、小ネタだらけだよ。キング・クリムゾンのフレーズを弾いたり、マンフレッド・マンの『ミスター・ジェイムスの花嫁さん』のイントロをちょっと弾いたりとかね。ギターのストラップも、『レット・イット・ビー』のルーフトップのときのジョン・レノンのストラップをつけたり、自分でやっている小ネタだらけだね」

鈴木慶一45周年　はちみつぱい・ムーンライダーズ再集結

２０１５年11月25日には、鈴木慶一の音楽活動45周年記念ベストアルバム『謀らずも朝夕45年 Keiichi Suzuki chronicle 1970-2015』が発売される。３枚組のうち２枚は、鈴木慶一の参加したバンドやユニット、ソロの楽曲を収録し、ディスク３には提供楽曲などが収録されている。

さらに、２０１５年12月16日には、鈴木慶一の『Records and Memories』が発売される。「Sir Memoria Phonautograph邸」や「バルク丸とリテール号」など、時空が曖昧になっている歌詞が多く、曲名のない「Untitled Songs」が10分を超えるなど、自身の内面に入り込んでいくようなアルバムだ。

「それが『Records and Memories』だよね。記憶と記録。『Untitled Songs』はかしぶちくんが亡くなったから作ったんだ。忘れもしないよ。２０１３年に亡くなったと聞いたときにすぐ作った。それが『Records and Memories』で登場する。その手前のライヴでもよくやっていたんだ。岡田くんが亡くなったときも曲を作ったし、PANTAが亡くなったときも曲を作ったし。なぜか曲を作るんだよ」

鈴木慶一のソロアルバムには、ハリー・ニルソンの影響が顔を出す。

「『Records and Memories』は、三部作よりもより曖昧になっている。誰かの指摘によって気づいたんだけど、『ひとりぼっち収穫祭』は、ニルソンの曲の裏メロディなんだよね。メロディの後ろで鳴っているキーボードの音が、『ひとりぼっち収穫祭』のメロディになっている。無意識のうちにだね。ニルソンはけっこう出てくるんだよね。『ヘイト船長とラヴ航海士』のジャケットも、ガウンを着てるじゃない？　ニルソンが『ニルソン・シュミルソン』でガウン着てるんだけど、そのガウンを真似ている。『シーシック・セイラーズ登場！』でも同じようにガウンを着ている。ニルソンは、ところどころで、ふっと湧いたように出てくるね」

『Records and Memories』をきっかけとして、新たなバンドであるマージナル・タウン・クライヤーズも生まれている。

「あだち麗三郎くんにドラムを叩いてもらったり、岩崎さんにベースを弾いてもらったり、またまふらっと入ってきた鈴木博文にコーラスをやってもらったり、konoreにコーラスをやってもらったりとかいろいろ入っている。それで、このライヴツアーがすごいメンバーだった。マージナル・タウン・クライヤーズは、あだち麗三郎くん、岩崎なおみさん、佐藤優介くん、トクマルシューゴさん、ダスティン・ウォング。そのバンドが音楽生活45周年ライヴに出る」

「音楽生活45周年ライヴ」とは、2015年12月20日にメルパルクホールで開催された「ミュージシャン生活45周年記念ライヴ」のことだ。はちみつぱい、ムーンライダーズ、THE BEATNIKS、Controversial Spark、マージナル・タウン・クライヤーズが出演した。直近のバンドであるControversial Sparkとマージナル・タウン・クライヤーズから始まり、鈴木慶一のキャリアの幕開けとなったバンドであるはちみつぱいで終わるという構成だった。しかし、やりきったという感覚にはならないところが、鈴木慶一というミュージシャンの性格を物語る。

「『全部やりきったな、よし終わり』という感はないんだよ。『あそこ失敗したな』とかあるので。そういったことによって燃え尽きないんだな。まあ、いつか燃え尽きるのかもしれないけど。たとえば、ソロの『Records and Memories』を作ってもやりきった感もないし。『MOTHER』は、『MOTHER MUSIC REVISITED』でちょっとやりきった感があったけど。あれは一つの企画として、死ぬ前にやっておこうというものだからね」

2016年4月20日には、No Lie-Senseの『JAPAN'S PERIOD』が発売された。高度成長期をテーマにしつつ、現代音楽家のトム・ジョンソンの『4音オペラ』に影響された「オペラ山下高橋（悲しき靴音 いや、ゆゆしき死の音）」も収録されている。

「KERAが持ってくるカバーの曲がまた面白くて。武満徹の『○と△の歌』を持ってきたんだけど、アレンジを大幅に変えたら、先方から『原曲通りのアレンジじゃないとダメです』と言われてボツにしたんだ。あとは『君も出世ができる』とか、ノベルティソング集ではあると思う。私はムーンライダーズにおけるノベルティソング部門を担っていたのではないかと思うし」

そして、はちみつぱいが2016年5月9日にBillboard-LIVE OSAKA、2016年5月15日にはBillboard-LIVE TOKYOで結成45周年記念ライヴ「はちみつぱい 45th ANNIVERSARY Re:Again」を開催する。槶渕太久磨や夏秋文尚を迎えた編成での復活だった。

「あがた森魚還暦ライヴのときは、『はちみつぱいという名前を絶対に使わないでくれ』と注文をした。はちみつぱいが再結成した感を消したかった。それは別のタイミングであるだろうと思ったわけだ。それがこのタイミングだったの。私の45周年ライヴで、最後にはちみつぱいをやるとなったわけだよね。リハーサルもすごく面白かったので、私は『このまま機会があればやろう』と言ったんだ」

1988年の再結成の際に、鈴木慶一は理想のはちみつぱいだと語っていたが、2016年はそれを超えたという。

「新しいはちみつぱいだなと思ったんだよね。曲は1枚目に録音した曲と本多信介の新曲があって、数に限りのある曲をやるわけだ。そのアレンジがどんどん変わっていき、アレンジが変わらない曲もプレイが88年よりもはるかに熟成したサウンドになっていた。45周年で最後にはちみつぱいで演奏し終わったときにも、その感じがあったんだ。それでBillboardに突入するわけだね。88年は岡田くんがいなかったけど、２０１６年には参加した」

２０１６年７月１日、ムーンライダーズは期間限定で「活動休止の休止」をすることを発表し、２０１６年８月28日には「WORLD HAPPINESS 2016 夢の島 THE LAST」に出演。２０１６年10月６日から11月11日にかけてライヴツアー「Moonriders Outro Clubbing Tour」を行い、愛知、東京、大阪、香川、京都、石川を回った。そして、２０１６年12月15日に行われた「moonriders Final Banquet 2016〜最後の饗宴〜」をもって「活動休止の休止」をする。

「40周年もあって『ワールド・ハピネス』に出ることになったのがきっかけで、ツアーを組んだんだ。あがたくんの『べいびぃろん（BABY-LON）』の録音中に、岡田くんが何もないところで転んだので、足が弱っているなと思った。それで、みんなで行けるうちに、今まで行けなかった地方にライヴハウス規模でいいからツアーで行こうとなった。ファンへの感謝のツアーみたいなものだね」

ムーンライダーズとしては珍しい、新曲のないツアーだった。

「新鮮だったよ。新譜の発表ツアーでも何でもないので、新曲がない。かつての曲をアレンジし直してツアーをするということだから、新曲のないツアーは楽しいなと思って（笑）。久々ということもあるし、ライヴハウスだし、お客さんも近いし。最後の金沢はちょっとしたホール（金沢市アートホール）だったね。犬のオブジェを作ってみんな持ち歩いている。それで、追加公演の中野サンプラザでは犬の仮面をかぶった」

とはいえ、ムーンライダーズがパーマネントな活動をできる状況でもなかった。

「40周年のライヴハウスツアーをして、東京でライヴをやって、『さぁこれから活動していくぞ』ということはあまり考えていなかった。周年のひとつのモニュメンタルなものとしてやった。それと、岡田くんが新幹線や飛行機に乗るのも大変そうだった。武川は、2015年6月に急性大動脈解離になったしね。北海道に鈴木博文と行く日の朝に倒れたんだよね。だから、飛行機に乗ってたらダメだったよ。朝に倒れて、1か月近く昏睡状態だった。それで、やっと目が覚めて、病室でバイオリンを弾き出したんだよね。感動したね」

かしぶち哲郎がこの世を去り、武川雅寛は2015年に生死を彷徨い、岡田徹も足が衰えだしていた。

「40代の頃は『Who's gonna die first?』を作っていたけど、あれは現実感がそんなにないわけ。40代だからこそ書くような曲だ。それが現実として、みんな体を痛めているわけだ。それでツアーを組んだんだよね。くじらは復帰したけど、声帯を司るところを痛めて、声が変わっちゃったんだね。だから、声が変わってからのツアーだった。2016年にツアーが無事に終わって、再びちょっと休みましょうとなった」

2017年4月26日には、あがた森魚&はちみつぱいの『べいびぃろん(BABY-LON)』が発売される。あがた森魚の楽曲を録るはずが、レコーディング終盤になって、他のメンバーも楽曲を書きだした。

「『これははちみつぱいの新譜だ』という感覚を持っていたよ。あがたくんの曲が多いけど、岡田くんも曲を書いているし、私も曲を書いているし。それは、アルバムを作っていて、終わりかけにみんな書きだしたんだよ。このアルバムの作り方が一発録りだったの。私は普通にPro Toolsで録るのかなと思っていたら、スタジオに行って初めて知ったんだけど、アナログの24チャンネルで一発録り。誰のアイデアかな？　和田くんのアイデアだろうね。アナログで録るのはけっこう大変なんだよね。録音する日にあがたくんのデモをスタジオで聴いて、譜面を書いて、演奏に突入する。ほとんど録り終わった頃に、まず岡田くんが曲を書いたのかな。それをやることになったら、本多信介も曲を書いて、私も書くかということで、終わる予定が終わらなくなっちゃった」

そうした展開に、あがた森魚は戸惑うことになる。

「あがたくんが作った曲に、バックバンドみたいにやるのかどうかというのが、ちょっと曖昧だったんだ。ところが、サウンドを作って録音していくと、そのときのはちみつぱいの音になっていくんだよ。ニール・ヤングとクレイジー・ホースの師弟関係ではない感じで、はちみつぱいがもっと前面に出はじめたの。そうすると、みんなの意識の中でも、『はちみつぱいの新譜っぽいぞ』という気持ちが入ってくるわけ。渡辺勝も曲を作ったりして。そうなってくると、あがたくんがちょっとどうしていいかわからなくなる。あがたくんは、その頃までずっと若い人を探してきて、アルバムを作っているわけで、わりと同世代の人たちとやらない。本当に久しぶりなんじゃないかな。あがたくんが、はちみつぱいが何を考えているのかわからなくなったみたいで。何度も電話かかってきたけど、言ってることが詩のようなので、よくわからないんだ（笑）。ひとつ言っていたのは、私が『あがたはブラック企業だな』と言ったのを怒っていた。毎日ずっと録音だもんね。おにぎりは出るんだけど、食事をする機会もないし」

「熟成」といった類の言葉を避ける鈴木慶一だが、『べいびぃろん(BABY-LON)』については熟成だと言いきる。

「熟成とは違う言い方がないかな、と思いながら言ってるんだけど（笑）。面白いものができたなと思ったね。昔のはちみつぱいとはずいぶん違う熟成サウンドが録音物としてできあがったという感じだった。円熟ではない。成熟。駒沢くんのすごいプレイが多かったので、それも大きい」

中国映画、アニメ映画音楽への挑戦

2017年には、鈴木慶一は中国映画『ライスフラワーの香り（米花之味）』の音楽を担当している。2021年の日中合作映画『再会の奈良（又见奈良）』でも鈴木慶一が音楽を担当し、『ライスフラワーの香り』『再会の奈良』の音楽をまとめたCDとアナログレコード『【又见奈良】【米花之味】电影原声音乐』が中国で発売されている。

『ライスフラワーの香り』は、ポンフェイ監督が北野武さんのファンで、その音楽をやっている私に映画の音楽を頼みたいと連絡が来た。どうやって連絡したらいいのか探していたみたいで、ギリギリで連絡が取れたんだよね。監督が２０１６年の秋ぐらいに私を発見して、連絡を取り合って、２０１７年1月に雲南に行くんだね。少数民族の映画なので、ミャンマーとの国境まで2、３キロ位のところでロケをしていた。監督は、1年間そこに住んでいたのかな。撮影の現場に来てくれと言われて、アニメは別として、私も映画の撮影の現場に行かないということはないから行ったんだ。これが私の歴史に残る長旅。片道2日かかるからね。まず北京に行って、北京から昆明という１０００メートルぐらいの高地に行って、そこから飛行機の最終地点の臨滄に行くの。そこから車で5時間ぐらいかかるところに宿泊するホテルがあり、さらにロケ地まで2時間はかかる。少数民族の居住エリアがあって、そこでロケをしているわけ。そこに2泊した。あれは60代じゃないとできない旅だった」

１０００メートルの高地にある村だが近代化されており、そこへ録音機材を持ちこんだ鈴木慶一は現地レコーディングを行う。

「5時間の車の旅で、雲の上に出たりするわけだ。アップダウンが激しくて、すごく細い山道を行くわけだよ。ガードレールも何もなくて、私は断崖絶壁のほうに座っていたから、『こえーな』と思って。落ちたら１０００メートル落ちるの。絶対に死ぬなと。そんな山でも、電線が通っている。そしてみんな携帯電話を持ってる。村人全部が持っているかどうかわからないけど、そういう村なんだ。ゲームセンターもあり、Wi-Fiもあり、祭りにＤＪが出てくる。中国共産党の力も及ばないところがあるんだなと思ったね。そこで録音もしなきゃいけなかったの。雲南の楽器を弾く人たちを集めてもらって、それを録音して、映画音楽の中にサンプリングして入れたいなと思った。それで録音機材を持っていたの。それを毎回飛行場に着くたびに開けられるんだよ。必ず電池を捨てられて、まあ、大変だった。そこで録音してきたものを使って音楽を作れたので良かった。そのつながりで、同じポンフェイ監督の『再会の奈良』の音楽も頼まれるんだよ。これは中国残留孤児の話だ」

２０１８年5月9日には、『THE BEATNIKSの『EXITENTIALIST A XIE XIE』が発売される。結果的にTHE BEATNIKSの最終作となったアルバムだ。「第60回輝く！日本レコード大賞」の優秀アルバム賞も受賞している。「シェー・シェー・シェー・DA・DA・DA・Yeah・Yeah・Yeah・Ya・Ya・Ya」のほか、「鼻持ちならないブルーのスカーフ、グレーの腕章」には「反対なのだ」という歌詞があるなど、赤塚不二夫に関連する言葉が出てくる。これは２０１８年8月に開催された『フジオロックフェスティバル２０１８』に向けた趣向だった。ここから、鈴木慶一の関連作品の多くは、日本コロムビア傘下で、１９８０年代に休眠していたBETTER DAYSからリリースされることになる。

「THE BEATNIKSの録音を始めようというときに、まずそのフェスに出ることになった。フェス用の曲を作ろうというので、『シェー・シェー・シェー・DA・DA・DA・Yeah・Yeah・Yeah・

Ya・Ya・Ya』ができた。あとは『Softly-Softly』が、NHKの海外向けの番組の『J-MELO』のオープニングテーマになったり、日本コロムビアでBETTER DAYSが再開する、第1弾のリリースになったね」

２０１9年3月27日には、『若おかみは小学生！』のサウンドトラックが発売される。鈴木慶一が苦労したという作品だ。

「作画がどんどん遅れていったので、こちらもものすごい勢いでストリングスを録音したり、徹夜徹夜でやったりしていたんだ。それでも映像が遅れて、ガクッときたけど、そういうこともあるさ。アニメは『NO.6』とかいろいろやったけど特殊で、何も音がないところから始まるんだよね。歩いている音はあるけど、それしかない。実写映画だと、現場で撮ってるわけで、ノイズがいっぱい入ってるわけ。ノイズのことをフォーリーと言うんだけど、フォーリー担当者がいるわけだ。キャラクターが外に出た瞬間にノイズを出す。蝉の声が一番便利だなという結論になるんだけど。実際に録音された音にノイズを乗っけているので、それがリアリティを生む。ところが、アニメはゼロでしょ？　そのぶんどんどん音楽が増えていくケースが多い。これはディズニー映画を見ればわかる。ずっと鳴っているでしょ？　弦で作ることが多いのは、セリフとぶつからない周波数帯域なんだね。見ていていろいろ学習するところはある」

コロナ禍に迎えた鈴木慶一音楽活動50周年

Controversial Sparkは、2020年1月22日に7インチレコード『G.G.B. c/w 夜は許してくれない』を発売した後、矢部浩志の体調の問題で活動が止まる。そして、春を待たずして日本をコロナ禍が襲った。

「ギリギリまでNo Lie-Senseの『駄々録 ～Dadalogue』を作っていたんじゃない？ 緊急事態宣言が出る直前ぐらいに、最後のHana Hopeさんと（柴田）聡子ちゃんのボーカルを録ったり、MIXの確認をしたりしてできあがったんだよね。KERAは芝居が翌日か翌々日が初日だったのに飛んじゃった。とにかく家から出ないよね。だから、運動不足のために、事務所から家まで歩いて帰ったりしてたよ。お店もやっていないし。『どうなるんだ、これは？』と。また新たな災難がやってきたなと。2011年の地震よりも深刻かなという気がしたよね。こういうときは音楽を作ろうということでTwitterに書いたら、ドラムの柏倉（隆史）くんが自分の作ったデモをあげていたので、それに私がメロディを作って歌って送って、というようなことをしていた。予定が吹っ飛んでいったということは、宅録することによって発表する機会がいっぱいあるのではないかと、いろいろな代案を考える日々だね。そのぶん、すごく曲がいっぱい作れたと思う。鈴木マツヲも、その頃に始めようと思っていたんだよね、2019年に打ち合わせをしているし。ところが、コロナ禍になっちゃったので、とにかくデモを作ろうとなった。

レコーディングがスタートしたのは2022年の春ぐらい。1年ぐらいはデモテープのやり取りだよね、20曲以上になった。そういう作曲の日々、そして飲みに行けない、サッカーもできない。今考えると、暗黒の中にいる感じなんだけど、わりと気楽に生きていた」

2020年7月29日には、No Lie-Senseの『駄々録〜Dadalogue』が発売された。「鳥巣田辛男ショウ」は8分以上に及ぶ。

「これは面白くてしょうがないということだよ。トリスタン・ツァラから思いついたのが鳥巣田辛男。KERAから『このアルバムの中に鳥巣田辛男ショウのパートを作りませんか？』というアイデアが出た。ライヴ歌謡ショーみたいな音を作って、架空のヒット曲をメドレーにしようと。鳥巣田辛男のための曲を作って、『このボーカルは高野（寛）くんが一番面白いんじゃない？でも、頼んだら断られるんじゃないか』と思っていたら、快くやっていただいて。ステージ上の事故とかも演出して、ギターを弾いていて途中でケーブルが抜ける音が入っていたり、非常に演劇性の高いものになった」

No Lie-Senseになると、鈴木慶一のノベルティソング好きの側面が前に出てくる。

「シアトリカルサイドがより出てくるよね。ノベルティソング的なものが、ガーンと出て。それはTHE BEATNIKSではやらないし。THE BEATNIKSが最高にノベルティソングに近づいたのは、『シェー・シェー・シェー・DA・DA・DA・Yeah・Yeah・Yeah・Ya・Ya・Ya』だよ。幸宏とやると、No Lie-Senseまではいかないので、あそこがTHE BEATNIKSのノベルティソングの臨界点だね」

コロナ禍により、ムーンライダーズのライヴの予定は、発表前に消えていった。そんななか、2020年8月25日にはムーンライダーズが無観客ライヴ「Special Live『カメラ=万年筆』」を渋谷クラブクアトロから配信する。ゲストに佐藤奈々子を迎え、通常は観客がいるフロアで演奏した。翌26日には『カメラ=万年筆デラックス・エディション』が発売されている。

「工夫が必要だ、ならば配信でやる方法があるぞと。40周年で『カメラ=万年筆』のデラックス・エディションも出すし。80年代、90年代はあのアルバムの曲をやることが少なかった。タイトルが全部映画のタイトルなのでイメージしにくくて、『どんな曲だっけ?』となっちゃう。功罪はあるよね。そのライヴを無観客で配信だけでやってみようとなった。『あのテンポの速い曲だらけのアルバムを演奏できるかな、できたら何かいいきっかけになるかな』というぐらいで始めた。ステージでやるのはつまらないし、客席にステージを作ろうということでやってみた。佐藤奈々子さんも登場した。演出は『ムジカ・ピッコリーノ』の石原さんにお願いした」

その生配信は、鈴木慶一が楽屋の階段を上ってステージに登場するシーンから始まったが、そこもすべてリアルタイムだった。

「本当に恐ろしい(笑)。ムーンライダーズのメンバーは、サウンドチェックを兼ねたセッションをして、私は合図が出たら歩いていて、階段を上って自分の席について、『彼女について知っている二、三の事柄』が始まる。全部リアルタイム(笑)。初の配信だから、どんな音で聴こえるのか模索しつつだね。ライヴというよりも、スタジオでのセッションみたいな感じだね。スタジオライヴというのは前からあるじゃない？　古くはBBCもやっていたし。だから、『失敗したらもう一回頭から』という感じもあったけど、何とか通せたね。そのためのリハーサルは大変だったよ。あれは、すごく活動再開のきっかけになったと思う。『やれるじゃん！』って。2021年の45周年を意識したうえでの『今の我々に何ができるんだろうか？』というテストみたいな感じだった」

2020年11月28日、「鈴木慶一ミュージシャン生活50周年記念ライヴ」がBillboard Live TOKYOで開催された。出演は鈴木慶一のほか、岩崎なおみ、柏倉隆史、ゴンドウトモヒコ、佐藤優介、西田修大、斎藤アリーナ、HANA、澤部渡、坂本美雨、小池光子、田中宏和、ダニエル・クオン。『MOTHER』のサウンドトラックを再現したライヴであり、2021年1月27日には『MOTHER』を新録音した『MOTHER MUSIC REVISITED』が発売された。

「5年休んでいたムーンライダーズを復活させるときに、岡田くんの『「MOTHER」はソロアルバムだよ』という一言があって、『じゃあ、自分で歌ったものがあったら面白いだろうな』という気持ちが強くあった。『死ぬまでにやりたいことシリーズ』のひとつは、まずはそれ。レコーディングを9月に始めるわけだよね。意欲満々で始めたはいいけど、どうやったらオリジナルと違うものが作れるんだろうか、もしくはオリジナルに則したほうがいいのか悩んだ。『MOTHER』ファンはたくさんいるので、ファンに向けて作るのかどうか、最初は暗中模索で、本当に迷った。2、3日して決めたんだけど、これは『MOTHER』ファンに向ける必要はないと。新録して自分のソロアルバムとして作ろうという決心がついた。だから、ほとんど1人で演奏してアルバムになるわけだよね」

Billboard Live TOKYOの段階で『MOTHER MUSIC REVISITED』は完成しており、ライヴでも部分的にそのアレンジが披露された。

「スタートはもたもたしていたけど、途中からはどんどんアレンジを変えていこうとなった。ライヴでは、新旧のアレンジが混ざっていた。新しいアレンジでやった曲もあるし、昔からのアレンジでやった曲もある。コロナの谷間で唯一できたライヴだよね。その代わり、ライヴが終わった後は食べるところがどこにもない。吉野家ぐらいしかやってなかった（笑）」

7章：2022年—2023年

新体制での『It's the mooonriders』

２０２１年に入ってからはムーンライダーズのライヴが活発化する。２０２１年6月12日には「moonriders 45th anniversary "THE SUPER MOON"」がEX THEATER ROPPONGIで開催され、前日まで入院していた岡田徹がライヴに復帰。ステージで涙も見せた岡田徹は、「我が人生、最良の日です」と語った。２０２１年12月25日、26日には「moonriders live THE COLD MOON」が恵比寿ザ・ガーデンホールで開催された。初日の25日の終演後にはステージ上で記者会見を行い、鈴木慶一は「一生涯バンドを続ける」と宣言。２０２２年3月13日には「moonriders LIVE 2022」が日比谷野外音楽堂で開催されている。

２０２２年4月20日には、ムーンライダーズの11年ぶりの新作『It's the mooonriders』が発売された。かしぶち哲郎の7周忌である２０１９年12月17日に「Tribute to Mr. Kashibuchi "冬のバラ"」がB.Y.Gで開催されたことを機に、ムーンライダーズは新作の制作へと歩みだしていた。

「２０２１年は45周年だし、何か作りだしてみようかと話したんだ。まず1分ぐらいのちょっとしたデモでもいいから作ってみようとなった。それで『カメラ＝万年筆』のライヴをやって様子を見ようとしたら、『これはいける』と思ったので、２０２０年の秋ぐらいから、デモを長いものにして集めだした。それで２０２１年秋に録音に入る。初めて澤部（渡）くんと（佐藤）優介くんがレコーディングに参加した。EX THEATER ROPPONGIで演奏した『岸辺のダンス』が最初に発表した新曲だね」

集まったデモ音源は40曲以上。そこから『It's the mooonriders』に向けて選曲を行ったのは、ファンハウス時代のディレクターの松本篤彦と、ＮＨＫのプロデューサーとして数々の音楽番組を手掛けてきた石原真からなる「ＧＨＱ」だった。

「くじらがデモを作る環境がなくて、ふだんは人がいない奥さんの実家に、夏秋くんと優介くんと3人で集まったので、『S.A.D』は3人の共作になってるんだよね。そうやって、どんどんデモを作って集めていき、40曲以上ぐらいになったんだよ。それを選ぶのにどうしようとなって、松本さんと石原さんのギーク・ハイ・クオリティ、略してＧＨＱというハイクオリティのオタクの人にやってもらった。それ以前に、ライヴの選曲もしてもらうようになったんだ。すると、もうやったことがない曲がガンガン出てくるので、リハーサルは大変なんだけど、まあ面白いなと。やったことのない曲をやりつつ、ムーンライダーズの新曲を作っていく作業も並行して行われていたわけ」

ＧＨＱによって、メンバーにとっては予想外の選曲が行われることもあった。

「デモが大量にあったので、そこから厳選された曲なわけだよね。しかし、GHQが厳選した曲であって、『この曲が選ばれるの⁉』と言う人もいたよ。とあるリハーサルスタジオの一室で、40何曲を6時間ぐらいかけてGHQと一緒に聴くの。選曲に関してはGHQ任せ。その曲をアレンジしていこうというときは、スタジオに入って、ミュージシャンとして対応するわけだよね。できあがりはホーンセクションを入れたり、いろいろ新たなアイデアもいっぱい盛り込んでいったので、面白いものになると思った。インプロビゼーションも入れたりね。詩を読んでいるだけのような、かなり実験的なものと、ポップ度の高いものがくっきりわかれていった」

レコーディングには岡田徹も参加していたが、まだ万全の体調ではなく回復途中だった。

「骨折の後のリハビリ状態だよね。岡田くんも参加したいという気持ちがあるだろうから、岡田くんのオルガンの部分だけは録りきった。全部MIDIデータとしてもらっているから、タイミングや音色はポストプロダクションで私が直す。かつてのジョージ・マーティンがジャイルズ・マーティンになった（笑）」

鈴木慶一は、『It's the mooonriders』での大きな変化をふたつ挙げる。

「岡田くんのサウンドがなくなった。かしぶちくんの曲がない。この2つだ。岡田くんのサウンドというのは、本当に練り込まれた打ち込みの音なんだよ。岡田くんの曲は全部生になっているから、それがない。本人としてはどうだったのか、ちょっとわからない。コンピュータユーザー的な立場を取る岡田くんや私よりも、白井良明や鈴木博文的なアプローチ、つまり生で弾くという方向に向かったような気がする。打ち込みをしていって、現場で変えていくスタイルをとっているのは、このアルバムでは私ぐらいじゃないかな。だから、11年前とすごく変化があるよ。そして初めて夏秋くんの曲が採用されるわけだ。すごく変わったね」

11年ぶりのムーンライダーズの新作にも、鈴木慶一は同時代の音楽を意識して、その要素を取り入れていった。

「新しい音楽を聴いているという自負はあるよ。たとえば、『MOTHER MUSIC REVISITED』を作るときは、ケイト・ル・ボンばかり聴いていたんだ。12弦ギターを使ったり、バリトンサックスを使ったりする、室内楽的ロックミュージックだね。2010年以降、激しく聴いていたのは、ブルックリン系やパンダ・ベアだけど、2020年代になってからも新しいものを聴いていた。そういうことを現場で盛り込んでいくわけだよね。ムーンライダーズでは、低くなっちゃったくじらの声をどう使うのかというのが、非常に重要なテーマではあったね。LoJo（ロージョ）の「Black Bird」みたいな感じで、くじらの声を使ってみたいなとかね」

澤部渡、佐藤優介が新たに加わった『It's the mooonriders』には、確実に若々しくなった部分がある。

「失ったものもすごくたくさんあるし、できないこともたくさんあるけど、できることもあるわけだよね。かしぶちくんのドラムがない。でも、得たものも多い。それは優介くんのプレイだったり。あとは、コーラスワークが変わった。だいたい、くじら、白井、鈴木博文でコーラスを作っていたの。でも、くじらは声が変わったし、白井も1月に1週間ぐらい入院しちゃって、コーラスを入れる時期にいなかったんだよね。だから、優介くん、鈴木博文、夏秋くんでやる場合があった。これはコーラスの響きが変わるね。それを最初に感じたのは『べいびぃろん（BABY-LON）』だった。コーラスを入れるときに、我々がやらないで、欏渕太久磨くんと夏秋くんでコーラスを入れると、やけに若々しくなるんだよね。それと継続性があって、『It's the mooonriders』もコーラスが全然違う響きになっている」

『It's the mooonriders』からは、ムーンライダーズは夏秋文尚に加えて、澤部渡、佐藤優介も参加した体制でレコーディングをしている。ムーンライダーズが表紙を飾った『Sound & Recording Magazine』2022年6月号で、夏秋文尚は「メンバーの誰からも正式なメンバーだと言われていない」と語っていたが、同号発売前、4月20日のアルバム発売日に行われた記念トーク&試聴イベントにて「夏秋さんは正式メンバーになったのですか？」という質問に鈴木慶一が「そうです」と即答。ムーンライダーズに多大な影響を受けた澤部渡と佐藤優介に関してはサポートメンバー扱いだが、鈴木慶一は「メンバーでいいんじゃない？」という発言をステージ上でしている。

「私たちよりもムーンライダーズのことを知っている。それは、ブライアン・ウィルソンにおけるダリアン（・サハナジャ）だったり、ジェフリー（・フォスケット）だったりするわけ。こんなに長い間音楽をやっていて大量の作品を作っていると、GHQの2人がライヴの選曲してくれても、忘れた曲を選んでくるから、優介くんとかに聞かないとよくわからない(笑)。夏秋くんは自宅の録音に長けているのと、エンジニアもやるし、ドラマーとしても優れているし。2人欠けてしまったけど、4人残っているわけで、その4人が相変わらずベースやギター、バイオリンを弾くのは絶対にやろうと。ともすると、若い人に任せて、オリジナルメンバーは歌だけ歌っていればいいということになりがちだけど、それをやっちゃうとバンドの根幹が揺らいでしまう。『まさかムーンライダーズのステージに立つとは思ってなかった』と本人たちも言っているけど、こちらは必要だった。優介くんのカメラ=万年筆で歌を頼まれたとき、何度も直しが入って、『生意気なやつだな』と思ったけど(笑)。澤部くんはライヴを見に来ていてスカウト。やっぱり偶然の出会いがあるわけだね」

鈴木慶一とPANTA

2022年7月16日には、鈴木慶一が出演した『ほとぼりメルトサウンズ』が公開される。『「ほとぼりメルトサウンズ」スピンオフカセットテープ』も限定発売され、そこにはムーンライダーズの「夢が見れる機械が欲しい」が、佐藤優介による編曲と鈴木慶一の歌で収録されているほか、鈴木慶一の口笛による「タケさんの口笛」が収録されている。2022年8月3日には、ムーンライダーズ+佐藤奈々子の1979年のラジオライヴ音源を収録した『Radio Moon and

Roses 1979Hz』が発売。2022年9月24日には、「moonriders LIVE 2022」が昭和女子大学人見記念講堂で開催された。

2022年12月25日には、鈴木慶一とPANTAによるP.K.O（Panta Keiichi Organization）の『クリスマスの後も／あの日は帰らない』が配信リリースされる。日本コロムビアからのメジャーデビュー、そして1993年の結成以来初めてのスタジオ録音音源だった。鈴木慶一が作詞作曲した「クリスマスの後も」以外は、鈴木慶一が作編曲とプロデュース、PANTAが作詞と歌唱を担当するスタイルで制作され、タイトル曲の2曲だけではなく、全5曲がPANTAのボーカルでレコーディングされている。さらに、歌詞はあるがボーカルがレコーディングされていない楽曲が5曲存在している。

「5曲は歌も録って、オケもできていて、あとはミックスだけ。プラス5曲は私が作って、それに対して、PANTAが病床から全曲の歌詞を書いてきたの。2023年2月頃に入院して、危篤のときが2回あったらしいんだ。そんな朦朧としたなかで歌詞を書いては送ってきた。全5曲の歌詞が送られてきて、『あとは退院したら、調子のいいときに歌を入れようね』と話していたんだ。そこまでだった。私が歌うのかどうか、まだ決めてない。頭脳警察のアルバムもできていると思うんだよ。それがどういうアルバムなのか次第で、残りの5曲をどうするか決めようかなと」

P.K.Oの新作は、近年の鈴木慶一がしばしば口にする「死ぬまでにやりたいことシリーズ」

のひとつだった。

「第一弾は『MOTHER MUSIC REVISITED』、第二弾が鈴木マツヲ、第三弾がP.K.Oの新録ということなんだよね。P.K.Oはライヴアルバム（『P.K.O. LIVE IN JAPAN』）が21世紀に出たんだよね。その後は何もしてないけど、PANTAとはときどき会っていたし、私のなかでは死ぬまでにやっておきたいひとつだなと思っていた。バンドでやる方法もあるけど、ユニットのほうが濃密であろうと。それで2人でギターを弾いたり、PANTAがベースを弾いたり。今回、歌詞と歌に徹するとPANTAが決めたんだ。PANTAのスウィート路線の『KISS』を作る前、PANTA & HALの『マラッカ』『1980X』で私はプロデューサーを離れたんだけど、2人でやるスウィート路線を今やってみたかったんだよね」

「クリスマスの後も」は、そもそもは2021年12月25日、26日のムーンライダーズのライヴで発表された楽曲だ。

「それを今後ムーンライダーズで録音するかどうかわからないし、クリスマスソングは誰が歌ってもいいかなと思って、PANTAに聴いてもらったら、『これはいいね、やりたいね』ということで、PANTAとやろうとなったんだ。あの曲は、私のプライベートなことがきっかけで作った曲なんだよね。だから、クリスマスの後も一緒にいたいねという歌詞なんだけど、PANTAの病気も頭の中にあったと思うな。結果的には、今はなかなか歌いにくいものになってしまったかもしれない。カップリングの『あの日は帰らない』は、イントロを聴いただけで

PANTAが『ライチャス・ブラザーズの「ふられた気持」だな』って。『キミが好きだよ』なんて書いたことがない歌詞を書いてきて、素直なものにもなっていき、他の曲でも『お茶をする』とか、これまでのPANTAの歌詞にはない表現がある。やはり病もあったんだろうな。平穏に過ごしたいなという想いが多い。病床で書いていた歌詞のメモがちょっとつらいんだけど、すごくいい。でも、まともな状態で歌えるのかなという不安はあるよね。『おやすみハル』という曲があって、『ハル』はPANTA & HALのHALでもあるし、『2001年宇宙の旅』のコンピュータのHAL 9000でもあるし、中村治雄のハルでもある。『もし自分の身に何かあったら、慶一、歌っておいてな』というメッセージ付きで歌詞が来た。『ということは、俺が歌わなきゃなあ』とかなり強く思っているんだけどね」

1971年の慶應大学三田祭事件後、世間的には鈴木慶一とPANTAは距離のあるミュージシャンとみなされていた。ところが、『マラッカ』のディレクターである平田国二郎が鈴木慶一とPANTAを引き合わせると、ふたりは一気に急接近する。2023年7月7日にPANTAがこの世を去るまでの関係性を、鈴木慶一は「兄弟」と表現する。

「5分で意気投合した。それ以前はパブリックには敵だもん（笑）。私は風都市にいて、頭脳警察はパブリックイメージとして過激なファンに囲まれていたから。三田祭事件とか、いろいろ因縁があったけど、かつては敵、その後は兄弟。PANTAは優しい。パブリックイメージと違って、本当に優しい。一言で言うと、馬が合うということでしかない。音楽の話をしても馬が合う。ジョージ・ハリスンがプロデュースしたラダ・クリシュナ・テンプルというバンドがあるけど、その『「ゴヴィンダ」というシングルを歌えるのって、俺とPANTAぐらいしかいないんじゃないの？』と、細かい話がすごく合う。葬儀のときにも、奥様に挨拶したら、『何か馬が合ったようですね』と言われたんだよ。そうとしか説明のしようがないんだな。だから、PANTAと一度も揉めたことがない。嫌だなと思ったことも何もない。楽しいことばっかりだったよ」

ロックのポジションにいながら身軽であったこともPANTAの魅力だった。

「それこそ、石川セリさんの曲を中村治雄名義で作ったり、行ったり来たりしてるわけ。その辺の身軽さみたいなものが非常に魅力であり、こちらも何かをするときの判断基準になる。『PANTAがやったからいいか』と。もうひとつは、PANTAがある日、歌詞を見るのにB４にしたんだよ。B４はでかいでしょ？　ずっと私はA４だったんだけど、『PANTAがB４にしたんだったら俺もB４にしよう』って（笑）。そういう細かいところで、『あ、これでいいんだ』と、PANTAを手本にすることが多かった」

鈴木慶一がPANTAに感じる音楽的な魅力もまたパブリックイメージとは異なる。

「幼少の頃に聴いた、米軍基地の軍曹がハーモニカで吹いた『峠の我が家』が非常に印象に残っていると言っていたけど、どこが（スティーブン・）フォスターっぽいところもあるんだよね。アップテンポの曲も、実にメロディアスだったりして。それに、あの声だね。非常にハードなロックミュージックを歌うけど、どちらかというとスウィートな声をしているんだよね。そこが魅力である。フランス・ギャルが大好きで、カラオケに行くとフレンチポップスと軍歌ばっかり歌ってた（笑）。そこも好きなところだね。だから、本当はノンポリティカルなんだよ。反体制であることは間違いないと思うけど。それも一言で言うのは難しいね。だから、カウンターカルチャーの友人を失った感じだよね。PANTAの魅力は本当に語り尽くせないけど、P.K.Oがどうなるか楽しみにしていてほしい。ただ、２０２３年2月に退院してきたとき、『これで最後まで録れるな』と思ったんだけどね」

鈴木慶一と高橋幸宏

２０２２年12月25日には、ムーンライダーズが「moonriders アンコール LIVE マニア・マニエラ＋青空百景」を恵比寿ザ・ガーデンホールで開催する。

そして、２０２３年1月11日に高橋幸宏がこの世を去った。

「幸宏はわりと黙っているんだけど、私のいないところではすごく褒めてくれていたみたいで、それは嬉しいことだよね。『それでいいね』とは私にも言うけど、『すごくいい』とかは外で言っていたという話を耳にした。『この曲がいいんだよ』とか『歌詞がいいんだよ』とかね」

ふたりはTHE BEATNIKSとして活動し、また、高橋幸宏の楽曲に鈴木慶一が作詞をすることも多かった。１９８８年の『ＥＧＯ』に収録された「LEFT BANK（左岸）」、１９９０年の『BROADCAST FROM HEAVEN』に収録された「１%の関係」など、作詞家・鈴木慶一の真骨頂を引き出したのが高橋幸宏だとも言える。２０２３年11月15日に発売された高橋幸宏の東芝ＥＭＩ時代のベスト盤『THE BEST OF YUKIHIRO TAKAHASHI [EMI YEARS 1988-2013]』の選曲も鈴木慶一が担当した。

「ユニットを組んでいて、ところどころ作品を出しているわけで。そういう人もどんどんいなくなっちゃって、坂本（龍一）くんもいなくなっちゃった。幸宏とはバカな話ばかりしてたな。一番の思い出は、87年にTHE BEATNIKSの２枚目（『EXITENTIALIST A GO GO ビートで行こう』）を出して、そのツアーに出て、最後に神戸のライヴハウスでビールかけしたことだな。そこでライヴをやったわけじゃなくて、打ち上げのために会場を借りたの。ビチャビチャになっちゃって、痛快だったたな」

高橋幸宏の音楽的な魅力として、鈴木慶一は特にリズムだと語る。

「THE BEATNIKSで曲を作るときに、ある程度コードを作る。メロディは後なんだよ。コード進行を作って、構成を決めていく。そうすると、次に幸宏がドラムのパターン、リズムのパターンを作りだす。それを聴くのが楽しみだった。そのパターンたるや、ものすごいんだよ。THE BEATNIKSの１枚目（『EXITENTIALISM 出口主義』）で、打ち込みでやっているんだけど、生ドラムを入れようとなって、いまだに感動したのを覚えている。私の『Ark Diamant』はタムがメインなんだよね。目の当たりにして、すごいなと思ったよ。それからは、スーザンのアルバムに参加したり、いろいろなドラムの録音の仕方を目の当たりにした。ソングライターとしては、私に頼めば何か面白い歌詞ができるんじゃないかという曲を持ってくる。すごくわかってるんだよね」

「1%の関係」には、高橋幸宏の「ポップ」への感覚を物語るエピソードがある。歌詞の最後の〈100パーセント好きだから〉という一節についてだ。

「幸宏が1か所修正したね。『最後まで1パーセントはちょっとつらいから、どこかで100パーセントを出そうよ』と。だから、最後を『100パーセント』にした。ともすると、つらすぎる歌詞になっちゃうので、そこは幸宏が持っている美学として、救いがある歌詞にするほうがいいぞということだ。だから、私1人でやっていたら、完全に救いのないものになっていた(笑)。それがポップということに対するセンスだろうね」

そして、信頼の置ける音楽リスナー仲間でもあった。

「『最近これがすごくいいんだよね』というのを持ってくる。それがすごくいい。私の知らないものも持ってくるので、私はまた別の音楽を聴かせる。幸宏のセンスは確実にあてになるんだよ。幸宏がいい曲だと言うものは、私も全部いい曲だと思う」

高橋幸宏のスタイルには、加藤和彦の影響もあったのかもしれないと鈴木慶一は推し量る。

「周りに人を集める力がすごくある。METAFIVEのメンバーで食事するとなると、シャンパンや白ワインで始まるとか、食事のスタイルまで教えるわけじゃないけど、実践していたよ。それは想像だけど、ひょっとしたら加藤和彦さんがやっていたことなのかもしれないね。ともすると、すごくスノッブな感じではあるんだけど、幸宏の場合は嫌味がない。自然にやってるんだよね」

鈴木慶一は、高橋幸宏は人間的には隙があったが、お洒落には隙がなかったと証言する。

「常にお洒落であることとは大変だろうなと思うんだ。あるテレビ番組に幸宏とファッション関係の友人と私の3人で出たとき、ディレクターが私のところに来て、『幸宏さんにはお洒落じゃない時間帯があるのか、そこを切り崩してくださいよ』って言うの。それで『家にいて、だらしない格好をしているときはないの?』って聞いたけど、『そこをだらしなくしちゃダメなんだよ』って言われて、それで終わっちゃった。その後に、ディレクターを呼んで『無理、無理』って。隙がない。ただ、隙がない生活、隙がない音楽ばかりでもない。人間的には隙はいっぱいあるんだよ。でも、パブリックイメージとしては隙がないじゃない? お洒落すぎて隣で一緒に写りたくない。細野さんがそう言ってたよ。私もそう思う(笑)」

『EXITENTIALIST A GO GO ビートで行こう』の時期は、鈴木慶一も高橋幸宏も精神を病み、それでもともに活動を続けた仲間だった。

「芝浦インクスティックで、あまりにも客が入りすぎて、やっている間に酸素がなくなってきたんじゃないかという状況で、互いに目で合図をすると、どっちも具合悪くなってきちゃって

（笑）。そういう時期を一緒に過ごしたよね。それから何十年も、互いに常にお守りのように薬を持っていながらの付き合いだったね」

岡田徹との別れ

２０２３年１月22日には、ムーンライダーズのファンクラブ「moonriders family trust」のイベントが新代田FEVERで開催された。この日は、白井良明の新型コロナウイルス感染により、鈴木慶一、岡田徹、武川雅寛、鈴木博文、夏秋文尚という珍しい編成で演奏された。高橋幸宏が好きだった楽曲である「９月の海はクラゲの海」も演奏され、サポートキーボードの佐藤優介が不在でも、岡田徹が見事にキーボードを弾き、順調な復調ぶりを見せていた。

岡田徹がこの世を去ったのは２０２３年２月14日。ファンクラブイベントから１か月も経っていなかった。

「突然だね。２０２２年６月に録ったインプロビゼーションのアルバム（『Happenings Nine Months Time Ago in June 2022』）はよく弾いていたんだよね。そのミックスは12月で、いいフレーズを弾いているなと思った。新代田FEVERの楽屋で一言、岡田くんが私に言ったことを覚えている。『いい曲を作るね』って。『いやあ、岡田くんもどんどん曲を作ってよ。２０２０年以降作ってないじゃない』って。それを冷たく言っちゃったかもしれないんだな。ちょっと悔いが残る。岡田くんは、病気もあったたし、骨折もあったろうと思うけど、2020年以降は自宅に音楽を作る環境がなくなっちゃったのね。だから、スタジオで録音をしたラフミックスを送っても、聴けていなかったりした。それを改善するために、夏秋くんや鈴木博文、野田さんが家に行って、どういう様子かを見ていたんだ。コンピュータを整理したりして。私もメールの返信もないし、なんだか心配だった。でも、自宅にキーボードを置いて練習を始めた」

岡田徹が目標にして練習していたのは、2023年4月29日の「ハイドパーク・ミュージック・フェスティバル2023」だった。かつて岡田徹が狭山で暮らしていた家は、会場の狭山稲荷山公園のすぐ近くにあった。

「ハイドパークは縁のある場所だし、岡田くんは狭山に住んでいたし、そこに照準を合わせて練習していた。それが突然だよね。詳しいことはよくわからないけど、いろいろ病気を抱えていたのかもな。かしぶちくんもPANTAも突然だよ。PANTAも亡くなる2週間前に電話がかかってきて、『今ちょっと文章を書いているんだけど、小坂忠さんと俺とB.Y.Gのオーナーの安本(隼三)さんと、4人で渋谷をナイトクルージングしたときにカラオケに行ったよね。あのときに忠は何を歌ったっけ?』『「Over the Rainbow」だよ』『そうか、サンキュー、サンキュー』と言って切った。肉声を聞いたのはそれが最後。幸宏も突然だよ。2022年12月に、年が明けたら軽井沢に見舞いに行こうとして、幸宏のマネージャーさんとも会っていたんだ。だけど、なんか具合が悪そうだというので待ってたんだね。そしたら亡くなってしまった。みんな長い間、病を患っていても突然に別れは来る。だから、『会っておかなきゃいけないな』という人とは会っておかないとね。でも、一番『えっ⁉』と思ったのは、やっぱり岡田くんだな。だって、ファンクラブイベントをやって、楽屋で話もしたけど、元気だった。岡田くんで印象に残っているのは、2016年にライヴハウスツアーをしたとき、岡田くんがボソッと言っていた『これからは孤独との戦いだよ』っていう言葉」

岡田徹がムーンライダーズというバンドの方向性の舵取りをしていたことも、鈴木慶一が岡田徹をムーンライダーズのリーダーだったと考える理由だ。

「中核を成す曲を作ってくれるので、我々は変な曲に行けるわけだ。それもあるし、『Ciao!』で無期限活動休止になるときも、岡田くんと相談した。他人のことをうまくコントロールする人だから。ただ、みんな自分の曲を録音するときはエゴが出るわけだ。それでいいんだけど、そこのバランス感覚を私がとるんだよね。私は音楽に関するところしか考えていないので、別のところで岡田くんのロビー活動みたいなものがあった。私は、できあがった音楽が前作よりも優れているかどうかが最大のポイントなので、私がちょっと引いて、冷静にリスナーとなって他の曲を聴くわけ。『この曲のアレンジをこういう風に変えないとダメかな』とか考える。岡田くんはそうじゃなくて、音楽性うんぬんよりも、そのバンドの方向性とか、人間関係とか、その辺に気を配っていた」

ムーンライダーズでポップサイドを担っていたのも岡田徹だった。

「とにかく一聴していい曲が多い。だからこそ、『火の玉ボーイ』を作るときに、岡田くんの曲が2曲も入っていたわけだし、A面1曲目（『あの娘のラブレター』）は岡田くんの曲だからね。はちみつぱいの後期に入ってきたんだけど、キーボードプレイヤーとしても優れていたし、作曲家としても非常に優れていた。だから一緒にやろうと。バンドを作るときに、作曲家として優れている人とやっていきたいなと思ったわけで。それがひとつのバンド幻想の始まりでもある。それをずっと持っていたのは岡田くんじゃないかな」

バンドキャリア半世紀近くに取り組んだインプロ作品

2023年3月15日には、ムーンライダーズの『Happenings Nine Months Time Ago in June 2022』が発売された。インプロヴィゼーションによって構成されたアルバムであり、バンドのキャリアが半世紀近くなったところで、思いきった作品が届けられた。

「これは野田さんのアイデア。『パパッと新しい録音をしちゃいませんか？』ということで、2022年6月28日、29日の2日間で録ったんだ。野田さんの中では、たとえば60年代のビートルズがアルバム1枚を作るのに1日で録ったとか、そういうイメージがあったんだろう。でも、それをやるには作曲しなきゃいけないじゃん？　歌詞を作らなきゃいけない。もしくはカバー集になっちゃう。『それじゃないな、じゃあインプロはどうだろう？』というのが浮かびあがってきたんだよね」

２０２２年9月24日の人見記念講堂でのライヴの終演後、ファンの退場中に流れていたのは、BGMではなく、幕の背後で繰り広げられる生演奏によるインプロヴィゼーションだった。

「私や白井もインプロをしているし、もともとムーンライダーズも数人でやったりすると、インプロっぽくなったりもするわけだ。ステージでも、アレンジの面においても。だから、『私は愚民』のエンディングでインプロを入れようと考えたし、アルバムを録った後の人見記念講堂でもインプロをした。インプロの定義としては、何も決めないでとりあえず始めるということだから、2日間で何曲録れるのかなと思った。とにかく楽器を大量に借りて、いわゆる室内楽的な楽器や銅鑼、ティンパニとかは2日目に借りた。ただ、スタジオは楽器だらけなので、エンジニアがマイクをセッティングするのに3、4時間かかってるね。まず、どこに座るかも、いろいろ楽器があるから選択肢がたくさんあるんだよね。曲によって誰がどこに座るかを決めないで、何のテーマもなしにまずファーストセッションを録る。誰が弾いてるかわからないシンセの音がするんだけど、ミックスするときに岡田くんだとわかった。譜面がなくてフリーで始めると、岡田くんの存在感が増したわけだね。はちみつぱいを２０１６年にやったときも、インプロになるとガンガン弾いていたもんね。本来は、逆にかっちりした曲を作る人なんだよね。だから、譜面もコード譜も何もないという状況が、そのときの岡田くんに向いていた」

最終的にテイク10まで録音されたインプロヴィゼーションのデータは、テラバイトの単位に近いものになり、取り扱うのも一苦労だった。

「テイク8まで来たら、野田さんがちょっと不安になってきたんだよね。『この音源、買う人いるんだろうか?』って(笑)。『あと2テイクやってください』って頼まれたの。ひとつはリズムのあるもの、ひとつはコードのあるものをやってくださいって。『それをやっちゃジャムセッションだよ、ジャムとインプロビゼーションは違うぜ』とブッブツ言いながら、でもやっておこうかということで、テイク10まで録るわけ。それが終わって、Dub Master Xさんにミックスをお願いしようとして全部を渡したの。そしたら、『ちょっとお手上げです』って。とにかく2曲お願いして、あとはメンバーでやろうと決まった。ずっとPro Toolsで録音しっぱなしなので、たぶん総録音時間が4、5時間はあったと思うんだよね。そのデータを夏秋くんのところにすべて集約したけど、そのデータをダウンロードするのに2日かかったと言っていた(笑)。それをみんなに配って、『この曲をやるよ』と言っていくわけだよね。私は5000小節くらいあるデータをミックスするわけ。これまた大変なんだよ。コンピュータ環境が破裂しそうになる。しかも、夏秋くんはPro Toolsだけど、私はデジタルパフォーマーなので、音を書き出さなきゃいけない。最初から最後まで50トラックぐらいあるやつを書き出さなきゃいけないんだよ。だから、夏秋くんはダウンロードに2日かかって、それをみんなに書き出して配るのに3日ぐらいかかってる。いただいたものをミックスするには2、3日だね。ミックスよりもダウンロード、アップロードが大変」

鈴木慶一と大滝詠一

2023年3月21日に発売された大滝詠一の『大滝詠一 NOVELTY SONG BOOK / NIAGARA ONDO BOOK』には、大滝詠一と鈴木慶一の「冗談ぢゃねーやーず」による「ゆうがたフレンド（USEFUL SONG）」が収録されている。大滝詠一がとんねるずに書いた2005年頃のデモ音源に、鈴木慶一が2023年初頭にデュエットを追加した音源だ。ムーンライダーズも2006年に『ゆうがたフレンド』をリリースしていたが、そちらは糸井重里の歌詞を白井良明が作曲したもの。糸井重里による同じ歌詞が、そもそもは大滝詠一によって作曲されていたとは、鈴木慶一も知らなかったという。

「ムーンライダーズの30周年で、糸井さんに歌詞を頼みたいという話になった。そのときに糸井さんに『こういう歌詞があるよ』と言われたのが『ゆうがたフレンド』。それに対して、メンバー6人でメロディを作ってコンペをした。それを糸井さんに聴いてもらって選んでもらった。それで、白井のメロディがいいなとなって、シングルにしたわけだよね。そのとき、大滝さんのバージョンがあるなんて微塵も知らなかった（笑）」

「冗談ぢゃねーやーず」とは、1972年の大滝詠一の初のソロアルバム『大瀧詠一』に収録された「いかすぜ！この恋」で、大滝詠一と鈴木慶一がコーラスをする際に付けられたユニット名だ。その復活は、ナイアガラエンタープライズの坂口修によって提案された。

「ムーンライダーズで『イスタンブール・マンボ』を久々にライヴでやろうとなったとき、いろいろ検索していたら、大滝さんバージョンの『イスタンブール・マンボ』があったの。それはドラマ（『東京ラブ・シネマ』）のために作ったオリジナル（フォア・ラッズ『イスタンブール』）のカバー。アルバム（『Happy Ending』）を聴いて、『大滝さんの「イスタンブール・マンボ」はすごいな』と思っていたのね。その矢先にナイアガラの坂口（修）くんから連絡があって、私は誤解して、『イスタンブール・マンボ』をデュエットするのかと思った。でも、坂口くんは『ゆうがたフレンド』の別バージョンがあるので、それを歌ってほしいと言ったんだ。それはちょっと重荷だなと。とりあえず、その曲を聴かせてもらったら、まさにノベルティソングで、『オー・シャンゼリゼ』のパロディみたいだった。けっこう迷ったけど、冗談ぢゃねーやーずをやっているし、亡くなった人とデュエットするのも生まれて初めてだし、やってみようかなと思った。2023年1月4日に家のスタジオで録音した。1番は大滝さん、2番は私、あとは一緒に歌って、大きなサビは私がハーモニーをつけてできあがった。それも録音するときにけっこうしみじみしたよ。大滝さんのボーカルオンリーの音源も送ってもらって聴いたから、すごく大滝さんに似ちゃったりするんだよね。『デモでこんなに真面目に歌ってるんだ』って思ったよ」

大滝詠一は、鈴木慶一のボーカルスタイルに大きな影響を与えた人物でもあった。

「大滝さんの声だけのテイクを聴いていると、いわゆるクルーナーボイスだよね。大滝さんは、曲が注目されがちだけど、歌のうまい人だよ。70年に、『おまえなんでそんな変な歌い方してるんだ?』と言われて、『いや、あなたの真似をしているんです』という会話もあったわけだ。こちとら怖いもの知らずだったから。ライヴのツアーをやったり、多羅尾楽団でギターを弾いたり、いろいろあった。大滝さんがいなくなってからデュエットする役割が回ってくるとは思いもよらなかったね。大滝さんとデュエットしたのが1月4日で、その後に幸宏が亡くなり、鮎川(誠)さんが亡くなり、岡田くんが亡くなり、坂本さんが亡くなり……。生と死の境目がよくわからなくなってきたね。自分で歌っているときに、大滝さんにまた『なんでおまえ、変な歌い方をしてるんだ』と言われそうな気がしたよ。そしたら、『あなたの歌い方にぴったり寄り添うように歌いました』と言い返そうと思ったね」

大滝詠一とは、東京の中心に対する距離感や対抗意識を共有していたのではないかと鈴木慶一は振り返る。

「あの人はひどいんだよ、顔まで似ている、顔の著作権侵害だと言ってくる(笑)。大滝さんは、私に親近感を持って、あたたかく接してくれたよ。私の想像だけど、はっぴいえんどは非常に東京のバンドじゃない? 細野さんと松本さんは港区だったわけで、大滝さんは岩手じゃない? 私は大田区じゃない? 岩手と大田区では距離が違うけど、東京ど真ん中に対する若干の違和感があったんじゃないかなと思うし、そこを共有していたのではないかな」

2023年4月29日、ムーンライダーズは「ハイドパーク・ミュージック・フェスティバル2023」に出演する。そして、初日のトリを務めるムーンライダーズのステージは、鈴木慶一の詩の朗読で始まった。ステージの照明が及ばないところは、すっかり夜の闇に包まれた狭山稲荷山公園に、岡田徹に捧げられた詩が響いた。

「ハイドパークと言えばストーンズで、ブライアン・ジョーンズが死んで2日後にあった。そのときにミック・ジャガーは、パーシー・ビッシュ・シェリーの詩を読んだ。ただ、私はミック・ジャガーが読んだところと違うところを読んだけどね」

岡田徹は、トム・ウェイツの「グレープフルーツ・ムーン」が好きだった。ステージの最後は、生前の岡田徹がピアノで演奏した「グレープフルーツ・ムーン」が流され、鈴木慶一、武川雅寛、白井良明、鈴木博文の4人が歌っていった。

「『フェスなんだけど、申し訳ないんだけど、ちょっと乗っ取らさせていただきますよ』みたいな感覚だった。『岡田くんの追悼にさせていただきます』と主催者の麻田（浩）さんには言っておいた。ノーマン・グリーンバウムの『スピリット・イン・ザ・スカイ』のイントロを使いながら、岡田くんの『あの娘のラブレター』に入っていったりしたのは、ちょっと私がジョージ・マーティンに戻ったという感じだね。そして、岡田くんが『グレープフルーツ・ムーン』を練習してる音源を、たまたま娘さんが持っていた。岡田くんは、ソロでライヴにゲストで出たりすると、『グレープフルーツ・ムーン』ばかり歌っていた。もう15年ぐらい前かな、歌詞を日本語にして渡したんだけど、一回も歌ってくれなかったの（笑）。譜割りがわからないと言って。ハイドパークは、それを初めてちゃんとやろうという機会になった。3番までしかないけど4人で歌うから、4番の白井は英語にしようとなった」

一つずつ叶えていく「死ぬまでにやりたいことシリーズ」

2023年5月3日、鈴木慶一は芸術選奨文部科学大臣賞を受賞する。しかし、鈴木慶一は自身のTwitterで受賞について一切触れていない。

文化庁の公式サイトに掲載された、大衆芸能部門での贈賞理由は以下のようなものだ。

「現存する日本最古のロック・バンド、ムーンライダーズの中心メンバーとして、高橋幸宏氏と組んだTHE BEATNIKSやKERAと組んだNo Lie-Senseなど多彩な音楽ユニットの一員として、プロデューサー／ソングライターとして、更にはCM音楽、映画音楽、ゲーム音楽のクリエイターとして、幅広い分野での活動が内外で高く評価される鈴木慶一氏。1970年頃にプロ音楽家として歩み始めてから半世紀を経た今、時代時代の最先端の感触をいち早くシーンへもたらし続ける彼の功績を改めて評価したい」

文化庁によってムーンライダーズは「現存する日本最古のロック・バンド」というお墨つきをもらった形だが、鈴木慶一は「センチメンタル・シティ・ロマンスのほうが長いと思う」と笑う。鈴木慶一の歩みを見事に汲んだ贈賞理由だが、国からの贈賞に、鈴木慶一はこれまで以上に悩むことになる。

「選考委員のなかに、毎回推してくれていた人がいたみたいなんだ。国が関わっているので、これはちょっと特別なケースで。〈国に寄り添う事はもうない〉(THE BEATNIKS『Dohro Niwa』)という歌詞もあるし、非常に躊躇したよ。どうしようかなって。受賞はいつもPANTAに相談していたけど、このときはPANTAが入院していたし、相談するわけにはいかず。結局、授賞式に出ないという方法を選んだわけだよ。野田さんが代わりに出た。文科省大臣が賞状を渡して、みんなで写真を撮る。それで、私がいなくて、野田さんが座ってるの(笑)。ここで自分のなかで非常に矛盾が生じてしまったよね。『もらうものはもらっておこうじゃないか、ただ自己矛盾を抱えながら授賞式に出るのはな』と。納得して出るのならいいけど。レコード大賞や日本アカデミー賞は、ちょっと時間がかかったけど、納得して出ているので、それはありがたいよ。ありがたいことだけど、文科省だからね。そこのジレンマがある。もらったお金は、みんなのものだと思うので、メンバーを集めて、パーッと盛大にパーティーをして使っちゃおうということになった。最初のアカデミー賞の賞金は、実家にあげちゃった。『おふくろのおかげでここまで来ました』ということだよね」

2023年6月21日には、鈴木慶一と松尾清憲による鈴木マツヲの『ONE HIT WONDER』が発売された。1980年のシネマのデビュー以来の仲である松尾清憲とのユニットも、鈴木慶一の「死ぬまでにやりたいことシリーズ」のひとつだった。

「出会ったのは78年ぐらいだよね。シネマをプロデュースしたし、松尾くんのソロアルバムに歌詞も書いているけど、2人で音楽を作るというのはやってなかった。ぜひやりたいなと思っていたんだ。コロナ禍でデモテープをずっと作って20曲ぐらいになって、それを昔のブリル・ビルディング・システムのように、フジパシフィック出版の上阪（伸夫）さんに選曲してもらった。その段階では、まだレコード会社は決まってなかった。いろいろ探しているうちに、日本コロムビアの中城（敏）さんが手を挙げてくれた。ほぼすべての楽器を2人で演奏しているんだよ」

鈴木慶一と松尾清憲、ゴンドウトモヒコの演奏で完成したアルバムは、2023年8月20日にビルボードライヴ東京で開催された「『ONE HIT WONDER』発売記念ライヴ」で生演奏で披露された。バンドメンバーのひとりが、ライヴ直前に新型コロナウイルスに感染するアクシデントもあったが、他の感染者は出ず、なんとかライヴ開催にこぎつけた。

「各専門パートのミュージシャンに演奏してもらうと、思いっきり広がったね。ベッドルームミュージックみたいなものだったのが、ライヴバンドみたいになったんだ。それはそれは楽しくやれた。『バンドでやっていたらこうなったんだろうな』という楽しみを実現できたということだ」

2023年6月25日、ムーンライダーズは「moonriders LIVE」というシンプルなタイトルのライヴを恵比寿The Garden Hallで開催した。ロビーには、岡田徹の在りし日の写真や愛用品が展示された。そして開演すると、『Happenings Nine Months Time Ago in June 2022』のレコーディング時の岡田徹の姿が映しだされた。ショルダーキーボードを演奏し、そのフレーズがループしていく。そして、ステージにムーンライダーズが登場し、岡田徹とともに演奏を始めた。

「あのライヴは、メンバーの中には『あまり追悼色はいらないんじゃないか』と言う人もいたんだ。でも、『かしぶちくんのときは1周忌にちゃんとライヴをしたんだから、ちゃんとやろうよ』という気持ちが私にあった。そして、『そういえばインプロのアルバムを録音したときに、映像を撮っていたな』と思い出した。岡田くんが弾いてるシーンから、岡田くんの音だけを抜け出して編集してもらおうとディレクションズに頼んだ。インプロだから、どこでもみんなが演奏に入れるというのは名案だったね」

ライヴの終盤、ステージに呼びこまれたのは、岡田徹の愛娘の岡田紫苑。ムーンライダーズの演奏とともに「幸せの場所」を歌った。アンコールの最後の「さよならは夜明けの夢に」では、ステージ上のスクリーンに歌詞が映しだされ、ファンが歌った。ともに岡田徹が作曲した楽曲だ。

「ライヴの最後は、娘さんが歌って終わる。そして、名曲の『さよならは夜明けの夢に』をお客さんに歌ってもらおうじゃないかと。『俺たち歌えないよ、悲しすぎて』って。かしぶちくんの1周忌のときは、『6つの来し方行く末』のかしぶちくんのパートをお客さんに歌ってもらったしね」

アンコール終了後、会場には岡田徹の歌う「Last Serenade」が流された。『Ciao!』のアナログ盤にのみ収録された音源だ。

「澤部くんがアナログ盤を持っていて、データ化してもらったんだけど、イコライザーを見ていると、人間の耳には聞こえない2万ヘルツ以上の音が入っているんだって。『Ciao!』を作ったときに、『ビートルズがやったように、最後に犬にしか聞こえない音を入れよう』って私が指示した記憶が蘇ってきた（笑）」

2023年9月1日には、鈴木慶一が音楽を担当した、森達也監督の映画『福田村事件』が公開された。鈴木慶一は、2023年10月13日に公開された岩井俊二監督の映画『キリエの歌』に出演し、同監督がリメイクしたドラマ『夏至物語』では、ムーンライダーズが新録した「午後のレディ」が使用された。No Lie-Senseの新作『Twisted Glove』もすでに完成している。鈴木慶一の「死ぬまでにやりたいことシリーズ」も、そう遠くない日に完結しようとしている。

2023年8月28日に72歳の誕生日を迎えた鈴木慶一。ミュージシャン生活は半世紀以上に及んでいるが、音楽を作ることをやめる気配はまったくない。

「P.K.Oをちゃんとやらなきゃということだね。その後は、『死ぬまでにやっておきたいこと』というテーマを持たないで、『毎日が死ぬまでにやっておきたいこと』だよ（笑）。『毎日がクリスマスだったら』もいいけどね」

8章：鈴木慶一について知っている七の事柄

1．母と父

2018年3月1日、鈴木慶一の母である鈴木萬里子がこの世を去った。

「2回目のアカデミー賞の授賞式の前の日に死んだ。『テレビ、楽しみにして見るからね』と言ってたんだけど」

鈴木慶一の音楽的な才能を誰よりも早く見抜いていたのが鈴木萬里子だった。中学2年生で、当時高価だったエレキギターを買い与えている。そして、毎晩どこかに行き、酒を飲んで帰宅する陽気な人物でもあった。

「おふくろは本当に優しい人だったけど、口が悪かったね（笑）。二面性がある。考えてみれば、昭和26年にできちゃった婚なんだね。結婚しても、その家族はあまり良い目で見ないよね。そういった意味でも革新的だったと思うよ。普通は虐げられた感じになると思うんだけど、そういうことを考えず、明るく振る舞っていた。一生のうちのいろんなポイントで、おふくろには非常に助けられている。まずは楽器を買ってくれたことだね。それと、自分で行かないから、レコードを買いに行ってくれたこと。あとは、あがたくんに会わせてくれた。『あんた音楽をやるんだったら、10年食えないからね、それでいいの？』とも言われたんだ。その通り、ＣＭの仕事をしだして、お金が入ってくるのに10年弱はかかってるよね。25歳ぐらいまで脛をかじっている感じもあった。アグネス・チャンのバックをやってお金が入ってくるまでだね。湾岸スタジオができて、いろいろなミュージシャンが来るたびにご飯を出してくれた。あと、１９９３年頃、左の二の腕にジャン・コクトーの描いたピカソのタトゥーを入れたとき、『遂にタトゥーを入れちゃったんだよ』と言って見せたら、『かわいらしいじゃない。いいんじゃないの、そんなちっちゃいの？』って。思い出せばいろいろある。現実的であり、楽天的であり、批判性がある。だから、愛想よく振る舞っていて、帰った後、悪口を言っている（笑）。恐ろしいよ。口悪いもんね、我々兄弟も（笑）。白井曰く、毒針兄弟だと」

父親である鈴木昭生は、２００９年8月18日にこの世を去っている。とにかく金銭に関してはルーズだった。

「私が離婚すると言ったら、親父が『40面下げたのに、おまえはそんなことを報告しなくていいんだよ』って（笑）。親父はいい加減な人だなと思う。博打はやるし、芝居をやっているから、地方公演に行くと全然お金を送ってこないし。年収が6万円だったりするからね。一緒に住んでたおじいさんが会社の社長をやっていたので、それで助かっていた。親父は本当にお金に関してはどうにもならない」

父親に対して反発心を抱えていた時期もあったが、死後に見直す機会もあったという。

「どうしても大人になりかかると、父親殺し的なことになってくる。互いに酒を飲んで帰ってくるから、電車が一緒だったりするんだよ。絶対にそばに寄らない。駅に降りて歩いて帰るんだけど、10メートル以上離れる。アグネス・チャンのツアーで地方に行って、文化座のポスターが貼ってあったりすると、バカとかマヌケとか書いて帰ってきた。でも、要所要所で、さすがだなと思うときはあった。酒乱の親戚を怒鳴り散らしたりとか。あとは、喉の癌で声帯を取るときに、悲愴感がなかったね。取る前の日まで、ボランティア的な声優みたいなものをやっていたよ。死んだ後に葬式で、地方で芝居を一緒にやっていた人たちがみんな来たんだけど、『昭生さんに、馬券を買うのでちょっと1000円貸してくれとか、年中言われてたんですよ』とか言われて、それが積み重なって何百万円とかになっていたら大変だから、おふくろとは会わせなかった。ただ、遺されたノートが出てきたんだけど、劇団に入った50年代、60年代初期、事細かく演出家の言ったことが書いてあるの。『なんだ、いい加減だと思ったら違うのか』と。確かに年中、便所からブツブツ聞こえてくるし、風呂場からもブツブツ聞こえてくるし、ずっとブツブツ言っている人だなと思ったんだよ。あれはセリフだったんだな」

そうした両親の性格は、混ざり合う形で鈴木慶一に継承されている。

「葬式の挨拶は、親父のときは『極楽とんぼです』と言ったけど、おふくろのときは『鉄砲玉です』と言った。その両方が混ざっているね。でも、その2人に非常に感謝しているのは、健康な体を70歳過ぎまで持たせてくれたということだろう。手術はあるけど、入院なしの手術だったし。大病がないね。精神病はあるけど（笑）」

2．戦後民主主義社会

鈴木慶一が生まれた1951年は、サンフランシスコ平和条約に日本が調印。連合国から日本の主権が承認される。ここにおいて、日本と連合国の間の第二次世界大戦と太平洋戦争は正式に終結した。調印は1951年9月8日、鈴木慶一の出生から11日後のことだった。

「だから、最初は在日アメリカ人だよ（笑）。占領下に生まれているから。戦争が終わってダメだったことがOKになって、OKだったことがダメになったわけだ。全部逆転したわけだよ。その逆転を浴びた人に育てられたり、周りを囲まれていたりして、民主主義のすごく強い影響があるね。戦後の民主主義で育ったということは、体制に対するアンチなることをたくさん持つよね。民主主義の裏側では、民主的でないことが並走する。下山事件とかね。民主主義というのは、集団の多数決でいくわけだよ。曖昧なんだよね。裏側にはどす黒いものが並走しているわけ。それを見ながら生きているので、民主主義こそすべてとは思わないけど、私の体の中の60%は民主主義の血が流れているね。『デモクラシー』というゲームがあるんだけど、『お寿司屋さんといえば？』と言ったら、みんな書くわけ。私がマグロと書いたとするじゃない？でも、他の人がお寿司屋さんの名前を書いたとするじゃない？　栄寿司が2人いたら、そちらが勝利なの。それを10人ぐらいでやると非常に面白い。間違いが正しいことになってしまう。それを知っておかないといけないね」

ムーンライダーズにも戦後民主主義は染みついている。

「ムーンライダーズも1950年前後に生まれているので、子供のときからそういう感じだよね。染みついているからこそ、誰が作ろうが良いものは良いので、憲法は今のままでいいんじゃないかな。矛盾を孕んでいるけど、ギリギリいいんじゃないかな。曖昧なところがあるのが、きっとこの列島の特徴なんだよ。そこに対立構造を作っていくと、あまりいいことが起きないし、合わないんじゃない？　八百万の神でいいよ。アメリカのプロパガンダだったかもしれないけど、幸せな家庭のアメリカのテレビドラマを見ていたりするわけじゃない？　アメリカに憧れたりもするわけだけど、失望もするわけだ。そういう繰り返しだよね。戦争が終わって、非常に理想的な憲法を作り、しかし、共産圏が近場にいっぱいできてしまった。そこで、アメリカが考え方を変えるわけだよ。そして、朝鮮戦争も起きる。結局、戦争で武器商人が儲かる世の中になっていく。人間は、なんで戦争をやめられないかというのは、戦うことをやめられないのではなくて、お金を儲けることをやめられないんだよ。お金なんて、ほどほどがいいんじゃないの？」

3. ムーンライダーズ

鈴木慶一は、自身にとってのムーンライダーズは互助会だと表現する。互助会と言えば、通常は経済的な互助をするものだが、そういう意味ではない。

「ムーンライダーズは最も重要な仲間かな。ロビー・ロバートソンみたいに『かつて僕らは兄弟だった』だったとは言わないけど。家族ではない。兄弟でもない。そこまで立ち行ったことは話さないし。互助会の仲間だな（笑）。『こうやったら、もっといい曲になるよ』という助け合いもあるだろうし、音楽を作るうえでの助け合いもあるだろうし、仕事がちょっと少なくなってきたなと思ったら紹介するとか、そういったことも含めてだね。ただ、最終的には責任は兄弟では持てないからね。経済的な互助会とはまた違うと思う。精神的な互助会だね。それが制御不能になったから、2011年から休んだの。でも、ときどきだったら互助できますよって」

ムーンライダーズはCM音楽、映画音楽など、予算やギャランティの多い仕事も経験してきたが、それでもバンドが解散することはなかった。

「はっきり言って、ムーンライダーズでやった場合とソロでやった場合で、まずお客さんの数が違うんだよね。たくさんのお客さんが来るのはムーンライダーズだもんね。ソロになると、お客さんの数からしたら10分の1ぐらいになっちゃう。ソロをやりつつも、ムーンライダーズという形を崩さない。それだけ自分たちにおいても、お客さんにおいても魅力的なバンドだということだ。それをやめるわけはない。まず、いろいろ意見が違うのが魅力的だよね。そして、みんな曲を書く。突然、素晴らしい曲が生まれるときもある。化学反応みたいなものには、もう慣れきっているんだけど、さらに未知の化学反応が起きる可能性がまだあるということだね。それがなくなると話が変わってくる。優介くんと澤部くんがいることによって化学反応が変わったかもしれないし、そういうことをしてでも、バンドは残酷だからやっていこうと思うわけだ。何でも利用してやっていこうということだよね、そのバンドをやり続ける意味があると思うのであれば」

4．音楽

鈴木慶一にとって、音楽という趣味は特別なものだ。それを仕事にできたことは幸運だと語る。

「趣味で仕事で、両方なわけで。仕事と趣味がわかれている人がいるわけでしょ？　私も趣味があるよ、釣りに行ったりサッカーをやったり。わりと音楽と同じ地平の上に乗っけているけど、でも最優先するのは音楽」

しかし、難聴になったことで、天職だったはずの音楽をやめるかどうかの瀬戸際にも立たされた。

「趣味と仕事が一体化していたのが分離する恐れがあった。仕事を別に持って、音楽が趣味になるかもしれないと。それを乗りきったな。難聴でも続けるのは、なんか曲ができちゃうからということもあるね（笑）。はちみつぱいの頃は、曲作りに2年ぐらいかかっていたけど、それは若いから迷うし、当たり前で。今は、毎日鼻歌を歌っていればできちゃったりする。高校生の頃に作った曲を、録音しなくても全部覚えているわけだよ。数も多くないし。でも、今は記録する記憶力が減衰している。今どんどん曲ができて、すぐ録音するじゃない？　終わった後に忘れちゃうんだよ。だから、No Lie-Senseは新作ができたけど、もう忘れてる（笑）。だから、曲の作り方として、忘れちゃうので縦に作っていく。どういうことかというと、4小節を作ったとするじゃない？　そこで曲作りをやめるの。1日で完成させていかないと忘れちゃうので、その4小節分をアレンジしちゃう。それから先にいく。時間軸としての縦で作っていく。そういうことが、一気に作った曲ではない感じがして面白いの。4小節を作っておいて、2日ぐらい置いて、そこから先を作るとか。だから、途中までのデータがコンピュータの中にいっぱいある。その先はいつか作ろうと思うんだよね」

5．老い

鈴木慶一は、歳を重ねるにつれて記憶力の減衰を感じているというが、それをテクノロジーで乗り越えている。

「やはり脳の容量が決まっている感じがするので、使っていない未知の頭の部分を使えればいいんだろうけど、忘れていくことによって入ってくる。そこでリフレッシュしていく。だから、『このグループはいいな、このソングライターいいな』と思ってFacebookとかTwitterにアップするじゃない？　全部忘れていくんだよ（笑）。良ければCDも買うんだけど、なんで買ったんだかわからない。萩原健太さんが勧めていて買ったのかもしれないCDとか、よくわからないものがいっぱいある（笑）。あとは、Spotifyで、ある1曲を流すじゃない？　放っておくとどんどん流れてくるでしょ？　その発見が偶然なんだけど、それもちゃんとブックマークしておかないと忘れちゃうの。コンピュータのおかげだね。記憶力だけでやっていけなくなっているね。老いというのはそういうものだから」

1980年代の雑誌では、鈴木慶一が最新のビデオカメラや映画のフィルムを買っていることが紹介されており、「老後は忙しいぞ」と発言しているが、実際には古希を過ぎた現在も「老後」とは程遠い生活を送っている。

「終活とかないね（笑）。いろいろな作家とか、晩年に突然、作品を大量に作りだす人もいたわけだ。死ぬ3年前ぐらいから突然作りだすとか。室生犀星とかそうじゃない？　そういうこともあるんだよね。老化したことによって、妄想がより働く場合もあるんじゃない？　脳に何か保管しているんだろうね。人によって違うと思うし、歩くのも困難になっちゃった人はまた別だろうし。でも、それで保管する何かが生まれてくるんじゃないのかな。それが人間というものではなかろうかと思うよね。その保管する何かを求めないと、減っていくばかりだと思うな。要するに、骨密度が減っていくようなもので、サプリメントを飲まないといけない。そのサプリメントは何かというと、日常で気づくようないろいろなことだよね。ときどきライヴがあったりすることが、非常に良い効果を生むね。実は、リハーサルというのはものすごく体がまいる。腰が痛くなるし。しかも、リハーサルはやるには非常に学習しなきゃいけない。昔は学習なんてせずに、その場でやっていたけど、記憶力の減衰によって、学習してリハーサルをして、予習と復習が必要になってきた。やっぱり60歳を過ぎてからだね。それはそれは腰が痛くなるんだよ。目も悪くなってくるし。まあ、しょうがないね」

6．死

２０２３年、鈴木慶一は多くの仲間たちを見送ってきた。

「現実的なものだよ。いつ来るかわからない。60歳を過ぎてからは、死刑囚だと思っている。

いつ執行の日が来るかわからないから。それは覚悟しているね。ただ、そう思うことによって、『死ぬのが恐いな』とか『死にたくないな』という気持ちをあまり持たないようになった。でも、いつか死ぬものだから、大事なのはその日その日だよね。ダラダラした1日、ダラダラした1か月があっても別にいいんだけど、要所要所で運動をするとか、ライヴをやるとか、そういったことがないとダメなんだろうな。ライヴをやるたびに耳鳴りがひどくなるから、どこかが削られてはいるよね。この削られていくのが、どんどん増えてきたらどうしようという不安がある。不安はあるけど、不安が増大しないうちにいっぱい曲を作っておこうとしている。削られていくだろうという予感がするので、できるときにどんどん曲作りをやっていこうという感じだよね」

今後、作品をどれだけ作るかは意図的に決めていないという。

「そんなのは決めちゃ良くないんじゃない？　突然思いつくこともあるし。死ぬ前にやっておこうということがまた増えるかもしれないし。P.K.Oが終わって、『これで死ぬ前にやることは全部終わった』と、燃え尽きちゃったらまずいし。燃え尽きたことはないからね。それは、何か不満が残るから。『まだ未完成だな』というのが重要だな。ライヴが終わってやりきったという感覚はあるけど、時間的にやりきったということだけで、『あそこはもっとこうするべきだ』というのは絶対にあるし。結果的に未完成なんだよね。完成品を作ろうとしているんだけど、やっぱり完成はないんだよね。完成したと思えない。満足して『もういいや』となったら、『じゃあね！』だね（笑）。でも、そうは思えないし、私はちょっと具合が悪くなったら、すぐに病院に行く。終活はしてないけど、部屋を片付けておかないと死んだときに恥ずかしいな（笑）」

7．鈴木慶一

鈴木慶一は子供を作ろうと思ったことがない。

「あまり子供が好きじゃないなということもあるし。身も蓋もないんだけど、子供がいて、私に似たものがもう1人いるというのも嫌だと思うし。いなくていいかなって。子供を相手にするのが苦手だもん。子供に対して、大人としゃべっているのと同じような対応をしてしまうんだよ」

それは本質的には自分自身が嫌いなのではないかと聞くと、鈴木慶一は笑いながら首肯する。

「周りの人はみんな自分好きというけど、私は自分の好きな部分もあるけど、嫌いなところもいっぱいある。自分の中で一番嫌いなところは、自分好きでないと思っているところ（笑）。自分のことが好きな部分があるというのも嫌いなの（笑）」

鈴木慶一が作詞した高橋幸宏の「LEFT BANK（左岸）」に、〈最強の敵は自分の中にいる／最高の神も自分の中にいるはず〉という歌詞があることが頭をかすめた。自分自身への愛憎をアンビバレントな形で抱えている気配がする。

「ずっとアンビバレント。自分の歴史の中で、『あのときにあんなひどいことをしたな』とか、ふと思い浮かんだりすると嫌だよね。あまり考えないようにしているけど。そういうことが自分は好きなんだよ。その自分好きの面が嫌だなと。まさに今言っていることが超アンビバレント、メタアンビバレントだよ。あと、人間は記憶を改竄するからね。良いほうに、良いほうに改竄していく。何か防衛本能みたいなもので、嫌なことを塗り替えていくこともあるよ。アンビバレントであり続けると精神は病むよ。音楽をやっている人は、精神を病むことが多いよな。音楽を作るためにコンピュータを使うことによって、精神は病むよ（笑）。でも、コンピュータがないと生きていけない（笑）。要するに、精神を病むことと共存していかなきゃいけないということだな。でも、急に精神を病んだときは本当に怖かった。瓶の中に閉じ込められた感じ。外の声が聞こえない。自分の声も出ていかない。『なんでこうなっちゃったの？』と思う。そう思うのが、さらに良くないんだね。『こんなはずじゃなかった』というのが当てはまる言葉だと思う。『こんなはずじゃなかった』だらけになってくると、それを容認できる。『こんなはずじゃなかったけど、こんなはずなんだな』って。それが世渡りというものだから（笑）」

鈴木慶一は40代だった1990年代、ひとりの医師と出会う。その医師とのカウンセリングは2年間に及んだ。鈴木慶一が乞われた形だったが、医師は当時の鈴木慶一に長期的なカウンセリングが必要だと判断したのだろう。その医師との出会いにより、鈴木慶一はおおらかさを得ていく。

「子供の頃から、すごく神経質だと言われていた。癖みたいなものがあるじゃん？　たとえば鼻の下を舐めるとか、目をパチパチさせるとか、癖だらけだった。ひとつが終わると、次の癖をする。小学校のときはずっと癖だらけ。だから、神経質に見えただろうね。でも、他人がいることによって、おおらかさが持てるようになった。それができるようになったのは、40代だね。ここ30年ぐらいだよ。きっかけは精神科のセラピーだな。なんか医者に選ばれちゃって、『鈴木さんはお話がうまそうだから毎週来てください』って。普通は月に1回とか2か月に1回、薬がなくなったら行くだけでいいんだけど、2年間、毎週行ったんだよ。1時間しゃべらなきゃいけない。お金は治療扱いで保険で済んだ。最初は子供のときの話をしているわけだけど、2年間やっていると話すことがなくなってくる。『黙っていてもいいですよ』って言われると黙ってる。でも、だんだん苦痛になってくるので、だんだん追い詰められていくの。自分の奥底にあった、40年間ぐらい気になっていたことが浮きあがってくるんだね。それをしゃべっちゃうことによって、おおらかになる。他の精神科の先生は、5分ぐらいしゃべって、薬の処方箋を出して終わるんだけど、その男の先生だけは2年間もよくやってくれたよ。100時間は話している。それは難聴とかぶっているし、超能力者とか、鍼灸とか、気功とか、いろいろなことをしていた。その一環で、西洋医学のほうは精神科の治療だった。タイミングが一緒だね。だから、難聴が良かったのかもしれないな（笑）。ミュージシャンをやめていたら、今頃、何をやっていたのか想像もつかないね。音楽にとどまったということだよ。なんとかね（笑）」

鈴木慶一年表　1951〜2023

作品名の後の記号は以下の通り
AL：アルバム（ライヴ盤、編集盤を含む）、sg：シングル、VIDEO：映像作品、BOOK：書籍
※ボックスセットを含む編集盤、再発盤、参加作品、プロデュース作品は特記すべきものを掲載。

1951年8月28日　鈴木慶一誕生。
1954年5月19日　弟・鈴木博文誕生。
1970年2月28日　あがた森魚の出演する「ルネッサンス」を御茶ノ水全電通ホールで見る。
1970年3月　あがた森魚が鈴木慶一の自宅を訪問して友人になる。
1970年4月18日　あがた森魚とともに御苑スタジオではっぴいえんどと早川義夫を見る。
1970年5月3日　アンク・サアカスとして代々木区民会館でのジャックス・ファン・クラブのコンサートでデビュー。
1970年5月29日　明治大学和泉祭コンサートの前夜祭で斉藤哲夫と出会う。
1970年夏　あがた森魚『蓄音盤』録音開始。
1970年8月4日　あがた森魚『蓄音盤』（AL）発売。鈴木慶一参加。
1970年9月16日　日比谷野音での「ろっく&ふぉーく・コンサート」あるいは「日本語のろっくとふぉーくのコンサート」に、はっぴいえんどのサポートメンバーとして出演。
1971年　ほうむめいどに加入。
1971年2月5日　斉藤哲夫『されど私の人生』（sg）発売。初のレコーディング参加作品。
1971年8月1日　岡林信康『俺らいちぬけた』（AL）発売。鈴木慶一参加。
1971年8月7〜9日　はちみつぱいが「第3回全日本フォークジャンボリー」あるいは「中津川フォークジャンボリー」に鈴木慶一、渡辺勝、本多信介で出演。
1971年9月　B.Y.Gで鈴木慶一、本多信介、渡辺勝、橿渕哲郎、和田博巳、武川雅寛で特訓を開始。
1971年10月　石塚幸一がはちみつぱいのマネージャーになる。

1971年11月　はちみつぱいがB.Y.Gで本格デビュー。

1971年12月25日　あがた森魚『うた絵本「赤色エレジー」』（sg）発売。はちみつぱい参加。

1972年4月25日　あがた森魚『赤色エレジー』（sg）発売。はちみつぱい参加。

1972年夏　はちみつぱいから渡辺勝が脱退、その後、駒沢裕城が加入。

1972年8月5日　『春一番コンサート・ライヴ！』（AL）発売。あがた森魚＋蜂蜜ぱい、蜂蜜ぱいのライヴ音源を収録。

1973年5月　はちみつぱい『センチメンタル通り』レコーディング開始。

1973年8月25日　『'73春一番コンサート・ライヴ』（AL）発売。はちみつぱいのライヴ音源を2曲収録。

1973年9月21日　はっぴいえんど解散ライヴ「CITY-Last Time Around」にはっぴいえんどのサポートメンバーで参加。

1973年9月　はちみつぱいに岡田徹が加入。

1973年10月25日　はちみつぱい『センチメンタル通り』（AL）発売。

1973年12月17日　シュガーベイブのデビュー・ライヴにはちみつぱいが出演。

1974年1月15日　はっぴいえんど『ライヴ!!はっぴいえんど』（AL）発売。鈴木慶一参加。

1974年5月25日　はちみつぱい『君と旅行鞄（トランク）／酔いどれダンス・ミュージック』（sg）発売。

1974年6月1日　岡林信康『1973PM9:00→1974AM3:00』（AL）発売。鈴木慶一が参加。

1974年8月　アグネス・チャンの日劇でのバックバンドをはちみつぱいが務める。

1974年秋　はちみつぱいから駒沢裕城が失踪、本多信介と和田博巳も脱退を決意。

1974年11月20日　はちみつぱい、山野ホールで解散コンサート。

1975年1月31日　吉祥寺マンダラであがた森魚のバックバンドを担当。実質的なはちみつぱい最後の日。

1975年2月1日　アグネス・チャンのツアー開始、実質的なムーンライダーズ最初の日。

1975年3月15日　荻窪ロフトに「鈴木慶一＆ムーンライダース」として出演。

1975年5月　『火の玉ボーイ』録音開始。

1975年7月25日　アグネス・チャン『ファミリー・コンサート』（AL）発売。ムーンライダーズ参加。

1976年1月25日　鈴木慶一＆ムーンライダース『火の玉ボーイ』（AL）発売。

1976年1月25日　あがた森魚『日本少年』（AL）発売。鈴木慶一がコ・プロデュース。

1976年4月25日　鈴木慶一&ムーンライダース『スカンピン』（sg）発売。

1976年4月25日　アグネス・チャン『Mei Mei いつでも夢を』（ＡＬ）発売。「Jip-JipのU.F.O.」で初の楽曲提供。

1976年7月25日　矢野顕子『ジャパニーズ・ガール』（ＡＬ）発売。ムーンライダーズが参加。

1977年2月25日　ムーンライダーズ『MOON RIDERS』（ＡＬ）発売。

1977年4月　ムーンライダーズから椎名和夫が脱退。白井良明が加入。

1977年8月25日　ムーンライダーズ『ジェラシー』（sg）発売。

1977年10月25日　ムーンライダーズ『インスタンブール・マンボ』（ＡＬ）発売。

1978年6月25日　鈴木慶一プロデュース『Science Fiction』（ＡＬ）発売。

1978年12月25日　ムーンライダーズ『NOUVELLES VAGUES』（ＡＬ）発売。

1979年3月21日　PANTA & HAL『マラッカ』（ＡＬ）発売。鈴木慶一の初の外部プロデュース作品。

1979年10月25日　ムーンライダーズ『MODERN MUSIC』（ＡＬ）発売。

1979年10月25日　ムーンライダーズ『ヴァージニティ』（sg）発売

1980年1月25日　ムーンライダーズ『モダーン・ラヴァーズ』（sg）発売。

1980年2月1日　シネマ『モーション・ピクチャー』（ＡＬ）発売。鈴木慶一がプロデュース。

1980年7月21日　ハルメンズ「近代体操」（ＡＬ）発売。鈴木慶一がプロデュース。

1980年7月25日　ムーンライダーズ『彼女について知っている二、三の事柄』（sg）発売。

1980年4月21日　『綿の国星／大島弓子Ｉ』（ＡＬ）発売。鈴木慶一プロデュース、ムーンライダーズ参加。

1980年6月21日　斉藤哲夫『今のきみはピカピカに光って』（sg）発売。鈴木慶一作編曲。

1980年8月25日　ムーンライダーズ『カメラ＝万年筆』（ＡＬ）発売。

1980年12月21日　糸井重里『ペンギニズム』発売（ＡＬ）。鈴木慶一がプロデュース。

1981年1月1日　ザ・ぼんち「恋のぼんちシート」（sg）発売。鈴木慶一編曲、ムーンライダーズ演奏。

1981年4月25日　ムーンライダーズ『エレファント』（sg）発売。

1981年7月21日　ハルメンズ『ハルメンズの20世紀』（ＡＬ）発売。鈴木慶一がプロデュース。

1981年9月21日　杏里『哀しみの孔雀』（ＡＬ）発売。鈴木慶一がプロデュース。

1981年10月21日　野宮真貴『ピンクの心』（AL）発売。鈴木慶一がプロデュース。

1981年12月5日　THE BEATNIKS『EXITENTIALISM 出口主義』（AL）発売。

1981年12月5日　THE BEATNIKS『NO WAY OUT 出口なし』（sg）発売。

1982年　湾岸スタジオ設立。

1982年1月25日　藤真利子『狂躁曲』（AL）発売。鈴木慶一がプロデュース。

1982年8月25日　ムーンライダーズ『僕はスーパーフライ』（sg）発売。

1982年9月1日　THE BEATNIKS『RIVER IN THE OCEAN』（sg）発売。

1982年9月　THE BEATNIKS『出口主義』（VIDEO）発売。

1982年9月25日　ムーンライダーズ『青空百景』（AL）発売。

1982年12月16日　鈴木慶一が音楽監督の『音版ビックリハウス　ウルトラサイケ・ビックリパーティー』（AL）発売。

1982年12月25日　ムーンライダーズ『マニア・マニエラ』（AL）CD発売。

1983年2月　ムーンライダーズがピエール・カルダン劇場でピエール・バルーのバックバンドを担当。

1983年7月21日　鈴木さえ子『I wish it could be christmas everyday 毎日がクリスマスだったら』（AL）発売。鈴木慶一がプロデュース。

1983年11月25日　鈴木慶一主宰の水族館レーベルから『陽気な若き水族館員たち』（AL）発売。

1983年11月28日　『WE WISH YOU A MERRY CHRISTMAS』（AL）発売。ムーンライダーズ参加。

1984年1月29日　鈴木さえ子と東京タワー展望台で結婚披露宴。

1984年2月5日　ムーンライダーズ『M.I.J. / GYM』（sg）発売

1984年6月21日　鈴木さえ子『科学と神秘』（AL）発売。鈴木慶一がプロデュース。

1984年8月21日　ムーンライダーズ『アマチュア・アカデミー』（AL）発売。

1984年9月25日　水族館レーベルから『陽気な若き博物館員たち』（AL）発売。

1984年9月25日　クリス『プードル』（AL）発売。鈴木慶一がプロデュース。

1984年10月10日　ムーンライダーズ『マニア・マニエラ』（AL）カセットブック発売。

1984年5～6月　『時代はサーカスの象にのって』音楽担当。

1985年3月15日　THE BEATNIKS『偉人の血』（BOOK）発売。
1985年7月21日　鈴木さえ子『緑の法則』（AL）発売。鈴木慶一がプロデュース。
1985年10月21日　ムーンライダーズ『アニマル・インデックス』（AL）発売。
1985年10月25日　水族館レーベルから『ビックリ水族館』（AL）発売。
1986年2月21日　ムーンライダーズ『マニア・マニエラ』（AL）LP発売。
1986年3月21日　ムーンライダーズ『花咲く乙女よ穴を掘れ』（sg）発売。
1986年3月31日　ムーンライダーズ『DREAM MATERIALIZER〜夢見れる機械』（VIDEO）発売。初の映像作品。
1986年6月21日　ムーンライダーズ『夏の日のオーガズム／今すぐ君をぶっとばせ』（sg）発売。初の12インチシングル。
1986年6月21日　鈴木さえ子『HAPPY END』（AL）発売。鈴木慶一がプロデュース。
1986年9月5日　ムーンライダーズ『THE WORST OF MOON RIDERS』（AL）発売。
1986年11月21日　ムーンライダーズ『DON'T TRUST OVER THIRTY』（AL）発売。
1986年12月20日　『ムーンライダーズ詩集』（BOOK）発売。
1986年10月31日〜11月11日　芝居「曖昧屋」音楽担当。
1987年2月25日　ヴァージンVS『羊ケ丘デパートメントストア』（AL）発売。鈴木慶一がプロデュース。
1987年4月21日　『わかつきめぐみの宝船ワールド』（AL）発売。鈴木慶一プロデュース。
1987年5月21日　THE BEATNIKS『Total Recall』（sg）発売。
1987年6月21日　THE BEATNIKS『EXITENTIALIST A GO GO ビートで行こう』（AL）発売。
1987年6月21日　鈴木さえ子『スタジオ・ロマンチスト』（AL）発売。鈴木慶一がプロデュースで参加。
1987年10月5日　鈴木慶一プロデュース『ファスト・プライズ』（AL）発売。平忠彦のイメージアルバム。
1987年　メトロトロン・レコード設立。
1988年5月18日　渡辺美奈代『ちょっとFallin'Love』（sg）発売。鈴木慶一、渚十吾編曲、鈴木慶一編曲。
1988年5月21日　秩父山バンド『未来（いつか）のラブ・オペレーション』（sg）発売。
1988年5月25日　はちみつぱい『はちみつぱい SECOND ALBUM（in concert）』（AL）発売。
1988年8月19日　渡辺美奈代『My Boy -歌え！太陽- a summer place』（AL）発売。鈴木慶一がプロデュース。

1988年6月9日　はちみつぱい「はちみつぱい15 YEARS AFTER」汐留PIT。
1988年　ムーンライダーズ『The Worst Visualizer』（VIDEO）発売。
1989年2月10日　渡辺美奈代『恋してると、いいね』（AL）発売。鈴木慶一がプロデュース。
1989年3月21日　岩田麻里『GIRLS BE VICIOUS』（AL）発売。鈴木慶一がプロデュース。
1989年5月25日　はちみつぱい『9th June 1988～はちみつぱいLive』（AL）発売。
1989年8月21日　鈴木慶一『MOTHER』（AL）発売。
1989年10月1日　鈴木慶一『火の玉ボーイとコモンマン』（BOOK）発売。
1990年6月27日　桐島かれん『かれん』（AL）発売。鈴木慶一がプロデュースで参加。
1990年7月21日　「渡辺祐の発掘王 Fujiyama-Pops編」（AL）発売。ムーンライダーズ編曲、演奏の江利チエミ「ウスクダラ」を収録。
1990年9月1日　ムーンライダーズ＋アストロ・チンプス『FLIGHT RECORDER』（BOOK）発売。
1990年9月27日　『ヤマアラシとその他の変種』（AL）発売。鈴木慶一が音楽プロデュースを担当。
1990年11月28日　松尾貴史&ビートニクスwithちわきまゆみ『THE GREATEST SONG OF ALL』（sg）発売。THE BEATNIKS参加。
1990年　本田昌広監督「良いおっぱい悪いおっぱい」の音楽を鈴木慶一、かしぶち哲郎が担当。
1991年4月26日　ムーンライダーズ『最後の晩餐』（AL）発売。
1991年6月25日　はちみつぱい『セカンド・アルバム～イン・コンサート』（AL）発売。
1991年8月23日　堀内一史『MUSEE』（AL）発売。鈴木慶一がプロデュースで参加。
1991年11月27日　鈴木慶一『SUZUKI白書』（AL）発売。
1992年3月25日　辻仁成『遠くの空は晴れている』（AL）発売。鈴木慶一がプロデュース。
1992年4月　フジテレビ「アルファベット2/3」出演。
1992年5月20日　はちみつぱい『はちみつぱいラストライヴ』（VIDEO）。はちみつぱい初の映像作品。
1992年8月21日　原田知世『GARDEN』（AL）発売。鈴木慶一がプロデュース。
1992年8月26日　ムーンライダーズ『ダイナマイトとクールガイ』（sg）発売。
1992年9月30日　ムーンライダーズ『A.O.R.』（AL）発売。

１９９２年９月30日　『LOVE ME DO／レノン&マッカートニー・カバー・アルバム』（ＡＬ）発売。ムーンライダーズ参加。
１９９３年４月〜９月　テレビ東京「モグラネグラ」で鈴木杏樹と司会を担当。
１９９３年５月25日　高田渡『渡』（ＡＬ）発売。鈴木慶一がプロデュース。
１９９３年11月13日　鈴木慶一『THE LOST SUZUKI TAPES』（ＡＬ）発売。
１９９４年２月18日　原田知世『カコ』（ＡＬ）発売。鈴木慶一がプロデュース。
１９９４年３月23日　ムーンライダーズ『Best of MOONRIDERS 1982→1992 Keiichi Suzuki sings MOONRIDERS』（ＡＬ）発売。
１９９４年４月１日　THE BEATNIKS『ANOTHER HIGH EXIT』（ＡＬ）発売。
１９９４年４月１日　THE SUZUKI『meets GREAT SKIFFLE AUTREY』（ＡＬ）発売。
１９９４年５月18日　SUZUKI K1 >> 7.5cc『Satellite Serenade』（sg）発売。
１９９４年９月21日　ISSAY『FLOWERS』（ＡＬ）発売。鈴木慶一がプロデュース。
１９９４年11月２日　鈴木慶一『MOTHER2 ギーグの逆襲』（ＡＬ）発売。
１９９５年１月20日　原田知世『Egg Shell』（ＡＬ）発売。鈴木慶一がプロデュース。
１９９５年２月１日　THE SUZUKI『The SUZUKI '95』（ＡＬ）発売。
１９９５年３月１日　ムーンライダーズ『B.Y.G. High School B1』（ＡＬ）発売。
１９９５年３月25日　岩井俊二監督「Love Letter」出演。以降公開される岩井俊二監督作品にも出演。
１９９５年３月25日　ムーンライダーズ『海の家』（sg）発売。
１９９５年６月25日　ムーンライダーズ『Le Cafe de la Plage』（ＡＬ）発売。
１９９５年６月25日　ムーンライダーズ『冷えたビールがないなんて』（sg）発売。
１９９５年９月１日　ムーンライダーズ『９月の海はクラゲの海 ＥＰ』（sg）発売。
１９９５年11月25日　ムーンライダーズ『HAPPY/BLUE'95』（sg）発売。
１９９５年12月１日　ムーンライダーズ『ムーンライダーズの夜』（ＡＬ）発売。
１９９５年　テレビ朝日「えびす温泉」でＹＯＵと司会を担当。
１９９６年２月25日　THE BEATNIKS『THE SHOW vol.4:YOHJI YAMAMOTO COLLECTION MUSIC』（ＡＬ）発売。
１９９６年３月25日　Piggy 6 Oh! Oh!『DON'T LOOK BACK』（ＡＬ）発売。

1996年6月2日　ムーンライダーズ「20TH ANNIVERSARY ～ FULL MOON CONCERT」日比谷野外音楽堂。
1996年11月21日　ムーンライダーズ『ニットキャップマン』（sg）発売。
1996年12月1日　東京太郎『TOKYO TARO is living in Tokyo』（AL）発売。
1996年12月4日　ムーンライダーズ『Bizarre Music For You』（AL）発売。
1996年12月18日　ムーンライダーズ『1976-1981 Complete Collection Vol.1』（AL）発売。
1996年12月18日　ムーンライダーズ『1982-1992 Complete Collection Vol.2』（AL）発売。
1997年3月21日　岩井俊二監督『毛ぼうし』（VIDEO）発売。
1997年3月29日　ムーンライダーズ『Damn! moonriders』（CD-ROM＋CD）発売。初のCD-ROM作品。
1997年4月18日　山本耀司『HEM ～ HANDFUL EMPTY MOOD たかが永遠』（AL）発売。鈴木慶一がプロデュース。
1997年6月5～19日　宮沢章夫作・演出「遊園地再生事業団#9 あの小説の中で集まろう」出演。
1997年6月18日　『トッドは真実のスーパースター』（AL）発売。鈴木慶一参加。
1997年7月15日　THE SUZUKI『Everybody's in Working Class』（AL）発売。
1997年7月18日　『リアルサウンド～風のリグレット』（AL）発売。音楽担当。
1997年12月17日　ムーンライダーズ『短くも美しく燃え』（AL）発売。
1997年12月17日　岩井俊二監督『ゴーストスープ』サウンドトラック（AL）発売。鈴木慶一参加。
1998年5月2日　ムーンライダーズ『ANTHOLOGY1976-1996』（AL）発売。
1998年5月30日　ムーンライダーズ『恋人が眠ったあとに唄う歌』（sg）発売。
1998年7月18日　ムーンライダーズ『月面讃歌』（AL）発売。
1998年8月20日　THE SUZUKI『The SUZUKI meets 栗コーダーカルテット』（AL）発売。
1998年11月4日～16日　ソロツアー「北北東に進路を取れ」。
1998年11月21日　ムーンライダーズ『Sweet Bitter Candy ～秋～冬～』（sg）発売。
1998年11月21日　ムーンライダーズ『月面讃画』（VIDEO）発売。
1999年3月　インターネットに接続。
1999年11月25日　ムーンライダーズ『Pissin' on-line』で「pissin' till I die」「pissism」を無料配信。

１９９９年11月25日　ムーンライダーズ『dis-covered』（ＡＬ）発売。
１９９９年12月1日　あがた森魚『日本少年２０００系』（ＡＬ）発売。鈴木慶一がプロデュース。
１９９９年12月3日　SUZUKI K1 >> 7.5cc『Yes, Paradise, Yes / M.R.B.S.』（ＡＬ）発売。
２０００年2月16日　『うずまき』サウンドトラック（ＡＬ）発売。鈴木慶一、かしぶち哲郎が参加。
２０００年6月3日～19日　ソロツアー「北北東に進路を取れPART2」。
２０００年7月6日～18日　「Beautiful Songs」ツアーを矢野顕子、大貫妙子、奥田民生、宮沢和史と行う。
２０００年7月7日　ムーンライダーズ『a touch of fullmoon shows in the night』（ＡＬ）発売。
２０００年9月20日　クミコ『AURA』（ＡＬ）発売。鈴木慶一がプロデュースで参加。
２０００年10月18日　鈴木慶一、矢野顕子、大貫妙子、奥田民生、宮沢和史『LIVE Beautiful Songs』（ＡＬ）発売。
２０００年12月15日　ムーンライダーズ『Six musicians on their way to the last exit』（ＡＬ）発売。
２０００年12月～２００1年9月　ＢＳ朝日「GREAT+FULL」でキタキマユと司会を担当。
２００1年4月15日　ムーンライダーズ『kissin' you till I die / pissism a go go』（sg）発売。
２００1年8月4日　THE BEATNIKS『M.R.I. Musical Resonance Imaging』（ＡＬ）発売。
２００1年11月10日　「鈴木慶一＆キタキマユのグレイトフル・カフェ」（ＢＯＯＫ）発売。
２００1年12月12日　ムーンライダーズ『Dire Morons TRIBUNE』（ＡＬ）発売。
２００1年12月12日　鈴木慶一とムーンライダース『火の玉ボーイ』（ＡＬ）再発。ボーナス・トラック5曲を追加。
２００1年7月21日　清水浩監督「チキンハート」サウンドトラック（ＡＬ）発売。
２００2年3月26日～4月13日　矢野顕子、大貫妙子、奥田民生、宮沢和史と「Beautiful Songs」ツアー。
２００2年5月29日　『Gentle Guitar Dreams』（ＡＬ）発売。ムーンライダーズ参加。
２００2年11月18日　Three Blind Moses『Decent Incense』（ＡＬ）発売。
２００3年3月5日　cali≠gari『8』（ＡＬ）発売。鈴木慶一がプロデュース。
２００3年5月24日～6月8日　ホリプロ＆ナイロン１００℃『Don't trust over 30』音楽担当。
２００3年6月20日　『Don't trust over 30』サウンドトラック（ＡＬ）発売。
２００3年9月3日　北野武監督『座頭市』サウンドトラック（ＡＬ）発売。

2003年11月7日　今敏監督『東京ゴッドファーザーズ』サウンドトラック（AL）発売。
2003年11月7日～30日　青山円形劇場「欲望という名の電車」出演。
2003年　ケラリーノ・サンドロヴィッチ監督「1980」出演、音楽参加。
2004年2月20日　「座頭市」が「第27回日本アカデミー賞」で最優秀音楽賞受賞。
2004年2月23日　Keiichi Suzuki with moonriders『No.9』（AL）発売。
2004年4月　NHK-FM「ライヴビートBBCライヴ」パーソナリティ。
2004年5月26日　ムーンライダーズ『ライヴ帝国 ムーンライダーズ』（VIDEO）発売。
2004年7月1日　moonriders division、moonriders records設立。
2005年3月24日　『コカ・コーラCMソング集 1962-89』（AL）発売。ムーンライダーズ収録。
2005年5月11日　ムーンライダーズ『P.W Babies Paperback』（AL）発売。
2005年12月7日　ムーンライダーズ『ムーンライト・リサイタル1976』（AL）発売。
2005年12月23日　ムーンライダーズ『The Postwar Babies Show』（VIDEO）発売。
2006年5月2日　「1972春一番」（AL）発売。はちみつぱいのライヴ音源を収録。
2006年10月25日　ムーンライダーズ『MOON OVER the ROSEBUD』（AL）発売。
2006年1月27日　THE SUZUKI『Preservation Society』（VIDEO）発売。
2006年4月12日　THE SUZUKI『The Suzuki Preservation Society - Live at BOXX』（AL）発売。
2006年9月27日　ムーンライダーズ『ゆうがたフレンド（公園にて）』（sg）発売。
2006年10月25日　P.K.O『P.K.O LIVE IN JAPAN』（AL）発売。
2006年11月2日　ムーンライダーズ『マニアの受難 PASSION MANIACS Original Soundtrack』（AL）発売。
2006年12月20日　ムーンライダーズ『CM WORKS 1977-2006』（AL）発売。
2007年3月21日　ムーンライダーズ『『マニアの受難』Collector's Edition 30th Anniversary』（VIDEO）発売。
2007年3月23日　ムーンライダーズ『SPACE SHOWER ARCHIVE ムーンライダーズ LIVE 9212』（VIDEO）発売。
2007年4月4日　ムーンライダーズ『Cool Dynamo,Right on』（sg）発売。
2007年4月4日　ムーンライダーズ『1979.7.7 at 久保講堂』（AL）発売。

2007年9月19日　ムーンライダーズ『『マニアの受難』DVD＋Collector's Premium CD』（VIDEO）発売。

2007年12月19日　ムーンライダーズ『1980 2.23 リサイタル――MODERN MUSICの彼方』（AL）発売。

2007年12月19日　ムーンライダーズ『OVER the MOON 晩秋のジャパンツアー 2006 C.C.Lemonホール』（VIDEO）発売。

2007年12月22日　鈴木慶一『鈴木慶一CM WORKS ON・アソシエイツ・イヤーズ（1977-1989）』（AL）発売。

2008年1月23日　『細野晴臣 STRANGE SONG BOOK -Tribute to Haruomi Hosono 2』（AL）に鈴木慶一が『東京シャイネス・ボーイ』で参加。

2008年2月20日　鈴木慶一『ヘイト船長とラヴ航海士』（AL）発売。

2008年12月3日　ムーンライダーズ『Tokyo, Round & Round』（sg）配信リリース。

2008年12月17日　ムーンライダーズ『moonriders LIVE at SHINJUKU LOFT 2006.4.15』（VIDEO）発売。

2009年1月14日　ムーンライダーズ『恋はアマリリス』（sg）配信リリース。

2009年2月18日　ムーンライダーズ『You & Us』（sg）配信リリース。

2009年3月18日　ムーンライダーズ『Tokyo Navi』（sg）配信リリース。

2009年3月18日　ムーンライダーズ『moonriders 1980.10.11 at HIROSHIMA KENSHIN KODO』（AL）発売。

2009年4月8日　ムーンライダーズ『三日月の翼』（sg）配信リリース。

2009年4月11日　ムーンライダーズ『Here we go'round the disc』（AL）発売。

2009年5月13日　ムーンライダーズ『Come Up』（sg）配信リリース。

2009年7月15日　林静一・はちみつぱい『夜にほほよせ』（AL）発売。

2009年7月22日　鈴木慶一『シーシック・セイラーズ登場！』（AL）発売。

2009年8月18日　父・鈴木昭生死去。

2009年9月1日　ムーンライダーズ『Here we go'round HQD』（AL）配信リリース。

2009年9月2日　アグネス・チャン『あなたの忘れ物』（sg）発売。ムーンライダーズが演奏。

2009年9月16日　ムーンライダーズ『Tokyo7』（AL）発売。

2009年10月10日　あがた森魚とZIPANG BOYZ號『あがた森魚とZIPANG BOYZ號の一夜』（AL）発売。鈴木慶一参加。

2009年10月10日　かしぶち哲郎『自由なメロディ　はちみつぱい〜ムーンライダーズ』（AL）発売。はちみつぱい、ムーンライダーズの演奏を収録。
２００９年10月21日　はちみつぱい『THE FINAL TAPES はちみつぱいLIVE BOX 1972-1974』（ＡＬ）発売。
２００９年10月21日　ムーンライダーズ『moonriders In Search of Lost Time Vol.1』（ＡＬ）発売。
２００９年11月18日　ムーンライダーズ『30th Anniversary Live Blue-Lay』（ＶＩＤＥＯ）発売。
２０１０年３月16日　アグネス・チャン『アグネス・チャン in 武道館』にムーンライダーズがゲスト出演。
２０１０年６月２日　鈴木慶一『Keiichi Suzuki:Music for Films and Games』（ＡＬ）発売。
２０１０年６月２日　鈴木慶一『アウトレイジ』サウンドトラック（ＡＬ）発売。
２０１０年８月４日　ムーンライダーズ『〝Tokyo7〟LIVE』（ＡＬ）発売。
２０１０年８月16日　ムーンライダーズ『LIVE at SHIBUYA AX 2009.4.21 Here we go 'round…moonriders 2009』（ＡＬ）発売。
２０１０年10月20日　鈴木慶一『映画「ゲゲゲの女房」サウンドトラック』（ＡＬ）発売。
２０１０年10月20日　ムーンライダーズ feat. 小島麻由美『ゲゲゲの女房のうた』（sg）発売。
２０１１年１月12日　ムーンライダーズ『クラウン・イヤーズ・ベスト＆ＬＩＶＥ』（ＡＬ）発売。
２０１１年１月26日　鈴木慶一『ヘイト船長回顧録 In Retrospect』（ＡＬ）発売。
２０１１年１月26日　ムーンライダーズ『moonriders LIVE at SHIBUYA KOKAIDO 1982.11.16 青空百景』（ＡＬ）発売。
２０１１年５月11日　遠藤正明とムーンライダーズ『魂メラめら一兆℃！』／ムーンライダーズ feat. Yoko『みんなくたばるサァサァサァ』（sg）発売。
２０１１年５月25日　鈴木慶一／ムーンライダーズ「Dororonえん魔くんメ～ラめら オリジナルサウンドトラック」（ＡＬ）発売。
２０１１年９月７日　森山良子『すべてが歌になっていった』（ＡＬ）発売。鈴木慶一がプロデュース。
２０１１年９月21日　『TV ANIMATION NO.6 ORIGINAL SOUNDTRACK』（ＡＬ）発売。音楽担当。
２０１１年10月12日　THE BEATNIKS『LAST TRAIN TO EXITOWN』（ＡＬ）発売。
２０１１年10月26日　『TV ANIMATION NO.6 ORIGINAL SOUNDTRACK2』（ＡＬ）発売。音楽担当。
２０１１年11月11日　ムーンライダーズが無期限活動休止を発表。午後11時11分よりムーンライダーズ『Last Serenade』がＯＴＯＴＯＹで無料配信。
２０１１年12月14日　ムーンライダーズ『Ciao!』（ＡＬ）発売。

2011年12月14日　ムーンライダーズ『IVE at SHIBUYA AX 2010.12.10 moonriders LIVE 2010〝PRE-FLIGHT〟』（AL）発売。

2011年12月14日　鈴木慶一『THE LOST SUZUKI TAPES Vol.2』（AL）発売。

2011年12月17日　ムーンライダーズ「Ciao! THE MOONRIDERS」中野サンプラザ。

2011年12月30日　ムーンライダーズ「ルーフトップ・ギグ」タワーレコード新宿店屋上。

2011年12月31日　ムーンライダーズ「ファンクラブ会員限定ライヴ」高円寺HIGH。この日をもって無期限活動休止。

2012年1月25日　ムーンライダーズ『moonriders LIVE at MIELPARQUE TOKYO HALL 2011.05.05〝火の玉ボーイコンサート〟』（AL）発売。

2012年6月7日　ムーンライダーズ『moonriders LIVE at SHIBUYA KOKAIDO 1982.11.16 青空百景 for ototoy only』配信リリース。

2012年8月8日　ムーンライダーズ『Ciao! THE MOONRIDERS LIVE 2011』（AL）発売。

2012年8月8日　ムーンライダーズ『Ciao! THE MOONRIDERS LIVE 2011』（VIDEO）発売。

2012年9月26日　北野武監督『アウトレイジビヨンド』サウンドトラック（AL）発売。

2012年11月7日　THE BEATNIKS『THE BEATNIKS Live 2011〝LET's GO TO BEATOWN〟』（AL）発売。

2012年12月12日　南波志帆×鈴木慶一『キャッチコピーのうた』（sg）発売。

2013年12月18日　『大貫妙子トリビュート・アルバム -Tribute to Taeko Onuki-』（AL）発売。THE BEATNIKS参加。

2012年12月26日　鈴木慶一『騒音歌舞伎「ボクの四谷怪談」THE UNORIGINAL CAST ALBUM』（AL）発売。

2013年3月27日　ムーンライダーズ『moonriders Live At Shibuya Kokaido 1984.7.14』（AL）発売。

2013年5月8日　高雄統子監督『聖☆おにいさん オリジナルサウンドトラック』（AL）発売。鈴木慶一、白井良明が音楽を担当。

2013年5月22日　ムーンライダーズ『火の玉ボーイコンサート 2011.5.5 MOVIE』（VIDEO）発売。

2013年5月22日　あがた森魚『あがた森魚とはちみつぱい1972-1974』（AL）発売。はちみつぱいが演奏。

2013年8月28日　Controversial Spark『Controversial Spark』（AL）発売。

2013年11月6日　No Lie-Sense『First Suicide Note』（AL）発売。

2013年12月17日　かしぶち哲郎死去。

2014年1月29日　Controversial Spark『Controversial Music Spark』（AL）発売。

2014年1月29日　ムーンライダーズ『moonriders Live at FM TOKYO HALL 1986.6.16』（AL）発売。

2014年7月9日 No Lie-Sense『FIRST SUICIDE NOTE (MONO MIX)』（AL）発売。

2014年10月22日 Controversial Spark『Section 1』（AL）発売。

2014年11月12日 田中茉裕『I'm Here』（AL）発売。鈴木慶一がプロデュース。

2014年12月17日 ムーンライダーズ『moonriders LIVE 2014 Ciao Mr.Kashibuchi』日本青年館。かしぶち哲郎追悼公演。

2014年12月17日 ムーンライダーズ『アーリーデイズ1975-1981』（AL）発売。

2014年12月18日 ムーンライダーズ『moonriders LIVE 2014 "Ciao Mr.Kachibuchi" An encore show』日本青年館。かしぶち哲郎追悼公演の追加公演。

2015年4月15日 北野武監督『龍三と七人の子分たち』サウンドトラック（AL）発売。

2015年6月24日 ムーンライダーズ『Ciao! Mr.Kashibuchi MOONRIDERS LIVE at NIHON SEINENKAN 2014.12.17』（AL）発売。

2015年8月26日 No Lie-Sense『THE FIRST SUICIDE BIG BAND SHOW LIVE 2014』（AL）発売。

2015年9月2日 Controversial Spark『Angels of a Feather』（AL）発売。

2015年10月21日 THE BEATNIKS『19812001』（AL）発売。

2015年10月 天野天外作・演出『西遊記』音楽担当。

2015年11月25日 ムジカ・ピッコリーノ『ムジカ・ピッコリーノ メロトロン号の仲間たち セレクション』（AL）発売。

2015年11月25日 鈴木慶一『謀らずも朝夕45年 Keiichi Suzuki chronicle 1970-2015』（AL）発売。

2015年12月16日 鈴木慶一『Records and Memories』（AL）発売。

2015年12月20日 鈴木慶一「ミュージシャン生活45周年記念ライヴ」をメルパルクホールで開催。

2016年1月1日 『metrotron records 25th anniversaryライヴ「軌跡」』（AL）発売。THE SUZUKIのライヴ音源2曲収録。

2016年3月16日 ムーンライダーズ『MOONRIDERS IN T.E.N.T YEARS 19851986』（AL）発売。

2016年4月20日 No Lie-Sense『JAPAN'S PERIOD』（AL）発売。

2016年5月9日〜15日 はちみつぱい「はちみつぱい 45th ANNIVERSARY Re:Again」。

2016年7月20日 はちみつぱい『Re:Again Billboard Live 2016』（AL）発売。

2016年7月27日 ピエール・バルー『カルダン劇場ライヴ１９８３』（AL）発売。ムーンライダーズ演奏。

2016年8月28日 ムーンライダーズ「ワールド・ハピネス２０１６」出演。

2016年9月21日　ムジカ・ピッコリーノ『ムジカ・ピッコリーノ　Mr.グレープフルーツのブートラジオ』（AL）発売。

2016年9月21日　『ケラリーノ・サンドロヴィッチ・ミューヂック・アワー2013』（AL）発売。No Lie-Sense参加。

2016年10月5日　はちみつぱい『はちみつぱい 45th Anniversaryライヴ＋ラストライヴ1988』（VIDEO）発売。

2016年10月6日〜11月11日　ムーンライダーズ「Moonriders Outro Clubbing Tour」。

2016年12月7日　鈴木慶一とムーンライダース『火の玉ボーイ〜40周年記念デラックス・エディション』（AL）発売。

2016年12月7日　ムーンライダーズ『MOON RIDERS in CROWN YEARS 40th ANNIVERSARY BOX』（AL）発売。

2016年12月15日　ムーンライダーズ「moonriders Final Banquet 2016 〜最後の饗宴〜」中野サンプラザ。

2017年2月22日　はちみつぱい『センチメンタル通り DELUXE edition』（AL）発売。

2017年4月26日　あがた森魚&はちみつぱい『べいびぃろん(BABY-LON)』（AL）発売。

2017年9月27日　北野武監督「アウトレイジ 最終章」サウンドトラック（AL）発売。

2017年　ポンフェイ監督「ライスフラワーの香り」音楽担当。

2018年2月28日　The おそ松さんズ with 松野家6兄弟『大人÷6×子供×6』（sg）発売。鈴木慶一参加。

2018年3月1日　母・鈴木萬里子死去。

2018年3月2日　「アウトレイジ 最終章」で「第41回日本アカデミー賞」の最優秀音楽賞を受賞。

2018年5月9日　THE BEATNIKS『EXITENTIALIST A XIE XIE』（AL）発売。

2018年3月31日　ムーンライダーズ「MOONRIDERS FAMILY TRUST Farewell Party」新代田Fever。ファンクラブの解散イベント（後にファンクラブは存続）。

2018年7月25日　鈴木慶一 音楽監督、ムーンライダーズ演奏『ロックミュージカル　時代はサーカスの象にのって'84』（AL）発売。

2018年11月3日　THE BEATNIKS『THE BEATNIKS Live 2018 NIGHT OF THE BEAT GENERATION』（AL）アナログ盤発売。

2019年1月11日　Controversial Spark『After Intermission』（AL）発売。

2019年1月23日　ムーンライダーズ『ムーンライダーズ FINAL BANQUET 2016〜最後の饗宴〜』（AL）発売。

2019年3月27日　高坂希太郎監督『若おかみは小学生！』サウンドトラック（AL）発売。

2019年5月22日　THE BEATNIKS『THE BEATNIKS LIVE 2018 NIGHT OF THE BEAT GENERATION』（AL）CD発売。

2020年1月22日　Controversial Spark『G.G.B. c/w 夜は許してくれない』（sg）発売。
2020年4月8日　ムーンライダーズ『moonriders LIVE at SHINDAITA FEVER』（AL）発売。
2020年4月18日　No Lie-Sense『我等が世は』（sg）発売。
2020年6月3日　鈴木慶一『鈴木慶一 Aerial Garden Sessions LIVE mp3』ダウンロード販売。
2020年8月25日　ムーンライダーズ「Special Live『カメラ＝万年筆』」（AL）配信。
2020年7月29日　No Lie-Sense『駄々録～Dadalogue』（AL）発売。
2020年8月26日　ムーンライダーズ『カメラ＝万年筆 デラックス・エディション』（AL）発売。
2020年11月28日　「鈴木慶一 ミュージシャン生活50周年記念ライヴ」Billboard Live TOKYO。
2020年　上野洋子と結婚。
2021年1月27日　鈴木慶一『MOTHER MUSIC REVISITED』（AL）発売。
2021年6月9日　ムーンライダーズ『moonriders special live カメラ＝万年筆』（AL）発売。
2021年12月15日　ムーンライダーズ『LIVE 2020 NAKANO SUNPLAZA』（AL）発売。
2021年12月15日　ムーンライダーズ『LIVE 2020 NAKANO SUNPLAZA』（VIDEO）発売。
2021年　ポンフェイ監督「再会の奈良」音楽担当。
2022年4月20日　ムーンライダーズ『It's the moooonriders』（AL）発売。
2022年8月3日　ムーンライダーズ＋佐藤奈々子『Radio Moon and Roses 1979Hz』（AL）発売。
2022年12月25日　P.K.O『クリスマスの後も／あの日は帰らない』（sg）配信リリース。
2023年1月11日　高橋幸宏死去。
2023年2月14日　岡田徹死去。
2023年3月15日　ムーンライダーズ『Happenings Nine Months Time Ago in June 2022』（AL）発売。
2023年3月21日　大滝詠一『大滝詠一 NOVELTY SONG BOOK / NIAGARA ONDO BOOK』（AL）発売。「ゆうがたフレンド（USEFUL SONG）／大滝詠一と鈴木慶一（冗談ぢゃねーやーず）」収録。
2022年3月23日　あがた森魚『あがた森魚 SHOW TIME』発売。ムーンライダーズ演奏。
2023年4月29日　ムーンライダーズ「ハイドパーク・ミュージック・フェスティバル２０２３」出演。岡田徹を追悼する演出が施された。

2023年5月3日　芸術選奨文部科学大臣賞受賞。

2023年6月2日　鈴木マツヲ『恋人と別れる日の過ごしかた』（sg）配信リリース。

2023年6月21日　鈴木マツヲ『ONE HIT WONDER』（AL）発売。

2023年6月25日　ムーンライダーズ「moonriders LIVE」恵比寿 The Garden Hall。岡田徹追悼公演。

2023年7月7日　PANTA死去。

2023年7月26日　ムーンライダーズ『moonriders 45th anniversary "THE SUPER MOON" LIVE』（VIDEO）発売。

2023年8月23日　ムーンライダーズ『moonriders『FUN HOUSE years』BOX』（AL）発売。

2023年9月1日　森達也監督「福田村事件」公開。音楽担当。

2023年9月20日　ピエール・バルー『ル・ポレン〜伝説のライヴ1982』（AL）発売。ムーンライダーズ演奏。

2023年9月27日　ムーンライダーズ『黒いシェパードEP』（AL）発売。

2023年10月9日　岩井俊二監督『夏至物語』YouTubeで公開。ムーンライダーズ「午後のレディ」新録音源を提供。

2023年12月27日　ムーンライダーズ『moonriders アンコールLIVEマニア・マニエラ＋青空百景』（AL）発売。

2023年12月27日　ムーンライダーズ『moonriders アンコールLIVEマニア・マニエラ＋青空百景』（VIDEO）発売。

2023年12月27日　No Lie-Sense『Twisted Glove』（AL）発売。

参考文献

『ムーンライダーズ詩集』(ムーンライダーズ、新潮社) 1986
『火の玉ボーイとコモンマン 東京・音楽・家族1951～1990』(鈴木慶一、新宿書房) 1989
『フライト・レコーダー』(ムーンライダーズ＋アストロ・チンプス、JICC出版局) 1990
『20世紀のムーンライダーズ』(月面探査委員会編、音楽之友社) 1998
『鈴木慶一とキタキマユのグレイトフル・カフェ』(ミュージック・マガジン) 2001
『ムーンライダーズの30年』(ミュージック・マガジン) 2006
『月光下騎士団大事典』(月面探査者一同編、ブルース・インターアクションズ) 2007
『Ciao! ムーンライダーズ・ブック』(シンコーミュージック) 2015
『僕は走って灰になる』(鈴木博文、新宿書房) 1988
『九番目の夢』(鈴木博文、新宿書房) 1991
『ひとりでは、誰も愛せない』(鈴木博文、創現社出版) 1994
『湾岸』(鈴木博文、三一書房) 1998
『ああ詞心、その綴り方』(鈴木博文、ソフトバンククリエイティブ) 1998
『白井良明 人生年鑑 隅田川・打ち出でて見れば半世紀-5 40th&45th W Anniversary Issue.』(白井良明) 2018
『ヤングギター』1972年7月号、1972年8月号、1972年9月号、1972年10月号、1973年3月号、1973年11月号、1973年12月号、1974年1月号、1974年3月号、1974年12月号、1975年1月号、1975年10月号、1977年4月号、1978年1月号 (新興音楽出版社)
『ひだまり通信』1、2、3、5、6、号外 (ひだまり通信社) 1998、1999、2000、2001、2001、2002
『ロック画報』06、16、26、27 (ブルース・インターアクションズ、Pヴァイン) 2001、2004、2016、2017
『風都市伝説』(北中正和編、シーディージャーナル) 2004
『はっぴいえんどコンプリート』(木村ユタカ、シンコーミュージック) 2008
『レコードマップ＋CD』08～09 (編集工房 球) 2008

『ニューミュージック・マガジン』１９７１年９月号、１９７１年10月号、１９７１年11月号、１９７１年12月号、１９７２年３月号、１９７２年５月号、１９７２年６月号、１９７２年７月号、１９７２年10月号、１９７２年12月号、１９７３年１月号、１９７３年２月号、１９７３年３月号、１９７３年６月号、１９７３年７月号、１９７３年８月号、１９７３年10月号、１９７３年11月号、１９７３年12月号、１９７７年12月号、１９７８年４月号、１９７８年５月号、１９７８年12月号（ミュージック・マガジン）

『MUSIC MAGAZINE』１９８３年１月号、１９８３年11月号、１９８３年12月号、１９８４年７月号、１９８６年５月号、１９８８年３月号、１９８８年８月号、１９８９年12月号、１９９１年12月号、１９９６年１月号、２００４年６月号、２００６年６月号、２００８年４月号、２０１２年２月号、２０２１年２月号（ミュージック・マガジン）

『ユリイカ』２００５年６月号（青土社）

『ZOO』04、09、20、21、29、１９７６、１９７７、１９７９、１９７９、１９８０

『定本はっぴいえんど』（大川俊昭、高護編、ＳＦＣ音楽出版）１９８６

『日本ロック大系』上、下（月刊『オンステージ』編集部編、白夜書房）１９９０、１９９０

『ミュージックレター』03、１９７１

『THIS IS A PEN』第８号、１９７３

『渋谷百軒店ブラック・ホーク伝説』（音楽出版社）２００７

『追憶の泰安洋行』（長谷川博一、ミュージック・マガジン）２０２０

『ＣＤジャーナル』１９９１年５月号、２０００年１月号、２００９年10月号、２０１１年３月号（シーディージャーナル）

『STUDIO VOICE』１９８１年１月号、１９８３年５月号、２００６年12月号、２００７年４月号（INFASパブリケーションズ）

『AERA』２００６年12月10日号（朝日新聞出版）

『ROCKS OFF』vol.01、２００７

『bounce』１８８、１９０（タワーレコード）１９９８、１９９８

『ミュージック・ライフ』１９９８年８月号、１９９８年９月号（シンコーミュージック・エンタテイメント）

『タコシェ通信』16（タコシェ）１９９８

『ロック・クロニクル・ジャパン Vol.1 1968-1980』（音楽出版社）１９９９

『ラヴ・ジェネレーション1966-1979』（音楽出版社）２０００

『電子音楽 in JAPAN』（田中雄二、アスペクト）２００１
『1973921 SHOWBOAT 素晴しき船出』ライナーノーツ（浜野サトル、SHOW BOAT）２００２
『ビックリハウス』１９７７年11月号、１９７９年１月号、１９７９年３月号、１９７９年４月号、１９８３年５月号、１９８５年11月号（パルコ出版）
『ビックリハウス131号「ビックリハウス」なんて知らない！ビックリハウス住宅展示場カタログ』（ビックリハウス祭実行委員会、パルコエンタテインメント事業局）２００４
『ジャケット・デザイン・イン・ジャパン』（備酒元一郎編、ミュージック・マガジン）２００４
『ポップスインジャパン』（萩原健太、新潮社）１９９２
『i-D JAPAN』１９９２年11月号（世界文化社）
『糸井重里 - ペンギニズム』ライナーノーツ（田中雄二、鈴木慶一、エピックレコードジャパン）１９９２
『City Road』１９８２年９月号、１９９１年12月号、１９９２年12月号、１９９３年６月号、１９９３年10月号、１９９４年04－05月号（西アド）
『モンド・ミュージック』（リブロポート）１９９５
『ＣＤでーた』vol.7 no.5（角川書店）１９９５
『SWITCH』vol.13 no.3（スイッチ・パブリッシング）１９９５
『MORE BETTER 04』（ソニー・マガジンズ）１９９５
『フィンガーポッピン』第２号、１９９５
『Keyboard Magazine』１９８５年12月号、１９８６年11月号、１９９６年３月号、１９９６年６月号（リットーミュージック）
『ROCK is LOFT ～ LOFT HISTORY ～』（ロフトブックス）１９９７
『POP IND'S』1989 Jun-Jul No.24、1989 Oct-Nov No.26、1990 Feb-Mar No.28、1991 Mar-Apr Vol.6 No.5、1991 May-Jun Vol.6 No.6（スイッチ・コーポレーション）
『HONEY MOON通信』臨時特別号（新宿書房）１９８９
『R・IDEA』Vol5（ノア・インターナショナル）１９９０
『花形文化通信』004、025（繁昌花形本舗）１９８９、１９９１

『Rockin'on Japan』1987年7月号、1991年12月号（ロッキング・オン）
『Chart』no.1、no.2、no.3、no.4（IND、s）1986、1987、1987、1987
『別冊宝島 ROCK FILE』vol5（宝島社）1989
『銀星倶楽部』07、11（ペヨトル工房）1987、1989
『新譜ジャーナル』1971年10月号、1972年1月号、1972年3月号、1972年5月号、1972年12月号、1973年9月号、1973年10月号、1973年12月号、1974年1月号、1974年3月号、1974年7月号、1974年9月号、1975年2月号、1975年11月号（自由国民社）
『ヤングギター増刊OUR SONG日本』1971年9月号（新興音楽出版社）
『ライトミュージック』1973年12月号（ヤマハ音楽振興会）
『フリースタイル』30（フリースタイル）2015
『ミュージック・ステディ』1982年1月号、1982年3月号、1982年4月号、1982年7月号、1983年8月号、1984年3月号、1984年4月号、1984年8月号、1984年9月号、1984年10月号、1984年11月号、1984年12月号、1985年11月号、1986年4月号（ステディ出版）
『ベルウッドの軌跡 - ベルウッドを脇で支えた男たち』（奥和宏、インプレスR&D）2015
『ぴあ』1975年1月号、1975年3月号、1975年5月号、1975年7月号、1975年9月号、1975年10月号、1975年11月号、1975年12月号、1976年1月号、1976年3月号、1976年4月号、1976年5月号、1976年6月号、1976年7月号、1976年8月号、1976年9月号、1976年10月号、1976年11月号、1976年12月号、1977年1月号、1977年3月号、1977年7月号、1987年5月29日号（ぴあ）
『Modern』No.1、1981
『宝島』1984年1月号、1984年9月号、1984年12月号、1986年1月号、1992年1月号、1992年6月号、1990年7月号、1990年9月号、1991年5月号、1992年3月号、1992年12月号（宝島社）
『熱狂！GS図鑑』黒沢進（徳間書店）1986
『TECHII』1986年7月号、1986年8月号、1986年12月号、1987年1月号、1987年3月号、1987年4月号、1987年5月号、1987年6月号、1987年7月号、1987年8月号、1987年9月号、1987年10月号、1987年11

月号、１９８７年12月号、１９８８年1月号、１９８８年2月号、１９８８年5月号、１９８８年6月号、１９８８年7月号、１９８８年8月号、１９８８年9月号、１９８８年10月号、１９８８年12月号、（音楽之友社）
『rockin' on』１９８１年1月号、１９８６年11月号、１９８７年3月号（ロッキン・オン）
『季刊ノイズ』１９８９年12月号（ミュージック・マガジン）
『FAKE』01、１９９１
『Ｈ２季刊音楽誌エイチ・ツー』創刊0号（細野晴臣責任編集、筑摩書房）１９９１
『ベスト・オブ・ソリッド』ライナーノーツ（黒沢進、SOLID RECORDS）１９９２
『映画 月の子ども』フライヤー（巴里映画）１９９２
『月刊デジタルボーイ』１９９５年10月号（毎日コミュニケーションズ）
『現代思想臨時増刊号　総特集＝ゴダールの神話』（青土社）１９９５
『DABU-DABO』39、１９７６
『SUPER ART GOCOO』１９７９年11月号、１９８０年4月号、１９８０年5月号、１９８０年7月号（パルコ出版）
『ジャム』１９８０年1月号、１９８０年7月号（新興楽譜出版社）
『ロック・ステディ』vol.32、vol.33、vol.34（ステディ出版）１９８０、１９８０、１９８０
『テクノ・ボーイ』（双葉社）１９８０
『MAZAR』１９８３年10月号（群雄社出版）
『日本のロック'84』（立東社）１９８４
『ind's』No,14、No,18、No,19、No,22（スイッチ・コーポレイション）１９８７、１９８８、１９８８、１９８９
『パチパチ読本』No.3、No.5（ソニー・マガジンズ）１９９１、１９９２
『WHAT's IN』１９９１年4月号、１９９１年9月号、１９９７年1月号（ソニー・マガジンズ）
『The Dictionary』0031（クラブキング）１９９３
『音楽と人』１９９４年8月号、１９９４年10月号、１９９５年8月号、１９９６年1月号、１９９７年1月号（音楽と人）
『Out There』vol.004（雑派）２０００
『風のくわるてつと』（松本隆、立東舎）２０１６

『ef』１９９１年６月（主婦の友社）

『METRO NEWS』０、14、15、16、17、号外17.5、18（ムーンライダーズ・ファンクラブ）１９９０、１９９３、１９９４、１９９４、１９９４、１９９４、１９９５

『Lunar Orbit』20、21、22、23、24、25、26、27、28、29、30、31、32、33、35、36、37、38、39（ムーンライダーズ・ファンクラブ）１９９９、１９９９、１９９９、１９９９、２０００、２０００、２０００、２０００、２０００、２００１、２００１、２００１、２００２、２００２、２００３、２００３、２００３、２００４、２００４、２００４

『ヤングセンス』１９７６年５月号（集英社）

『ヤングフォーク』１９７６年５月号、１９７７年５月号（講談社）

『音楽全書２』１９７６

『平凡パンチ』１９７７年３月14日号、１９８３年５月30日号（マガジンハウス）

『ロック&アンサンブル』１９７７年11月号（エイプリル・ミュージック）

『詩の世界』１９７８年12月号（詩の世界社）

『話の特集』１９８１年３月号（話の特集）

『anan』１９８２年４月９日号、１９８２年４月16日、１９８４年８月31日、１９９１年３月27日号（マガジンハウス）

『カセット・ライフ』１９８２年10月号（シンコーミュージック）

『バラエティ』１９８１年１月号、１９８１年２月号、１９８１年３月号、１９８１年４月号、１９８１年５月号、１９８１年６月号、１９８１年９月号、１９８１年10月号、１９８１年11月号、１９８１年12月号、１９８２年１月号、１９８２年２月号、１９８２年３月号、１９８２年４月号、１９８２年５月号、１９８２年６月号、１９８２年７月号、１９８２年８月号、１９８２年９月号、１９８２年10月号、１９８２年11月号、１９８２年12月号、１９８３年１月号、（角川書店）

『GORO』１９８４年９月13日号（小学館）

『X-men』１９８４年12月号（流行通信）

『週刊ＦＭ』１９８５年10／21～11／03号、１９８６年５／５～５／18号（音楽之友社）

『婦人生活』１９８６年４月号（婦人生活社）

『PENTHOUSE日本版』１９８８年１月号（講談社）

『LEE』１９８８年６月号（集英社）
『Hanako』１９８８年10月６日号、１９９３年２月18日号、１９９３年10月28日号、１９９５年３月23日号（マガジンハウス）
『サンデー毎日』１９８８年11月27日号（毎日新聞出版）
『週刊プレイボーイ』１９８９年９月５日号、１９８９年９月12日号（集英社）
『Tarzan』１９９０年10月10日号、１９９１年５月８日号（マガジンハウス）一
『FM fan』１９９１年４／29〜５／12号、１９９５年３／13〜３／26号（共同通信社）
『BRUTUS』１９９１年５月１日号、１９９１年７月15日号、１９９１年12月１日号、２０００年11月１日号（マガジンハウス）
『checkmate』１９９１年６月号（講談社）
『ORICON』vol.13（オリジナルコンフィデンス）１９９１
『KB Special』１９９２年１月号、１９９５年１月号、１９９５年６月号（立東社）
『Arena 37℃』１９９２年10月号（音楽専科社）
『VIEWS』１９９２年10月号（講談社）
『PATi PATi Rock'n'Roll』１９９３年３月号（ソニー・マガジンズ）
『月刊PLAYBOY』１９９３年５月号（集英社）
『自由時間』１９９３年９月号（マガジンハウス）
『クリーク』１９９４年６月号、１９９５年１月号、１９９６年１月号、１９９６年５月号（マガジンハウス）
『どーぶつくんcomic1』４号（宙出版）１９９４
『スコラ』１９９５年２月９日号（スコラ）
『週刊文春』１９９５年９月21日号（文藝春秋）
『東京人』１９９６年２月号（都市出版）
『キネマ旬報』１９９６年６月号（キネマ旬報社）
『キネマ旬報別冊 勝手に〝ヤクル党〟宣言!!』（キネマ旬報社）１９９６
『演劇ぶっく』１９９７年10月号（演劇ぶっく社）
『CD BEST 100 アメリカン・ルーツ・ロック』（萩原健太監修、ミュージック・マガジン）１９９８

『bridge』１９９８年８月号（ロッキング・オン）
『ブレーン』１９９９年12月号（宣伝会議）
『文藝春秋』２０００年７月号（文藝春秋）
『Groovin, 別冊 WE LOVE NIAGARA』（シャイグランス）２０００
『SPA!』１９９１年５月22日号、１９９１年11月27日号、１９９３年11月24日号、１９９５年２月22日号、１９９５年３月29日号（扶桑社）
『ダ・ヴィンチ』１９９８年11月号（メディアファクトリー）
『Executive』２０００年８月（ダイヤモンド社）
『ベルウッド・レコード』No2（キングレコード）１９７２
『ROCK STEADY』１９７５年９月号、１９８０年９月号（ロック・ステディ編集部、インターナショナル音楽産業）
『Rooftop』１９７７年２月号（ルーフトップ）
『ロック名盤のすべて』（サンリオ）１９７８
『Player』１９８１年１月号（プレイヤー・コーポレーション）
『月刊フルハウス』１９８１年４月号
『Sound & Recording Magazine』１９８２年２月号、１９８２年12月号、１９８３年２月号、１９８３年５月号、１９８４年10月号、１９８５年12月号、１９８８年４月号、１９９２年７月号、１９９２年10月号、１９９５年３月号、１９９５年４月号、２０２２年６月号（リットーミュージック）
『PENGUIN CAFE ORCHESTRA JAPAN TOUR 82』パンフレット（PICTOX）１９８２
『PUSSY CAT』05（PUSSY CAT編集室）１９８２
『日本のロックSCENE, 84』（立東社）１９８４
『別冊宝島 ROCK FILE vol3』（宝島社）１９８８
『ROCK'N ROLL NEWSMAKER』１９９１年６月号（ビクター音楽産業）
『別冊宝島281　隣のサイコさん』（宝島社）１９９６
『METROTRON RECORDS 10th Anniversary Booklet』（メトロトロン・レコード）１９９７

『喫茶ロック』（喫茶ロック委員会編、ソニー・マガジンズ）２００２
『MdNデザイナーズ・ファイル２００４』（エムディエヌコーポレーション）２００４
『ワンステップ・フェスティバル１９７４』ＤＶＤライナーノーツ（ディスクユニオン）２００５
『JAPANESE CLUB GROOVE DISC GUIDE』（宙出版）２００６
『いとうせいこうを探せ！』（講談社）２０１６
『WHAT'S NEXT？ TOKYO CULTURE STORY』（マガジンハウス）２０１６
※その他すべてのはちみつぱい、ムーンライダーズ関連ＣＤのライナーノーツ

あとがき

本書は、２０１９年11月にblueprintの神谷弘一さん、久蔵千恵さんと打ち合わせを兼ねた会食をした際に、神谷弘一さんから「鈴木慶一さんの評伝を書きませんか」と提案されたことから企画が始動したものだ。２０２０年初頭にはマネージャーの野田美佐子さんからＯＫの連絡が来たものの、その後３年間の凍結を余儀なくされた。そう、コロナ禍によるものだ。

２０２０年10月に一度、企画を再始動させようとして、鈴木慶一さんも交えた打ち合わせを行ったものの、なかなか感染状況が落ち着かないなかで、古希を迎えようとしていた鈴木慶一さんに無理をさせるわけにはいかず、実際に取材を始めたのは２０２３年５月のことだった。

３年間止まっていた企画が再始動したきっかけは、２０２３年５月に新型コロナウイルスが５類になったこともあったが、私を突き動かしたのは、やはり岡田徹さんの突然の死去だった。生前最後のステージとなった２０２３年１月22日のムーンライダーズのファンクラブイベントは私も見ていたので、２０２３年２月22日に訃報がもたらされたときには大きな衝撃を受けた。今回の取材の過程で、PANTAさんも亡くなっている。２０２２年12月には、PANTAさんと鈴木慶一さんによるP.K.Oを取材したばかりであった。

２０１９年11月に神谷弘一さんから鈴木慶一さんの評伝を打診されたとき、まっさきに私の脳裏に浮かんだのは、鈴木慶一さんと私の距離感であった。20代半ばの私が鈴木慶一さんに初めて対面してから四半世紀が過ぎようとしていたが、私は鈴木慶一さんと個人的な親交が深いわけではなかった。FacebookやTwitterでもつながってはいない。

それでいて、中学生の頃にFMラジオで流れてきた「9月の海はクラゲの海」でムーンライダーズを知り、私は人生の大半を鈴木慶一さんの音楽を聴きながら過ごしてきた。私の音楽ライターとしてのデビューも、１９９８年の『20世紀のムーンライダーズ』なのだ。こうした距離感自体もある種の屈折の賜物かもしれず、そうしたものを抱えている人間だからこそ描けるものもあるのではないかと考えた。

日本の戦後民主主義社会を視座に置きつつ、そこで１９５１年生まれの鈴木慶一さんがポピュラー音楽を幅広く生みだし続けてきた歩みを辿ろうとした。その時間軸は半世紀以上にも及ぶ。想像しただけで武者震いがした。

本書の制作にあたっては、友人知人たちの助けも大きかった。

ばるぼらさんにはリサーチャーをお願いし、国立国会図書館から膨大な量の鈴木慶一さん関連資料を探し出してもらった。コロナ禍で入館制限が行われていた時期に多大な労力を割いてくれたことに感謝したい。特に本書の1970年代の記述に関しては、当時の大量の雑誌を参照し、ほぼ「ノー・ニューヨーク」ならぬ「ノー・インターネット」になっている。

また、小暮秀夫さん、平澤直孝さん、松本伊織さんには原稿の内容面について意見を求めた。ムーンライダーズと長く関わり、私と世代が近い3人だ。私は、原稿が本編だけで16万字以上に及ぶ事実を言いだせないまま依頼をしてしまった。誰も苦言を呈することなく確認してくれたことに感謝したい。

インタビューは、鈴木慶一さんのもとを訪問する形で全7回、25時間以上にわたって行った。短い春から酷暑の夏へと季節は過ぎていく。取材はときに3時間を越えることもあったが、鈴木慶一さんは穏やかな表情で、ときに少年のようにはにかみながら、記憶を辿りつづけてくれた。気づけば、初めて会った1996年、45歳だった鈴木慶一さんは72歳となり、24歳だった私は51歳になっていた。

また、鈴木慶一さんとムーンライダーズをひとりでマネージメントしている野田美佐子さんが、多忙ななかでも本書の企画を忘れず、取材を調整してくれたことに深く感謝したい。2020年9月にふたりだけで下北沢のカフェで腹を割って話した内容が、本書で実現していると信じている。

blueprintの神谷弘一さん、久蔵千恵さんには、本書の企画が再始動するまで辛抱強く待ち続けてもらい、松田広宣さんも参加してもらって、出版へと動くことができた。出版人としての3人の矜持に深い敬意を表したい。

そして、この書籍を手にするすべての方々にお礼を申し上げたい。

結果論ではあるが、鈴木慶一さんの歴史がこれまでになく赤裸々に語られた本書が生まれたのは、2023年に取材したからなのかもしれない。鈴木慶一さんへの感謝は尽きない。これからも音楽を作り続ける鈴木慶一さんの姿を追い続けていきたい。

宗像明将

2023年11月11日

宗像明将（むねかた・あきまさ）

1972年、神奈川県生まれ。「MUSIC MAGAZINE」「レコード・コレクターズ」などで、はっぴいえんど以降の日本のロックやポップス、ビーチ・ボーイズの流れをくむ欧米のロックやポップス、ワールドミュージックや民俗音楽について執筆する音楽評論家。1998年に『20世紀のムーンライダーズ』でライターとしてデビュー。著書に『渡辺淳之介 アイドルをクリエイトする』（2016年）。稲葉浩志氏の著書『シアン』（2023年）では、15時間の取材による10万字インタビューを担当。

鈴木慶一（すずき・けいいち）

1951年、東京生まれ。1970年頃より音楽活動を開始し、あがた森魚、はっぴいえんど等のサポート、録音セッションを経験する。1972年、はちみつぱいを結成。解散後、ムーンライダーズを結成し、1976年にデビュー。その後もさまざまなミュージシャンとのバンド・ユニット活動に参加する傍ら、CM音楽、歌謡曲などの楽曲提供とプロデュース、『MOTHER』などのゲーム音楽に携わった。映画音楽では北野武監督の『座頭市』『アウトレイジ 最終章』で日本アカデミー賞最優秀音楽賞を受賞。俳優としての顔も持ち、映画やドラマへも多数出演する。

Real Sound Collection

72年間のTOKYO、鈴木慶一の記憶

2024年1月28日　初版第一版発行
2024年2月10日　初版第二刷発行

著者　宗像明将

発行者　神谷弘一

発行・発売　株式会社blueprint
〒150-0043
東京都渋谷区道玄坂1-22-7 5F/6F
Tel: 03-6452-5160　Fax: 03-6452-5162

編集　久蔵千恵（株式会社blueprint）

編集協力　春日洋一郎（書肆子午線）

デザイン協力　水谷美佐緒（プラスアルファ）

印刷・製本　株式会社シナノパブリッシングプレス

ISBN978-4-909852-47-2